사이버키즈와

Cyberkids children in the information age

정보윤리

사이버키즈와 정보윤리

사라 홀로웨이/질 발렌타인 저
(Sarah L. Holloway & Gill Valentine)

이인재·박균열·김은수 역

인간사랑

역자 서문

전통적으로 인쇄매체에 의하여 전달되던 지식과 정보는 시간과 공간의 제약 속에서 존재한다. 따라서 인류는 그 자신의 발전을 위하여 시간과 공간의 제약 속에 있는 지식과 정보의 전달을 끊임없이 추구해 왔다. 그런데 현재 발전도상에 있는 정보매체의 혁명적 변화는 지식과 정보의 유통에서 시간과 공간을 초월하는 변화를 수반하고 있다. 따라서 인터넷 등의 새로운 정보매체에 접근할 수 있는 능력을 갖춘 사람들은 누구나, 언제 어디서나 새로운 지식과 정보를 접할 수 있게 되었다.

변화된 매체의 특징은 비동시적(asynchronous)이며 신축적이라는 특성을 가진다. 그것은 통화하는 사람들끼리 항상 같은 시간에 깨어서 상호 접속상태로 있어야만 통화가 가능한 전화와 같은 매체와는 달리 보내는 사람과 받는 사람 사이에 시간적 일치가 필요 없다는 점에서 비동시적이며, 일방적인 정보의 흐름을 보이는 신문이나 TV와 같은 전통적 매체와 달리 이용자들 간에 서로 화답하며 융통성 있게 전 세계로 확장되고, 접속하고, 참여할 수 있다는 점에서 신축적이다.

이렇게 인간의 인지구조로 파악할 수 있는 시간과 공간의 차원을 넘어서는 새로운 영역에 대하여 사람들은 사이버 공간(Cyberspace)이라고 지칭하고 있다. 사이버(cyber)라는 말은 그리스어의 쿠베르난(kubernan)에서 유래한 단어로 '조종하다', '안내하다', '통치하다', '제어하다'라는 의미를 가지고 있다. 그렇다면 왜 사람들은 그 새로운 영역에 대하여 공간(space)이라는 관점에서 이해하고 있는지에 관하여 살펴볼 필요가 있을 것이다.

전통적 의미에서 공간이란 직접적인 경험에 의한 상식적인 개념으로 상하 · 전후 · 좌우로 퍼져 있는 빈 곳을 의미한다. 그러나 이러한 공간의 개념은 각 학문의 특성에 따라 다르게 인식될 수 있다. 심리학적으로는 시각이나 촉각 등의 작용에 의한 공간지각(空間知覺)에 입각하여 공간표상(空間表象)으로서 주어지며, 철학적으로는 그 공간표상에서 출발한 경험적 공간을 어떤 특별한 요소에 의해서 성격이 부여된 선험적 공간(先驗的 空間)과 구별하고 있다.

이에 대하여 새롭게 등장하게 된 사이버 공간은 전통적 의미의 공간개념을 포함하는 동시에 전자국경 안의 텔레매틱 유목민(telematic nomads)들이 살고 있는 가상세계로, 온갖 사람들이 국경과 인종과 언어의 차이를 초월하여 만나고 헤어지는 영역으로서 그들이 가지는 관심에 따라 모여드는 웹사이트나 뉴스그룹 등 네트워크를 통하여 인간과 인간이 의사소통하는 이 특정한 지역은 하나의 광장이며 정보의 전시장이라고 할 수 있다.

이렇게 사이버 공간을 사람들이 모이고 흩어지는 공간으로 인식한다면 그것이 갖는 지리적 의미가 매우 크게 대두된다. 인간에게 있어서 공간구역은 그것을 구성하고 있는 사물들 전체의 맥락 속에서 파악된다. 그런데 그 개념이 확장될수록 단순한 공간이 아니라 그 속에 내재하는 인문사상을 동시에 연구의 대상으로 삼아야 인식의 지평이 확장되며, 그에 따른 이론이나 시각의 적합성이나 연구대상이 되는 내용의 적절성이 확인될 수 있다. 이러한 공간과 인문사상의 결합은 인문지리학의 주요 연구대상이기도 하다. 환경이 사람들의 행동방식에 영향을 미친다는 것은 많은 심리학적 연구를 통해 밝혀진

바 있는데, 생활의 환경과 의식이 거주하는 영역으로서의 사이버 공간은 그것이 내재적으로 지니는 공간적 특성 때문에 지리적 의미 또한 매우 크게 내포하고 있다고 할 수 있기 때문이다.

이 책의 저자는 현실공간에서 존재하는 빈부격차와 사이버 공간 속에서의 정보격차의 관계를 학생들이 거주하는 지역의 관점에서 구분하여 파악하고자 시도하였고, 또한 그것이 학교와 가정의 메커니즘 안에서 어떻게 움직이는지에 관하여 파악하고자 하였다.

저자는 먼저 1장에서 아동을 미성숙한 존재가 아닌 그 자체의 위상을 지닌 사회적 존재로 인식하며, 그들이 공간 속에서 유년기를 구성해 간다는 점을 강조하고 있다. 이와 더불어 공간을 통해서 아동의 정체성과 삶이 제시되고 재현된다는 점에 관심을 두고 일상의 공간으로서 학교가 갖는 의미를 정보통신기술과 관련지어 설명하고자 하였다. 이에 따라 세 학교를 선정하여 사례연구를 실시한 한 연구방법에 대하여 기술하고 있다.

2장에서는 정보화에 의하여 일상적 활동이 온라인상에서 가능하도록 전환된 사항들이 서술되고 있다. 이것은 정보통신기술의 전 지구화 및 세계화 추세 속에서 개별 지역에는 정보격차로 인한 불평등이 존재할 수 있다는 점과도 관련을 맺고 있다. 이와 더불어 영국의 세 학교에 대한 사례연구를 통하여 세계 수준뿐만 아니라 지역 수준에 있어서도 아동들의 정보격차가 존재할 수 있다는 점을 확인하며, 특히 사회적 배제가 무엇을 의미하는지에 대하여 평가하고 있다.

3장에서는 이러한 이해가 더욱 심화되어 소년소녀들이 서로 다른 방식으로 교실에서 정보통신기술과 관계를 형성하는 방식에 관하여 검토하고 있다. 비판적인 교육체계에 대한 연구를 통하여 학생들 간의 격차는 학교 교육과정을 통해서 재생산될 수 있다는 사실이 강조되고 있다. 이는 세 사례연구 학교에서 아동의 정보통신기술에 있어서 성적 본성(gendered nature)과 관계시켜 볼 때 명백하게 드러난다. 이와 더불어 사례연구 학교의 교실환경 속에서 정보통신기술과 아동의 관계가 형성되고 (재)생산되는 서로 다른 방식을 고려하면서 제도적인 문화를 이론화하려는 시도에 관해서도 묘사하고 있다. 이것은 사회적 배제의 문제에까지 확장되는데, 대규모로 자원을 분배하는 데 초점을 맞추기보다는 정보통신기술에 일상적으로 접근한다는 의미에서 정보화 시대의 사회적 배제에 관하여 고려할 필요가 있다는 것과 관련된다. 무엇보다 학교 환경 내에서 정보통신기술에 대한 이와 같은 이해를 통해서 결국은 실제로 아동을 위해서 정보통신기술이 어떻게 나타나고 있는지에 대한 아동의 설명에 귀를 기울임으로써 아동과 기술이 결합될 때 무엇이 발생하는지에 관하여 더욱 유의할 필요가 있다는 것이 핵심적으로 제시되고 있다.

4장에서는 현재 논쟁 중인 정보통신기술에 대한 아동의 사용에 관한 더 광범위한 담론을 검토하고 있다. 정보통신기술을 아동기에 사용하는 것에 대하여 '열광적으로 지지하는 사람들'은 우리의 미래가 될 것이라고 생각되는 기술을 아동이 잘 다루는 것을 반기고 있다. 반면에 다른 한편으로 '정체 폭로가'들은 이 기술이 아동의 정서적인 행복을 위험에 빠트릴 수 있다고 지적하고 있다. 그러나 이러한 담론들은 사회적 행위자로서 아동의 다양성과 상태를 부인하고 '아동'(child)이라는 범주를 본질화시키며 기술결정주의적인 시각을 가지고 있기 때문에 이 담론들은 의문의 여지가 있음을 지적하고 있다. 그 대안으로 가정환경에서 부모들이 아동의 기술적 및 감정적인 능력에 대해 이해함으로써 유년기와 기술에 대한 또다른 인식을 규명할 필요가 있다는 점에 대하여 강조한다.

5장에서는 정보통신기술에 대한 아동의 이용을 에워싸고 있는 가정에서 도덕적 공황상태에 대한 우리의 관심을 촉발시키고 있다. 가정에서 PC가 어디에 놓여 있는지 그 위치를 살펴봄으로써 PC가 가정에 도입되는 복잡한 방식과 컴퓨터가 가정의 시간-공간을 변형시키거나 변형되는 절차를 살펴볼 수 있다. 이는 서로 다른 영국 내의 생활공동체 내에서 이런 기술이 다른 도구로 등장하는 방식을 확인하여 가정과 지역 이웃이라는 더 넓은 공간과도 연결된다.

6장에서는 온라인 공간에 초점이 맞추어지고 있다. 이를 위하여 먼저 젊은이들이 전 세계로부터 정보에 접근하고 자신의 삶이 묻어 있는 지역문화가 무엇을 의미하는지를 탐구하기 위해 월드 와이드 웹을 사용하는 방식이 검토되고 있다. 다음으로 다양한 아동이 친구들과 의사소통하기 위해 정보통신기술을 사용하는 방법들에 관한 탐구가 이루어지고 있다. 이와 더불어 인터넷의 역학과 아동의 온/오프라인 세계가 상호적으로 구성되어 있는 정도에 관한 설명이 이루어지고 있다.

7장에서는 아동이 균형잡히고 정교한 방식으로 정보통신기술을 사용하는 방법에 관하여 보여주고 있다. 아동이 정보통신기술을 사용하는 방법에 관하여 이해하는 것은 정부 정책의 전개방향에 대한 윤곽을 그릴 수 있도록 하는 것이기 때문에 중요하다. 아동이 정보통신기술을 이용하는 것에 관해서는 아동 자신의 설명을 통해서 더욱 잘 알 수 있을 것이다.

지리에 대한 개념이나 감각이 없으면 길을 찾을 수 없듯이 인생이라고 하는 항로에도 도덕적 지도가 없으면 제대로 된 인간사를 사는 것이라고 할 수 없을 것이다. 도덕은 인간이 지켜야 할 도리를 말하는 것인 반면에, 윤리는 인간관계 속에서 유지되어야 할 질서를 의미하는 것이라고 이해한다면 특히 최근 부각되고 있는 컴퓨터를 통해 접하는 세상은 무한의 시간과 공간이 응축된 형태이기 때문에 도덕 · 윤리적인 심층적 고려가 필수적이다.

인간은 태어나서 죽음으로 향해 가는 시간 속에서는 무력하다고 할 수도 있다. 하지만 인간은 공간 속에서는 어떠한 장소를 향해서라도 떠나갔다가 다시 돌아올 수 있듯이 끊임없이 행동하며 우리의 삶을 개선할 수 있다. 따라서 네티즌으로서 우리는 정보윤리를 끊임없이 실천하고 추구하며, 인터넷을 우리에게 유익한 공간으로, 또한 우리의 행동과 지각이 긍정적으로 변화될 수 있는 공간으로 바꾸어 나갈 수 있을 것이며, 마땅히 그렇게 노력해야만 할 것이다.

역자 대표

이인재 사룀

서문

새로운 정보통신기술(ICT : Information and Communication Technologies)이 가져올 가능성과 위험에 대해 최근 벌어지고 있는 토론의 중심부에는 아동이 있다.

『사이버키즈와 정보윤리』(*Cyberkids : Children in the Information Age*)는 이 시대에서 아동의 온라인과 오프라인상의 정체성, 공동체, 그리고 공간의식을 탐구하기 위해서 학교와 가정에서 10대들(13-19세)에 대한 광범위한 연구에 초점을 맞추고 있다.

고무적이며 통찰력 있는 이 책은 구체화/분리, 그리고 '실제'세계/'가상'세계에 대한 학술적인 논쟁뿐만 아니라, 사회적 포함과 배제(social inclusion and exclusion)에 관한 중요한 정책을 논의하는 데 중점을 두고 있다. 또한 이 책은 온라인상에서 낯선 방문자들에 의해 나타나는 위험, 웹(web)상에서 어른들의 물질적 지향에 의해 나타나는 순수함의 타락, 그리고 스크린에 인생이 중독되는 것과 같은 최근의 도덕적 공황에 대해서는 반대한다. 대신 이 책 『사이버키즈와 정보윤리』는 아동이 균형잡히고 고도의 지적인 방식을 통하여 어떻게 정보통신기술을 사용하는지를 보여줄 것이다. 이를 통하여 『사이버키즈와 정보윤리』는 일상생활에서 기술을 사용하는 것의 중요성을 도출하고자 한다.

●●● 목차

제1장

사이버 세계
정보화 시대의 아이들

사이버 공간은 '미래를 보여주는 영역' (Haraway 1997 : 100) 중 하나이다. 마치 산업기술이 19세기에 서구 사회를 바꾼 것처럼 현대의 학계와 대중적인 대다수 논평가들은 정보통신기술(ICT : Information and Communication Technologies)이 곧 21세기의 경제, 사회, 문화, 그리고 정치적인 변화들에 널리 영향을 줄 것이라고 주장하고 있다(개괄적인 내용은 Kitchin 1998a, 1998b 참조). 만약 이러한 변화가 아직 일어나지 않았다면 고용 면에서 정보통신이 제조업을 대체하고 있는 것처럼 ICT는 조만간 직업의 변화와 가치의 생산을 불러일으킬 것으로 생각된다(Marshall 1997). 이용자들이 신체, 신분, 소속 공동체, 지리적 한계를 초월하여 그들이 원하는 정보를 접하며 그들이 원하는 사람들과 의사소통할 수 있는 기회를 ICT가 제공한다는 사실은 이러한 기술이 사회적 · 물질적 · 물리적으로 불리한 조건에 있는 사람들을 잠재적으로 해방시켜 주고 있음을 의미한다(Turkle 1995). 마찬가지로, 인터넷의 속도와 연결성(connectivity)은 정치적인 과정에 더 많이 참여하도록 촉진시키는 시야를 제공하고, 지역, 국가 수준에서 세계 수준으로 정치의 범위를 재조정하며 더욱 세련된 민주주의를 만들 수 있는 여지를 제공하고 있다. 하지만 이러한 기회들은 새로운 위험요소를 야기하기도 한다. 가장 주목해야 할 점은 정보화 시대를 살아가기 위해 필요한 기술적인 능력이 부족한 사람들은 이런 활동들로부터 배제될 것이며, 이들은 권리와 의무를 수행할 수 없기 때문에 결국 완전한 시민권을 부여받지 못한다는 것이다.

정보통신기술이 제공하는 가능성들을 어떻게 실현해야 하는지, 그리고 이러한 기술이 네트워크(net) 세대에 초래할 수 있는 '새로운' 위험들로는 어떠한 것들이 있는지에 관한 논의에서 미래의 상징 그 자체로서의 아동이 핵심적인 위치를 차지하고 있다. "만약 아동이 어제의 기술로 훈련을 받는다면 이들은 내일의 세계 속에서는 두각을 드러내지 못할 것이다"라는 영국 수상의 논평은 "영국의 미래를 분명히 알리기" (Communicating Britain's Future)[1]라는 제하의 노동당(Labor Party) 문서내용과 유사한 내용이 그 맥을 같이 하고 있다. 그 내용은 다음과 같다:

> 우리는 인쇄술의 발명이 가져온 것만큼이나 의미심장한 혁명의 출발점에 서 있다. 전 세계에 걸쳐 여러 가지 수많은 방식으로 빠른 의사소통이 일어나도록 하고 상상할 수 없을 정도로 대규모의 정보를 제공, 탐구, 수용할 수 있게 하는 새로운 기술은 우리의 삶에 근본적인 변화들을 가져올 것이다 … 새로운 네트워크를 사용할 가장 큰 가능성은 교육을 통해서

1) 이것은 노동당이 아직도 야당이었던 1995년에 발표되었다.

많은 방법으로 이루어질 것이다.

(The Labour Party 1995 : 3, 18)

대중적인 논평들은 아동의 기술적 사용능력을 향상시키기 위한 정치적 목표를 지지하는 반면, 아동이 인터넷을 통해 물질적인 타락을 접하고 그들이 온라인 공간에서 만날 수 있는 낯선 사람에게 악용당할 수 있다는 사실에도 역시 주목하고 있다(Wilkinson 1995 ; McMurdo 1997 ; Evans and Butkus 1997). 학부모들과 교사들(특히 아동보다 ICT에 대한 기술적 사용능력이 부족한 사람들)은 아동이 웹상(WWW : World-Wide-Web)에서 보고 배우는 것들을 통제하거나 여과하는 능력에 한계가 있다는 사실에 대해 점점 더 두려워하고 있다. 아동의 또래집단 관계에 있어서 중요한 역할을 하는 매체의 가장 최신 형태인 인터넷과 연결되어 있는 개인용 컴퓨터(텔레비전, 전축 · 테이프 · 레코드와 같은 스테레오 재생장치, 게임 등의 다음 단계) 또한 아동의 오프라인 활동을 위협하는 것으로 간주된다(Suss *et al.* 2001). 컴퓨터를 사용하는 것은 고독하고, 잠재적으로 중독성을 내재하고 있는 활동이라는 우려를 포함하여 어떤 아동은 ICT에 너무 집착한 나머지 결국 가족, 친구들과 같은 오프라인 세계로부터 사회적으로 배제될 수도 있다는 두려움이 대두되고 있다(Hapnes 1996). 또한 아동은 공공장소에서 실외활동을 함으로써 상상력이 풍부해질 기회를 경험하지 못하기 때문에 아동의 사회적인 복리뿐만 아니라 육체적인 복리도 위험에 처해 있다는 주장이 제기되고 있다(Gumpert and Drucker 1998 ; Mc-

Cellan 1994). 이런 주장들로부터 혹자들은 ICT를 개개의 아동에서뿐만 아니라 유년기에 도사리고 있는 잠재적인 위협으로 간주하고 있다. 왜냐하면 정보통신기술이 유년기의 '천진난만함'(innocence)을 위협하고 유년기와 성년기 시기 중에 일반적으로 나타나는 차이를 모호하게 하기 때문이다.

대중들이 상상하고 있는 이런 두려움에도 불구하고 아동이 일상적인 생활환경 속에서 실제적으로 ICT를 어떻게 사용해야 하는지에 대한 내용은 거의 알려져 있지 않은데, 이는 다음과 같은 두 가지 주요 원인 때문이다. 첫째, 아동과 젊은이들은 학술적 연구(academic research)에서 상대적으로 주의를 기울이지 않았던 사회집단이다. 사회학은 성인 중심의 학문분야로서 비판을 받아오고 있으며(다음 부분, 즉 아동에 관한 개관 부분 참조), 아동과 유년기를 연구하는 새로운 이론적인 전환점을 재촉하고 있다(James *et al.* 1998). 이와 유사한 비난이 지리학에서도 역시 일고 있다. 1970년대로 거슬러 올라가면 아동의 지리학(children's geographies)에 대해 적지만 중요한 문헌이 있었던 반면(Bunge 1973 ; Hart 1979), 이 학문의 하위분야 연구가 결과를 얻을 만큼의 충분한 양(critical mass)에 도달한 것은 거의 최근의 일이다(Holloway and Valentine 2000a). 성인으로서 우리가 아동의 사회적 세계에 대해서 알고 있는 것이 상대적으로 거의 없다는 것은 사회과학에서 널리 인정된 사실이다.

둘째, 현대 서구 세계에서 ICT의 중요성이 계속해서 증대되고 있음에도 불구하고 사람들이 일상생활에서 실제적으로 이 기술들을 어떻게 사용하고 있는지에 대한 경험적인 연구가 의외로 거의 없다. 사회과학 분야에서 사이버 공간에 대하여 서술한 최근의 많은 저작들은 경험적인 지식이기보다는 이론적인 것들이 대부분이다. 실제적인 실천에 초점을 두고 있는 연구들이 있긴 하지만, 그런 연구는 프로그래머나 참여자들이 창조한, 문자 그대로의 가상환경인 다중 사용자 도메인(MUD : Multi User Domain) 환경을 통한 온라인 문화의 성장에 초점을 맞추는 경향이 있다(예를 들어, Turkle 1995 참조). 다른 말로 표현하자면, 이 연구는 일상 사회에서 정보통신기술이 사용되는 복잡 다양한 방법을 발견하고 그것에 관하여 이해하려고 하기보다는 극단적인 사용자들 및 가상의 삶에 대한 유토피아적 비전에 일차적인 초점을 두고 있다(Kitchin 1998a, 1998b).

이 책은 11세에서 16세 사이의 영국 아동이 실제 ICT를 이용하고 있는 방식에 관한 경험적 조사를 통해서 우리가 앞서 제기한 문제들을 미리 살펴볼 수 있기 때문에 중요하다. 온라인과 오프라인 세계에 대한 아동 자신의 설명으로부터 우리가 제시하는 자료는, 사회적 행위자로서의 아동에 대한 이론적인 이해를 향상시키는 것뿐만 아니라, ICT에 대한 아동의 이용능력을 향상시키도록 의도된 공공정책 발의에 대한 정보를 제공하고 ICT가 아동과 유년기에 받을 수 있는 위협에 대한 대중적인 토론에 기여할 것이다.

이 장에서 우리는 먼저 이 책이 근거를 두고 있는 연구가 수행되기 위한 방법론적 기초를 보강하기 위해 아동과 유년기에 대한 이해를 도입부에서 개관하고자 한다. 다음으로 우리는 과학기술과 사이버 공간의 지리학에 대한 사회적 연구들로부터 도출된 정보통신기술에 관한 몇 가지 이론적인 논쟁을 개관함으로써 과학기술에 대해 우리가 이해한 것들을 소개할 것이다. 마지막으로 이 책이 근거를 두고 있는 경험적 연구에 관하여 소개하고, 계속해서 이어질 여섯 개 장의 구조에 관하여 약술할 것이다.

아동에 관한 개관

'아동'(child)이란 액면 그대로 연대기적 나이에 의해 생물학적으로 정의된 영역이다. 아동은 어리다는 본질 때문에 생물학적으로 뿐만 아니라 사회학적으로도 성인보다 덜 발달되어 있는 것으로 인식되고 있다. 예를 들어, 미성숙의 개념은 아동의 신체뿐만 아니라 이들의 사회적 · 지적 · 감성적 · 실용적인 지식과 능력이 부족하다고 여겨지는 것을 지칭하는 말로 흔히 사용되곤 한다. 성인보다 덜 성숙한 상태라는 것은 사람들이 유년기를 아동이 장차 미래에 성인의 역할을 교육받아야만 하는 기간으로 이해하고 있다는 것을 의미한다. 성인이 되기 위한 학습과정은 교육제도를 통해서 뿐만 아니라 아동이 가족생활을 통해 넓게는 사회생활의 구성원으로서 겪는 매일의 사회화 과정을 통해서 일어난다. 다른 면에서 본다면 우리 아이들이 성인보다 덜 성숙한 존재로 대접받고 있는 것은 서구의 아동의 순수한 유년기의 권리와 어른 세계의 책임으로부터 자유롭기 때문이라고 가정할 수 있다(실제로는 빈곤에 처해 있을지라도, 건강하지 못하고 다른 이유 때문에 많은 아동은 유년기를 즐길 권리를 박탈당하고 있을지라도). 그와 같기 때문에 우리 어른들은 물질적 · 감정적 등등을 포괄하는 광의의 의미에서 아동에 필요한 것을 제공하고, 아동의 순진무구함과 자유분방함을 위협할지도 모르는 위험한 정보, 상황, 그리고 사람들로부터 아동을 보호해야 할 의무가 있다(Holloway and Valentine 2000a).

아동을 생물학적 상태에 의해 정의되는 동질적 사회집단으로 이해하고, 이에 의거하여 아동을 어른들과의 관계에서 '타자'(other)로 위치시키려는 이러한 본질주의자의 시각은 모든 사회과학도에 의하여 비판받고 있다. 오히려 다른 대다수 사회적 주체들과 마찬가지로 '아동'을 사회적으로 구성된 주체적 존재로 설명하고 있다. 예를 들어 문화 역사가들은 아동이 성인보다 덜 발달되어 있고, 덜 유능하며, 경쟁력이 덜하다(Waksler 1991)는 서구에서의 현대적 이해가 역사적으로 특수한 측면에 불과하다는 것을 보여주고 있다(예를 들어, Ariés 1962 ; Hendrick 1990 ; Steedman 1990 ; Stainton-Rogers and Stainton-Rogers 1992). 주로 프랑스의 문화유물에 대한 아리에스(Ariés)의 연구는 서구 세계에 일반화되어 있는데(Jenks 1996), 아리에스의 저작은 흔히 사회적으로 구성된 유년기의 본질에 대한 증거로써 사용되고 있다(Ariés, 1962). 젠크스(Jenks)는 중세시대에는 나이 어린 사람들을 구별된 사회적 범주로 생각하기보다는 실제로 이들은 축소된 성인들로서 간주되었음을 증거로 제시하였다. 특권 있는 배경으로부터 아동이 성인을 위한 노리개로 나타나기 시작한 것은 16세기였다. 이때 아동은 성인에 대한 반대 개념으로 정의되기 시작했다. 계몽시대 이후로부터 아동을 본질적으로 다른 것으로 여겨왔고 우리의 사회적 상상력을 지배해 오고 있다(Jenks 1996).

유년기에 대한 이런 이해 속에서 젠크스는 아동에 대하여 생각하고 말하는 두 가지 다른 방식을 지적하고 있다. 그는 이 방식을 디오니소스적인 것과 아폴로적인 것으로 분류하고 있다. 유년기에 대한 디오니소스적인 이해는 아동을 '작은 악마' (little devils)로 보는 견해인데, 작은 악마는 본래부터 버릇이 없으며, 제멋대로 굴어서 완전한 인간이 되기 위해서는 성인의 방식대로 훈련을 받아서 사회화되어야만 한다. 반대로 나중에 등장한 유년기에 대한 아폴로적인 견해는 아동이 선천적으로 '선' (good)하게 태어난 것으로 개념화한다. 그 후 아동이 성인으로 사회화하는 과정에서 성인들에 의해 아동의 '천성적인' 덕과 '작은 천사' (little angels)라는 순수함이 타락된다는 것이다. 이런 관념들은 19세기에 아동의 교육과 복지에 대한 관심이 나타나게 되는 배경이 되고 있다. 아동의 교육과 복지에 대한 관심은 육아, 교육, 그리고 자녀 복지 및 편의라는 현대적인 규정이나 법규에도 명확히 드러나 있다. 아동에 대한 아폴로적인 관념이 디오니소스적 관념보다 나중에 발생했을지라도 전자가 후자를 대신하지는 않았다. 그보다는 오히려 아동에 관해 명백히 모순이 되는 이러한 두 가지 관념은 계속해서 현대 서구 사회에서 그 힘을 발휘하게 될 것이다(Stainton-Rogers and Stainton-Rogers 1992 ; Jenks 1996 ; Valentine 1996a).

서구에서의 유년기에 대한 역사적인 독특한 관점을 보여줌으로써 본질주의자들이 아동을 성선설 또는 성악설의 입장에서 개념화한다고 할지라도 이런 개념화는 생물학적인 범주와는 별도로 유년기는 사회적으로 구성된 주체성 있는 시기임을 인정하고 있다. 하지만 아동과 성인 사이를 구분짓는 경계선이 명확하게 정의되지는 않고 있다. 영국에서 유년기가 어디에서 끝나고 성인이 어디서 시작되는 것인지 하는 정의가 얼마나 다양하고 상황에 따라 구체적이며 어떻게 발생되는지를 보여주기 위하여 제임스(James 1986)는 아동과 어른을 나누는 많은 법률적인 분류를 인용하고 있다. 이를 테면 젊은이들이 술을 먹고, 돈을 벌고, 군대에 입대하고, 성관계에 동의할 수 있는 나이를 성년으로 정하는 것이 법률적인 분류법이다. 그와 같은 구별의 다양성은 국가 사이에서도 명백하게 드러나며, 아동과 성인으로 구분된 서로 다른 집단은 이런 다양성에 대해 논쟁을 한다. 그들은 그렇게 하는 동시에 유년기의 사회적 본질에 대한 그 이상의 증거를 제시하고 있다.

아동의 사회구조를 성인보다 한층 작은 것으로 보고 유년기를 사회화의 한 단계로 보는 '학술적인' 영향력은 아동에 관한 연구를 다른 주제에 대한 연구보다 가치가 낮은 것으로 평가하는 데에 이르렀다(Holloway and Valentine 2000b). 1980년대 중반에서 후반에 걸쳐 다양한 학술분야의 저자들은 나이가 어린 사람들에 대한 연구가 부족하였음을 한탄하기 시작하였다. 예를 들어 앰버트(Ambert 1986)는 북미 사회 연구에서 아동에 대한 것이 나타나 있지 않음을 확인했으며, 이것은 주요 이론가들의 지속된 영향을 반영한 것이라고 주장했다. 이론가들의 관심은 그들이 살고 있었던 사회의 가부장적 가치에 의해 형성되었기 때문이었다. 앰버트는 또한 계급, 관료정치나 정치체제와 같은 '거시적 문제'에 관한 연구를 선호하는 분야에서의 보상체계가 아동을 정당한 연구주제로서 아동의 가치를 평가절하하고 주변화하는 데 기여하고 있다고 주장했다. 브랜넌(Brannen)과 오브라이언(O'Brien 1995)은 아동과 유년기가 무시되는 경향이 있는 영국의 사회학에서도 이런 입장은 거의 다르지 않다고 지적하고 있다. 영국 사회학에서 아동은 단지 가족이나 교육과 같은 하위 학문영역에서 간접적으로 연구되고 있다. 여기서 아동은 인간이라기보다는 인간으로 되어가고 있는 것으로 간주되는 경향이 있었다. 왜냐하면 인간은 사회화 과정을 통해서 성인으로 형성되는 것으로 보고 있기 때문이다. '아동을 있는 그 자체로 보기보다는 어른으로 만들어지는 단계, 즉 무능력하고 완전하지 못한 성인' (ibid. : 70)으로 이해한다는 것은 아동 자체보다 가정이나 학교와 같은 사회화의 구성원이라는 것에 주목하고 있다는 것을 의미한다(James *et al.* 1998 : 25).

사회 연구의 주제에서 아동에 대한 연구가 상대적으로 적다는 사실은 점차적으로 도전을 받고 있다. 많은 주요 교재들(예를 들면 James and Prout 1990 ; Qvortrup *et al.* 1994 ; Mayall 1994 ; James *et al.* 1998)은 사회학에서의 유년기의 새로운 패러다임을 정의하기 시작하고 있다. 이런 경향은 아동들을 유년기를 타고난 권리를 지닌 합법적인 행위자(되고 있는 존재이기보다는 존재하는 것)로 인식하고 있으며, 유년기에 대한 아동의 이해와 경험을 인정하고 있다. 교육사회학 내에서는 점차적으로 학교 환경에서의 동일성과 차이점에 대한 문제와 관련해서 아동의 행위에 주목하기 시작하고 있다(예를 들면, Skeggs 1991 ; Dixon 1997 ; Epstein 1997). 그러한 연구는 초기 연구와 인식론적인 단절을 표방한다고 주장하였고, 제임스 등(James *et al.* 1998)은 아동 연구에 대한 이런 접근을 "유년기에 대한 새로운 사회 연구"(the new social studies of childhood)라 했다. 이 명칭은 다양한 사회과학 학문분야에서의 연구자들 간에 점차 커지고 있는 이질적인 생각의 교류와 사회적 행위자로서의 아동에 대한 지리학(Geography) 분야의 관심을 회복시킨 결합을 반영하는 것이다(Holloway and Valentine 2000a).

사회학과 마찬가지로 아동은 지리학에서도 전통적으로 관심의 대상이 되지 못했다(James 1990 참조). 우리가 앞에서 주장했던 것처럼 1970년대까지 거슬러 올라가면 아동의 환경에 대한 작지만 중요한 문헌이 있다(Blaut and Stea 1971 ; Bunge 1973). 이 작품은 오늘날에도 주장되고 있는 접근에 있어서 두 가지 분별할 수 있는 차이점 때문에 두드러졌다. 심리학에 의해 형성된 차이점의 하나는 아동의 공간적 인식(cognition)과 상세히 나타낼 수 있는 능력(mapping abilities)이었다(예를 들면, Blaut and Stea 1971 ; Matthews 1987 ; Blaut 1991). 아동의 공간적 중압감에 대한 번지(Bunge 1973)의 개척적인 작품에 의해서 영감을 받았지만(이를 통해 번지는 미성년 집단으로서의 아동에게 어른 세계의 발언권을 주려고 했었다.) 더 최근에 아동에 대한 새로운 사회 연구에 의해 형성된 나머지 하나는 공간에 대한 아동의 접근, 사용, 그리고 애착에 역점을 두고 있다(Hart 1979).

지리학적인 연구는 유년기가 다른 시간, 다른 장소에서 다르게 구성되고 있다는 방식에 대한 증거를 제공함으로써 유년기에 대한 사회적 연구에 기여하고 있다(Holloway and Valentine 2000b). 예를 들면 이 책에서 우리는 세계적인, 국가적인, 그리고 지역적인 규모에서 아동이 ICT에 접근하는 데 있어 존재하는 넓은 변이를 제시함으로써 장소가 얼마나 중요한지를 2장에서 설명할 것이다. 하지만 동시에 우리는 세계적인 진행과정과 지역적인 진행과정 사이의 관계를 설명하려고 노력하고 있다(6장 참조). 아동에 대한 새로운 사회적 연구물들을 분류하면서 제임스 등(James *et al.* 1998)은 뚜렷이 표면화되어 있는 세계적인 연구(예를 들면, 세계의 다양한 사회에서 아동의 입장을 표명하고 있는 세계적인 절차의 중요성을 검토)와 더 많은 지역적 관심을 가진 연구(예를 들면, 그들 자신의 문화와 삶의 세계를 창조하는 데 있어 아동이 얼마나 중요한지를 보여주는 작품) 사이의 타협할 수 없는 간극을 확인하였다. 대안을 사용함으로써, 그리고 세계적/지역적 공간의 차이를 더욱 명확히 이해함으로써 지리학적 작업은 더욱 복잡한 그림을 들추어내기 위한 이러한 이분법을 능가한다. 예를 들면, 뉴욕과 수단(Sudan)에 있는 한 마을에 대한 연구를 통해서 캐츠(Katz 1993)는 어떤 한 지역에서 세계적 재조직화를 주장하는 것은 양쪽 지역 모두에서 아동에 대한 심각하고 부정적인 결과를 초래한다는 것을 보여주고 있다. 동시에 그녀의 연구는 이런 '세계적인 과정'(global processes)이 '지역' 문화를 통해 '지역' 읍/면에서 어떻게 이루어지는가를 사례로 보여주고 있다. 그렇게 하면서 캐츠는 세계화와 지역화는 화해할 수 없을 정도로 분열되어 있는 것이 아니라 서로를 구성하고 있음을 보여주고 있다. 이것이 우리가 이 책에서 채택하고 있는 접근법이다. 그 중에서도 특히 6장에서 우리는 월드 와이드 웹에 대해 아동의 사용이 어떻게 한 번에 그리고 동시에 세계적이면서도 지역적이 되는지를 고찰해 볼 것이다.

지리학자가 아동의 공간성을 조사했던 두 번째 방법은 아동의 정체성과 삶이 실현되고 재현되는 일상의 공간에 초점을 맞춤으로써 이루어졌다(Holloway and Valentine 2000b). 일반적으로 거리와 '공공'(public)장소는 아동이 접근하고 이용하고 애정을 가지는 공간에 대한 지리 연구에 있어서 관심이 되는 중요한 위치였다. 최근 연구는 아동이 '공공'장소에 있는 것에 대한 북미와 유럽의 현대적 관심에 집중하고 있다. 이러한 관심은 두 가지 공포로 특성화할 수 있는데, 그 한 가지는 아폴로적인 아동들이 '공공' 장소의 위험에 취약하다는 것이며, 다른 한 가지는 디오니소스적 아동들의 다루기 힘든 행동은 '공공'장소에서 성인의 지배권을 위협하고 있다는 것이다(Valentine 1996a, 1996b). 4장에서 더욱 자세하게 설명될 것인데, 이같은 두려움은 사이버 공간에서의 아동에 대한 토론에서도 명확하게 드러난다. 실제로 잭슨과 스콧(Jackson and Scott 1999)은 위험과 안전이라는 개념은 유년기를 구성하는 데 있어 점점 중요해지고 있다고 주장한다. 이들은 다음과 같이 적고 있다 :

> 아동은 … 보호받고 있는 종으로서, 그리고 유년기는 보호받고 있는

> 상태로 구성되어 있기 때문에 양쪽 모두 위험과 불안의 위치에 놓여 있다. 왜냐하면 아동을 보호한다는 것은 위험을 다가오지 못하게 한다는 의미를 수반하며, 유년기를 보호한다는 것은 유년기를 위협하는 것에 대항하여 보호한다는 의미를 포함하기 때문이다. 거꾸로, 위험에 대한 불안은 유년기를 구성하고 그 범위를 유지하도록 돕는다—아동이 보호받아야 하는 구체적인 위험은 유년기의 특징들과 아동의 '본질'을 정의하는 데 도움이 된다.
>
> (Jackson and Scott 1999 : 86–87)

학교는 하나의 특별한 공공시설 공간이며, 이 공간을 통해 성인들은 아동을 통제하고 훈련시키려 한다. 그렇게 하면서 학교는 더 넓게 계층화된 사회에 도움이 되기 위하여 아동이 인종, 계층과 성 정체성에 적합하다고 간주되는 역할을 수행하도록 젊은 사람들을 교육시키고 있다고 에이킨(Aitken 1994)은 주장한다. 많은 지리 연구들은 빅토리아 시대의 개혁적인 학교라는 역사적 상황(Ploszajska 1994)과 초등학교의 현대적 상황(Fielding 2000) 모두를 포함하면서 이런 도덕적인 풍경에 관심을 둔다. 현대의 지리적인 연구는 성과 생물학적인 성 정체성이 만들어지고 재생산되는 장소로서의 학교의 중요성을 보여주고 있다. 하이암스(Hyams 2000)는 로스 앤젤레스의 남미계 소녀들과 여성성에 관한 담론을 탐구했는데, 여기서 적절한 여성성에 관한 생각이 어떻게 여자의 일상의 관습을 구성하며 어떻게 관습을 통해 다루어지고 있는지를 보여준다. 3장에서 우리는 여성성의 생산뿐만 아니라 교실에서 이성애의 원리가 있는 상황에서의 남성성에 관해서도 초점을 맞추었다. 3장에서는 2장에서 간단히 설명한 공공장소인 학교의 상황에서 아동의 ICT 접근에 대한 우리의 고찰에 근거를 두고 있다. 여기서 우리는 지역공동체의 필요에 대한 학교의 평가에 따라 정보화 기술에 대한 구체적인 정책들을 통해서 학교가 아동과 정보화 시대에 관한 국가적인 담론을 어떻게 결정하고 있는지를 고찰하고 있다.

이성애 부부가 이끌고 가는 가정 내에서의 성(gender)역할 관계에 관심이 있는 페미니스트 지리학자와 특별한 관계를 가지는 공간은 바로 가정이다(예를 들면, England 1996). 그와 같은 입장에서 가족의 다른 구성원들, 특히 아동은 자신의 권리에 바탕을 두고 사회적 행위자로서 가지는 아동의 역할보다는 가정에서 아동이 차지하는 시간/돌봄을 요구하는 의미로 흔히 알려져 왔다. 하지만 최근 아동과 육아에 대한 서적은 가정을 성인-아동 사이에 존재하는 권력관계의 협상을 위해 가장 중요한 장소로 받아들이고 있다(예를 들면, Aitken 1994 ; Sibley 1995 ; Valentine 1999a, 1999b). 실제로, 가정은 아동이 행동하기에 적합한 방식의 한계를 정하는 가족 규율을 통해서 구성되고 있는 공간이다(Wood and Beck 1990). 어떤 연구는 가정 내에서 아동의 발언권의 힘에 주목하고 있다. 이것은 아동 자신의 정체성과 욕망을 명료하게 표현하는 아동의 능력일 뿐만 아니라, 전체적으로 가정의 정체성과 관습에 맞추어 가는 아동의 능력을 의미하기도 한다(Valentine 1990a).

부분적으로, 부모가 권리를 가진 사회적 행위자로서 아동을 인정하려고 하는 것은 자손에 대한 가치를 반영하는 것이다. 개별화라는 상황 속에서 벡과 벡-게른샤임(Beck and Beck-Gernsheim 1995)은 부모들은 점점 더 자식들에 대한 책임을 느끼며, 아동의 성공 기회와 행운을 극대화하기 위해 아동의 유년기에 투자하려는 압력을 느끼고 있다고 주장한다. 아동에게 투자를 함으로써 부모는 단지 그들의 자녀뿐만 아니라 부모 자신에 대해서도 고려하고 있다. 이것은 자식이 부모의 희망과 야망을 실현하기 위한 통로(conduit)로 작용하는 수단에 해당하기 때문이기도 하지만(Beck and Beck-Gernsheim 1995 ; Jackson and Scott 1999), 동시에 '좋은' 부모라 함은 부모 자신의 권리로 보상을 할 수 있는 주체임을 뜻하기 때문이다. 유년기와 성년기 사이의 관계를 논증적인 구조로 탐구하고 다양한 공간적 담론을 검토하는데 있어서 지리적 연구는 중요한 역할을 해왔다. 많은 연구는 지역공동체를 중요한 장소로 동일시하고 있는데, 이 장소를 통해서 '좋은' 엄마나 아빠가 되는 것과 구체적인 육아문화가 무엇을 의미하는지에 대한 이해를 발전시켰다(Dyck 1990 ; Holloway 1998 ; Valentine 1997a). 점점 예측하기 어려워지는 세상에서 이런 정의들은 자신의 아동을 사회적이고 신변적인 위험으로부터 보호하려는 부모들의 노력을 통해 점점 구조화되어 가고 있다.

ICT를 아동이 사용할 경우, 아동이 인터넷을 사용하는 데 대한 어른들의 불안은 부모의 책임으로서 최고조에 달한다. 하지만 아동의 ICT 사용 능력은 아동을 보호할 책임을 지고 있는 부모들이 가진 능력을 훌쩍 뛰어넘는다. 어떤 부모들은 아동의 숙련됨을 어른에 대한 위협으로 간주하는 반면, 다른 부모들은 ICT가 아동과 자신의 관계를 다시 결정짓는 데 도움을 주는 기회로 기꺼이 받아들인다. 아동의 안전과 능력에 대한 토론은 또한 가정과 인터넷의 공간에 대한 공간적 담론을 통해서도 역시 이루어진다. 우리는 4장에서 이 문제에 관해 탐구하게 될 것이다. 우리가 여기서 아동과 부모가 서로에 대한 정체성을 확인하는 것의 중요성은 '가족' 관계 내에서 그들의 삶에 대한 아동의 설명을 자세히 고찰할 필요성에서 두드러진다. 그런 이유에서 5장에서 우리는 가정에서 쓰는 개인용 컴퓨터가 '가족'을 구성하고 가족의 시·공간적인 생산에 기여하는 역할에 중점을 두고 있다. 여기에서 '가족'이란 전통적인 핵가족을 묘사하는 것이 아니라, 현대 가족의 다양하고 유동적이며 복잡한 생활방식을 포괄하는 의미로 사용되고 있다(Stacey 1990).

요약하자면, 이 책에서 우리는 아동을 그들의 권한 내에서의 사회적 행위자라고 받아들인다. 하지만 우리는 특별한 장소, 공간과 공간적 담론 안에서 아동의 정체성이 구성되거나 그것들을 통해서 구성된다는 것을 인식하고 있다(Holloway and Valentine 2000b). 여기에서 우리는 학교, 가정과 사이버 공간이라는 장소에 중점을 두고 있다. 동시에 우리는 유년기에 대한 이해가 이런 공간과 장소에 대한 의미를 형성할 수도 있다는 것을 인정한다. 이 책을 통해서 아동이 ICT를 일상적으로 사용하는 것이 세계 경제와 국가 교육정책이 변화하는 상황 속에서 어떤 의미로 자리잡고 있는지를 보여주고, 아동의 온라인 활동이 지역문화라는 상황에서 어떻게 구성되고 해석되는지를 검토해 봄으로써 우리는 유년기에 대한 세계적이며 지역적인 접근 사이의 간극에 도전하고자 한다. 이렇게 도전하면서 이 책은 네 가지 방식으로 아동과 육아에 관한 학제적 연구에 기여하고 있다. 첫째, 우리는 아동의 정체성과 관계성은 타인과의 관계를 통해서 뿐만 아니라, 인터넷이 연결된 PC와 같은 우리가 세계 속에서 공유하고 있는 '사물들'과의 관계를 통해서도 이루어진다는 생각을 표현하고 있다. 둘째, 우리는 다양한 사회-공간적 상황 속에서 이루어지는 아동의 ICT 사용을 검토하는 연구가 부족했던 현실을 바로 잡으려 노력하고 있다. 아동이 다른 오프라인 공간에서 ICT를 이용하는 방식에 대하여 주의를 기울이지 못하였다는 것은 매우 중요한 사실이다. 왜냐하면, 제임스와 프라우트(James and Prout 1995)가 다른 맥락에서 제기한 것과 마찬가지로 어떤 사회적 환경 속에서는 특정한 행동양식이 가장 중요하게 여겨지고 실행되는 반면, 또 다른 곳에서는 이와는 다른 행동양식이 적절한 것이라고 평가를 받는다는 것과 마찬가지이기 때문이다. 이렇게 하면서 우리는 이러한 공간 내에서 개인의 행동에 의해 서로 다른 장소와 공간이 연결되는 것을 이해하고, 유년기에 적합한 공간에 대한 개념을 통해서 오프라인 환경이 지리적으로 구성되어 있는 방식에 대하여 더 많은 것을 배우는 것에 목적을 두고 있다. 셋째, 본서에서 위험과 능력이라는 문제에 중점을 둠으로써 우리는 유년기와 성년기의 융통성 있는 경계를 아동이 다시 설정하는 가능성의 존재에 관해 탐구할 것이다. 마지막으로, 우리는 아동을 동일한 종류의 범주로 간주하기보다는 그 차이점에 주목하고, 성(gender)

과 같이 전통적 사회범주들 사이에서 뿐만 아니라 범주 내에서의 차이에도 초점을 맞출 것이다.

ICT에 관한 개관

사이버 공간에 대한 학술적이고 대중적으로 인기 있는 초기의 논평 대부분은 오프라인과 온라인 세계, 즉 '실제'(real)세계와 '가상'(virtual)세계 사이에 명확한 대립이 있다고 종종 결론을 내렸다(Laurel 1990 ; Heim 1991 ; Springer 1991). 그러한 진술들 속에서 두 세계는 서로가 구별되거나 분리된 것이며, 서로 다르고 특히 대립적인(Doel and Clarke 1999 참조) 특징을 가진 것으로 판단되었다. 우리가 '열광적 지지자'(boosters) (Bingham *et al.* 1999)라고 명명한 어떤 논평가들(예를 들어 Heim 1991 ; Thu nguyen and Alexander 1996)에게 있어서 '가상세계'는 '실제세계'에 대한 진보이자 실제세계의 한계를 극복하기 위한 기회로 이해되고 있다. 우리가 '정체 폭로가'(debunker)라고 명명한 다른 논평가들(예를 들어 Mclaughlin *et al.* 1995)에게 있어서 '가상세계'는 '실제세계'에 대한 근거 없고 빈약한 모방으로서 간주되고 있다.

그 중에서도 특히 열광적 지지자들은 온라인 세계를 '실제세계'의 환경이 갖는 물질성과는 대조적으로 구체적 형태가 존재하지 않는 공간으로서 어떠한 비판도 없이 받아들이고 있다. 그것만으로도 ICT는 사이버 공간은 사용자가 온라인상에서 정체성을 갖고 놀게 하는 것을 가능하게 함으로써(Springer 1991 ; Plant 1996) 사용자들에게 물질적인 환경과 신체라는 구속에서 벗어나도록 한다는 가능성을 제공할 것이라 예고해 왔다. 이런 의미에서 인간의 신체는 온라인에서는 관계성이 완전히 없어지고 있으므로 감추어져 있을 뿐만 아니라 일시적으로 중단된 것으로 간주되고 있다(Thu Nguyen and Alexander 1996). 이러한 방식으로 사이버 공간은 사용자들에게 인종차별이나 성차별 등과 같은 사회적 불평등으로부터 탈출구를 제공한다는 주장이 제기되고 있다(Turkle 1995). 유사한 의미에서 열광적 지지자들은 ICT가 사회관계의 새로운 형태를 창조하고 있다고 주장한다. 새로운 형태의 사회관계 속에서 참여자들은 다른 사람을 더 이상 대면해서 만날 필요가 없고 온라인상의 전 세계에 위치한 사람들을 마음과 마음으로 만남으로써 그들의 사회적 영역을 확장시킬 수 있다고 주장한다. 이것은 남성우월주의자의 합리성을 특징짓는 신체(body)보다 마음(mind)에 대한 특권이다. 심지어 어떤 논평자들은 '가상의' 관계성이 오프라인상의 우정보다 더 긴밀하고 풍요로우며 자유롭다고 주장한다. 왜냐하면 가상의 관계성은 오프라인상에서의 가까이 있다는 우연의 일치보다는 진정한 상호 관심에 근거를 두고 있기 때문이다. 이러한 모든 설명을 통해서 '가상' 공간은 일상생활과 동떨어진 공간일 뿐만 아니라 일상생활을 초월할 가능성을 제공하는 공간이라는 특징이 있다. 가상공간은 물질세계라는 세속적인 현실에서 격리되어 있는 자유와 유동성, 그리고 실험의 지대이다(Springer 1991 ; Laurel 1990). 도엘과 클라크(Doel and Clarke 1999)의 용어로 가상공간은 현실에 대한 초현실화(hyper-realization)를 제공하고 있다.

열광적 지지자들과 같이 정체 폭로가들 역시 '실제'와 '가상'을 다르고 분리되어 있는 세계로 판단하고 있다. 하지만 이 논평가들은 온라인 세계를 명백히 나쁜 것으로 간주한다. '가상세계'는 '현실세계'에 대한 충분하지 못한 대체물로서 개념화되어 있다. 해체된 주체는 구체화된 주체와 비교했을 때 피상적이고 근거가 없는 것으로 보인다. 이와 비슷하게 온라인상의 의사소통 형태는 오프라인상의 더 영구적이고 복잡한 인간관계의 본질과는 대조적으로 일시적이고, 개별화되어 있으며, 그리고 일차원적인 교환으로 간주된다(McLaughlin *et al.* 1995). ICT 사용자들은 흔히 지나치게 온라인 문화에 몰두해 있기 때문에 오프라인상의 사회적이며 실제적인 환경으로부터 격리되어서 결과적으로 실제세계에서 자신의 책임으로부터도 분리되고 있다(Wilson 1997). 예를 들어 위에서 우리가 주장한 것처럼 어떤 논평들은 아동이 온라인 세계에 너무 몰두한 나머지 '현실'을 거부하고, 오프라인의 사회적 관계와 가족관계로부터 격리되며, 공적인 옥외 공간에서 온라인상의 환상공간으로 물러나게 되는 아동에 대한 모습을 그리고 있다(5장 참조). 이렇게 이해하게 되면 실제세계는 가상세계로부터의 유혹적인 협박을 받고 있는 세계이자 깨어지기 쉬운 세계로 묘사된다(Doel and Clarke 1999).

열광적 지지자들과 정체 폭로자들은 온라인 세계의 발전이 긍정적이거나 부정적이라고 보는 측면에서는 다르지만, 이들이 공감대를 가지고 있는 것은 실제세계와 가상세계는 다를 뿐만 아니라 그들을 별개의 것으로 간주하는 경향이 있다는 것이다. 사이버 문화에 대한 연구는 통상 이용자들의 온라인 활동에 중심을 두고 있으면서 사용자들의 활동이 오프라인 공간이라는 상황과 일상생활의 사회관계 내에 있는 방식을 무시한다. 온라인과 오프라인 세계 사이의 관계에 대한 그런 이해는 현재 점점 더 비판을 받고 있다(Crang *et al.* 1999). 예를 들면 온라인 공간에 접속할 가능성은 컴퓨터와 그것을 작동할 수 있는 전기를 최소한으로 이용하는 것이 아닌, 어떤 오프라인의 물질적인 수단을 전제조건으로 한다. 세계의 국가 사이(지역 사이)와 이들 내의 ICT를 이용한다는 의미에서 정보격차가 주어져 있기 때문에(2장 참조) 모든 사람이 동일하게 온라인을 이용할 기회를 가질 입장에 있는 것은 아니다(Kitchin 1998a). 웨이크포드(Wakeford 1999)는 기술에 접근할 수 있는 오프라인 공간의 중요성을 강조했다. 그녀는 사이버 카페를 온라인 공간이 생산 · 중재 · 소모되는 오프라인 공간이라 보고 '변환 풍경' (translation landscapes)이라는 이름을 붙였다. 우리가 본서에서 중심을 두고 있는 '변환 풍경'은 학교(2장과 3장)와 가정(4장과 5장)이다.

다른 저자들은 "가상지형은 '실제' 그 이상도 이하도 아니다"라고 주장하면서 서로 반대 입장에 있는 '실제세계'와 '가상세계'를 추측하면서 논쟁을 하고 있다(Wark 1994 : vii). 시카고(Chicago)에 있는 지역공동체 조직들의 인터넷 사용에 대한 연구에서 라이트(Light 1997)는 ICT가 '실제' 도시들의 생명력을 위협하고 있는 것으로 인지되고 있다는 점을 비판한다. 그녀의 관찰은 온라인 활동들이 오프라인 세계와 대립해 있기보다는 오히려 도시환경에로 사람들의 참여를 회복시키는 새로운 방법들을 제공하고 있다는 것을 시사하고 있다. 다른 저자들 역시 비실체라는 담론에 대해 의문을 제기하기 시작했다. 온라인상에 있는 동안 수술 후의 고통을 경험했다는 소브책(Sobchack 1995)의 설명을 통해서 ICT를 사용하는 사람들은 신체를 초월한다는 열광적 지지자들의 주장이 잘못이라고 말하고 있다. 그린(Green)은 다음과 같이 진술하고 있다 :

> 단지 디지털 공간에만 참여하게 되면 육체적으로 기능을 생산하는 것과 일상 상호작용에서 소비하는 것, 만남을 통해 일어나는 의미에 관한 협상을 무시하게 된다. 이것을 무시하는 것은 정확히 말해서 대중적 인기가 있고 학문적인 사이버 공간의 토론에 아주 널리 보급되기 위해서 비실체라는 담론을 허용하는 것이다.
>
> (Green 1997 : 63)

온라인상의 상호작용과 관계는 오프라인상의 만남과 구별될 뿐만 아니라 오프라인보다 믿을 것이 못 된다는 반대자들(debunkers)의 주장에 대한 비판 역시 등장하고 있다. 스미스(Smith)는 다음과 같은 견해를 말하고 있다 :

> 가상세계에서 발견되는 사회적 공간이라는 독특한 특징에도 불구하고 사람들은 새로운 영역에 빈 손으로 들어가지 않는다. 우리는 우리와 더불어 더 친밀한 사회적 공간 속에서 야기되는 총제적인 우리의 경험과 기

대를 가지고 있다.

(Smith 1992)

흔히 온라인과 오프라인 공간이 이분화되고 있는 방식에 대하여 증가하고 있는 불안에도 불구하고 지금까지 온라인상의 활동이 '실제-세계' 생활 내에 삽입되어 있는 복잡한 방식을 정리하는 연구는 실패하였다(Kitchin 1998a). 이 책에서 우리는 온라인과 오프라인 세계가 대립적으로 다르거나 연결되어 있지 않다는 어떤 주장에도 동의하지 않는다. 오히려 아동이 처해 있는 ICT의 소비에 초점을 둠으로써 오프라인상에 있는 젊은이들의 일상생활 환경 하에서 온라인 공간이 어떻게 이용되고 조우되며 해석되고 있는지를 보여주는 주요한 경험적인 자료를 제공하는 것이 우리의 목적이다. 그렇게 하면서, 우리는 '실제' 세계와 '가상' 세계라는 상호 간의 본질을 검토해 볼 수 있을 것이다.

하지만 아동과 기술이 어떻게 함께 하는가를 검토함으로써 우리는 어떤 단순한 기술적 결정주의도 거부하고자 한다. 기술적 결정주의란 '신' 기술이 전에 앞섰던 것을 대체하며 사회에 긍정적이든 부정적이든 어떠한 영향을 주고, 다른 곳에서도 비슷하게 될 것이라 예상되는 효과를 생산할 것으로 추정되는 것을 의미한다(Bingham *et al.* 2001). 기술적 결정론자의 설명은 불가피한 변화를 은유적으로 표현하며 이 불가피한 변화에서 사람들이 기술-'충격'(shocks)이나 기술-'물결'(waves)의 위협을 받고 있는 점에서 보통 예언적인 특성을 지니고 있다(Thrift 1996 ; Bingham 1996). 이러한 설명은 시간과 공간 특성이라든가, 누가 사용하고 어떤 의도를 가지고 있는지, 다른 기술들이 귀속될 수도 있는 의제들과 같이 어떤 기술에 영향을 미칠 수 있는 방식들을 무시하고 있다(Thrift 1996 ; Bingham *et al.* 2001). 이것이 브리슨과 드 카스텔(Bryson and de Castell 1994)이 '인위적인' 관점이라고 부르는 것이며, 여기에서 기술은 일상적인 사회상황과는 단절되어 있다. 트리프트(Thrift)는 다음과 같이 설명하고 있다 :

> 기술적 결정론자의 설명에서 빠진 것은 … 우리가 이런 기술들에 대해 사회적으로 숙지된 것을 통하여 오랜 역사의 풍요롭고 때로는 제멋대로였던 사회관행의 한 부분으로서 새 전자통신기술이 합의된 것이다. 이는 오랜 역사의 부분으로서 새로운 전자통신기술에 대해 합의된 어떤 의식이다. 그리고 사회관습을 통해서 우리는 사회적으로 이런 기술에 정통하게 된다.
>
> (Thrift 1996 : 1472)

그런 비판에도 불구하고 윈스턴(Winston 1995)은 기술결정주의가 물질적-사회적 변화를 설명하는 데 여전히 대중적으로 이용되고 있다고 진술하고 있다. 이것은 ICT를 이론화하는 데 있어서 아마도 가장 명백한 진술일 것이다.

하지만 브롬리(Bromley 1997)는 어느 한쪽의 입장을 채택하지 않고 기술을 '중립적 도구'(neutral tool)로 보는 것(그것의 영향력은 사용자의 의도에 따라 전적으로 결정된다는 점)에 대해서 경고한다. 이런 접근을 취하고 있는 저자들은 통상적으로 기술의 의미가 다르지 않으며 문제의 소지가 없다고 가정하는 함정에 빠진다. 기술에 대해 사회적으로 인지한 것을 통한 행위의 일부분인 해석과정을 통해서 우리는 디자인 제조업자와 마케팅에서부터 가정이나 직장에서 기술을 길들이기까지(5장 참조) 사회적으로 기술에 정통하게 된다(Thrift 1996 ; Bingham 1996). 다른 말로 바꾸어 표현하자면, 사람들은 단지 그들만이 행위자의 상태에 있다고 가정하는 사회결정주의를 가지고 기술결정주의를 대체하고 있다(Ackrich 1992).

와크만(Wajcman 1991)은 이런 두 가지 입장에 사용/남용(use/abuse)과 사회적 형성 모형이라는 이름을 붙였다. 양쪽 모두 '기술'과 '사회' 사이에 잘못되고 비생산적인 반대 입장을 확립하는 데 근거를 두고 있다. 강한 기술은 약한 사회에 영향을 주고 강한 사회는 약한 기술을 형성한다는 "기술"과 "사회" 사이의 잘못되고 비생산적인 반대 입장은(Bingham 1996) 이처럼 본체와 대상의 상호 관련성과 복잡성을 무시하고 있다.

미셸 칼론(Michel Callon 1991), 브루노 라투어(Bruno Latour 1993), 그리고 존 로우(John Law 1994)와 같이 기술과 사회에 대한 연구를 하고 있는 학자들은 대안적인 접근법을 제시하고 있다. 이 학자들은 우리가 항상 대상들 사이에 살고, 대상에 의해 둘러싸여 있으며, 우리가 조립하기 시작한 이 조각들은 중요하다고 주장한다. 그와 같은 입장에서 우리는 인간이 아닌 것을 포함시키기 위해 사회를 다시 만들 필요가 있다. 예를 들자면 칼론과 라투어(1981)는 우리가 비비와 같은 동물과 다른 점들 중 하나는 물건을 사용하는 것이라고 지적했다. 반면에 비비들은 단지 사회를 형성하여 신체 사이의 행동을 통해 그들의 사회세계에 명령한다. 마치 인간이 사회를 결집시키고 안정화시키고 명령하기 위해 사물이나 '소도구'(props)라는 범위를 사용하는 것처럼. 이런 의미에서 기능은 인간이 소유하고 있는 어떤 것이 아니라 '이질적이고 상호작용을 하는 도구의 네트워크'에 의해 발생되는 효과이다(Law 1994 : 383). 그러므로 이것은 불확실하며 우발적인 것이다. 칼론과 로우(1995 : 484)가 사고실험이라고 부른 것과 더불어 이런 관점을 더 잘 설명하고 있다. 이들은 앤드류(Andrew)라 불리는 가상의 사무실 경영자의 예를 언급하면서 다음과 같이 적고 있다 :

> 만약 그들이 앤드류의 전화와 팩스 기계를 가져갔다면 무엇이 일어날지를 상상해 보시오. 만약 그들이 서류나 보고서의 흐름을 막았다면. 만약 그들이 런던으로 이어지는 철로를 막고 앤드류가 그의 차를 이용하지 못하도록 하는 등 … 을 했다면 어떠한 일이 일어날지 상상해 보시오. 그런 다음에 앤드류의 비서가 사라졌다고 생각해 보시오. 그리고 회의용 테이블이 있는 앤드류의 방과 컴퓨터와 전자메일이 사라졌다면.
>
> (Andrew)

바꾸어 말하자면, 세상은 의심할 것도 없이 '물건들'(things)과 '사회'(the social)로 분리될 수는 없다(Bingham 1996). 차라리 인간의 활동과 사회를 이해하기 위해 우리는 '인간과 더불어 혼합되어 있는 많은 비인간적인 것들을 완전히 고려할' 필요가 있다(Latour 1988 : 16).

행위자 네트워크 이론(ANT : Actor Network Theory)을 옹호하는 사람들에게는 인간적이고 비인간적인 특징이 자명하지는 않지만, 실제로 나타나고 있는 이질적인 요소의 유형화된 네트워크 자체와 그 내부 메커니즘을 통해 사회가 생산되어진다. 즉, 사회와 기술은 항상 함께 발전한다. 니겔 트리프트(Nigel Thrift)는 다음과 같이 설명하고 있다:

> 행위자 네트워크에서 행위자들은 활동하면서 서로를 다시 정의한다. 활동하는 방식은 기술에서부터 사람들까지 단순히 일 대 일 관계가 없고 사회적인 인식과 재인식이라는 지속적으로 진행 중이며 창조적이고 호혜적인 절차를 의미한다.
>
> (Nigel Thrift 1996 : 1485)

이러한 생각들이 아동이 인터넷을 사용하는 것에 대한 연구 정보를 제공하고 있다. 우리는 컴퓨터를 '결빙된 시간 속에 미리 주어진 특성을 가진' (Star and Ruhleder 1996 : 112) 물건으로도, 예측 가능한 효과장치를 생산하면서(긍정적인 것으로는 지지자들이며 부정적으로는 반대자들) 고정된 방식으로 사회관계에 영향을 주는 대상으로도 보지 않는다. 또한 우리는 컴퓨터를 디자이너나 제조자들의 논리를 반영하는 것으로 이해하지도 않는다. 차라리 우리는 컴퓨터를 그것이 사용되어지는 상황만큼이나 많은 매일의 해석을 가진 물건이며, 아동을 위해 다양한 사회적 관습을 구체화시키는 물건이라고 이해하고 있다(Bingham *et al.* 2001). 즉, 우리는 컴퓨터와 그 사용자들을 곧 나타나게 될 관계적인 과정 중에 있다라고 이해한다. 그리고 이런 과정에서 컴퓨터와 그 사용자는 서로를 변형시키고 있는 중이다(Ackrich 1992). 이런 방법으로 개인 컴퓨터와 아동에 대한 추정된 상태에서 측정할 수 없는 방식으로 컴퓨터와 아동이 상호 발전하는 방식을 진술함으로써 이 책에서의 우리의 설명은 기술결정주의를 넘어서고 있다(Bingham *et al.* 2001).

아동의 다른 '관습공동체' 내에서도 컴퓨터는 다양한 범위의 역할을 하면서 매우 다양한 도구로서 등장하고 있다는 것을 우리는 뚜렷하게 인식하고 있다. 여기서 우리는 에커트 등(Eckert *et al.* 1996, 4-5)의 관습공동체에 대한 정의를 살펴보자. 그들의 정의는 다음과 같다:

> 보통 기업에 의해 일치되어 있기 때문에 사람들은 마치 서로의 활동에 대해 공동으로 연루되어 있는 기능처럼 어떤 것을 하는 방식, 말하는 방식, 신념방식, 가치방식을 개발하거나 공유한다. 사회관계는 전체 활동을 형성하고, 활동은 전체적 관계를 형성한다. 그리고 특별한 종류의 지식과 전문적 기술은 공동체 내에서 개인의 정체성과 직위의 일부가 된다.
>
> (Eckert *et al.* 1996, 4-5)

세상과의 신선한 연관성의 끈을 시작하게 하는 신지식과 능력을 배운다는 것(Horning *et al.* 1999)은 사람들이 참여하고 그런 공동체의 구성원이 되는 방식 중 하나이다. 본서에서 우리는 학교(2장과 3장)와 가정(4장과 5장)이라는 오프라인 공간과 인터넷이라는 온라인 공간(6장)에서 나타나는 서로 다른 관습공동체에 초점을 맞추고 있다. 이렇게 하면서 호닝 등(Horning *et al.* 1999 : 296)의 주장을 따라가면서 우리는 관습을 이미 존재하는 가능성, 즉 반복적이며 펼쳐져 있는 것으로서의 가능성에 대한 적용이며 새로운 창조적 '규칙 제정'이나 '새로운 적용'인 것으로 간주한다(ibid).

이러한 측면에서 윤곽이 잡힌 기술에 대한 접근을 선택함으로써 이 책에서 우리는 일상생활에서 ICT가 어떻게 깊숙이 뿌리박혀 있는지에 대한 경험적인 증거를 제공함으로써 사이버 공간과 기술 연구라는 지리학에 기여한다. 즉, 우리는 온라인과 오프라인 세계의 상호 구조를 명확하게 설명하고자 한다. 그렇게 하면서 우리는 사회와 기술의 상호 구조뿐만 아니라 시간과 공간의 상호 구조 역시 강조할 것이다. 이는 사회와 기술, 시간과 공간이 어떻게 서로를 변형시키고 있는지를 보여주는 방식으로 나타나게 될 것이다. 다양한 관습공동체와 ICT가 공동체를 위해 나타나는 여러 가지 방식은 앞서 설명한, 아동이 사이버 공간을 사용하는 것에 대한 '정체 폭로자들'과 '열광적 지지자들' 양쪽의 주장에 대해 격퇴를 가하면서 대중적 인기가 있는 논평에 도전하고 있다.

연구방법에 대한 개관

이 책에 제시된 연구 결과물들에 대하여 경제사회연구위원회(Economic and Social Research Council)에서 재정적으로 지원하였고, 이것은 학교와 가정에서 아동이 ICT를 사용하는 것에 대해 2년에 걸쳐 연구한 것의 일부로 수집된 자료에 근거를 두고 있다.

연구의 첫 단계는 세 곳의 중등학교에 근거를 두었다. 하이필즈(Highfields)와 스테이션 로우드(Station Road) 두 학교는 요크셔(Yorkshire) 주에 있는 주요 도심지역에 위치해 있으며, 세 번째 학교인 웨스트포트(Westport)는 콘월(Cornwall) 주에 있는 고립된 작은 시골 읍에 위치해 있다.[2] 하이필즈는 주요 도시의 거주지역 변두리에 위치해 있으며, 11세에서 18세의 학생들을 위한 남녀공학 종합중등학교(mixed comprehensive school)이다. 이 지역은 개인주택이 많으며, 실업상태가 지역평균이나 국가평균보다 양호한 비교적 유리한 지역이다. 학생들 대부분은 백인이다. 영국계 파키스탄 사람이 7%일지라도 이들은 학교집단의 중요한 소수민족을 형성하고 있다. 학교는 기술학교(technology college)로 지정된 이래로 얼마간의 투자로부터 혜택을 입

2) 여기서 언급하고 있는 장소, 학교, 정보 제공자들의 이름은 개인의 익명성과 비밀보장을 위해 바꾸어 표기하였다.

고 있으며, 시험결과는 국가평균과 비교해서 결코 뒤떨어지지 않는 높은 수준을 보이고 있다. 스테이션 로우드는 하이필즈와 같은 도시보다 훨씬 덜 부유한 지역에 위치해 있으며, 11세에서 16세에 해당하는 학생들을 위한 남녀공학 종합중등학교이다. 이 도시에서는 학교 급식을 받는 비율이 전국 평균보다 높다. 이 학교는 시험성적이 전국 평균 이하인 학생이 높은 비율을 차지하고 있다. 하지만 학생들의 8% 정도가 영어가 모국어가 아닌 가정 출신이라는 점을 감안해 볼 때, 관계 당국은 이 학교를 비교적 업무를 잘 수행하고 있는 학교로 보고 있다. 웨스트포트는 11세에서 18세의 어린이를 위한 남녀공학 종합중등학교이며, 영국의 가장 고립된 해안이 있는 시골 읍에 위치해 있다. 웨스트포트 학교의 일부 학생들은 수업을 듣기 위해 상당히 먼 거리를 통학하고 있고, 이 학교는 크고 주요한 시골 관할구역을 담당하고 있다. 이 학교 학생들의 사회 · 경제적 배경은 다양한 반면, 전체적으로 학교 관할구역은 전국 평균보다 덜 불리하다. 전체적으로 학교 시험결과는 전국 평균과 비슷할지라도 특별교육이 필요한 학생 수는 비교적 높다. 결국 세 학교의 학생들은 국가적으로 인지하고 있는 연령집단 내에서 교육을 받고 있다. 11-12살의 가장 어린 아동은 7학년에 속하고, 12-13세의 아동은 8학년, 그리고 이런 방식으로 계속해서 15-16살 아동은 11학년 집단에 속한다.

사례연구 대상인 학교 안에서 우리는 11-16살의 아동 753명을 대상으로 학교와 가정 양쪽 환경 속에서 컴퓨터와 인터넷에 대한 이들의 사용에 관해 설문조사를 실시했다. 이것은 결국 많은 사례연구 학급을 관찰하는 일로 이어졌고, 집단토론, 특히 현존하는 친구집단에 의거한 토론에 중점을 두었다. 그리고 집단토론은 학교 환경 내에서의 정보기술(IT : Information Technology)에 대한 아동의 경험들을 포함시켰다. 선택된 사례연구 교실의 모든 학생들은 우리가 ICT와 다른 활동들(학교 과제, 스포츠 등과 같은) 사이에 얼마나 중요한 관계가 있는지 발견하는 것을 돕도록 기획된 시간 및 장소 일지를 기입하도록 요구받았다. 사례연구 대상 학교의 정보기술 교사 및 교장들과의 반구조화된 면담 역시 실시되었다.[3)]

이러한 자료수집 단계에 기초하여 각 학교마다 10명의 학생들과 그들의 가족들에게 연구의 다음 단계에 참여하도록 요구했다(아동이 '주로 많이' 사용하는 것처럼 보이는 또 다른 10가구를 포함해서). 40가정에는 전통적인 핵가족뿐만 아니라 편부 · 편모 가정과 다시 구성된 가족도 포함되어 있다. 이 단계에서의 작업에는 가족 내에서 부모/보호자와 아동과의 개별적인 심층면담이 수반되었다. 면담은 다음과 같은 내용에 중점을 두었다 : 온라인상에 있는 것이 가족관계에 영향을 주었는지에 대한 여부뿐만 아니라 가정용 컴퓨터의 구입과 인터넷 접속, 다른 가족 구성원의 컴퓨터와 인터넷 사용, 다양한 능력 수준, 조화의 문제, 그리고 가정용 개인 컴퓨터에 대한 공동 사용 · 소유 ·

3) 질 발렌타인, 사라 홀로웨이, 그리고 연구 조교로 이 프로젝트를 위해 고용한 빙햄(Nick Bingham)이 인터뷰를 실시했다.

위치 · 통제에 따른 갈등의 문제에 중점을 두었다.

우리는 젊은이들을 그들 삶에 있어서 능력 있는 행위자로 이해함으로써 연구활동을 통해 많은 정보를 알게 되었다. 그렇게 함으로써 현장 방문기간 동안 우리는 아동의 일에 직접적으로 관여해서 아동을 독립된 행위자로서 대하고자 노력하였다. 그리고 우리는 교사와 부모와 같은 성인 대리인의 설명에 의존하기보다는 아동 자신의 설명에 귀를 기울였다. 그렇게 하면서 아동을 위한 것이나 아동에 대한 것이 아니라면 우리가 하고 있는 일은 탁상공론이라는 것을 확인시키려고 시도해 온 윤리학의 사회학적인 규범 역시 우리 연구관계의 지표가 되었다(Alderson 1995). 이러한 접근은 발렌타인(Valentine, 1999b)에게서 더욱 상세하게 논의되고 있다.

이 책의 구성과 내용

2장에서 우리는 정보화 사회의 발전, 특히 정보화 사회의 발전이 결국은 장보기와 은행업무에서부터 정치참여에 이르기까지 많은 '일상적인' (normal) 활동들을 온라인상에서 가능하도록 전환시켰다는 것에 관하여 고찰할 것이다. 우리는 이런 변화들의 잠재적인 영향의 규모가 전 세계를 지역화시킬 정도로 너무 큰 나머지 새로운 세상에 참여할 장비나 기술을 가지지 못한 국가나 개인은 정보가 가져올 세계적인 경제로부터 제외될 수도 있다는 우려가 있다고 주장하고 있다.

계속해서 우리는 ICT를 이용하는 데 있어서의 세계적인 불평등의 유형을 검토할 것이다. 그 다음에 우리는 영국의 국가적 규모에 초점을 맞추고자 한다. 여기서 교육체계를 통해 아동의 기술적 능력을 개발시키는 정책이 모든 사람을 위한 IT를 촉진시킬 영국 정부의 추진력의 주요한 측면을 이루어 오고 있다. 영국 정부의 설득력과는 반대로, 경험적인 자료를 통해서 살펴보면 영국 학교에서 ICT의 제공(하드웨어/소프트웨어와 장비를 이용하기 위한 접근이라는 의미에서)은 아주 다양하다고 주장할 수 있다. 어떤 아동은 다른 아동보다 컴퓨터와 인터넷에 더 나은 접근성을 가지고 있다. 우리는 세 사례연구 학교에서 나타난 이런 차이점들은 이런 기술들이 나타나는 방식과 연관되어 있다고 주장하고 있다. 그리고 기술들은 ICT에 대한 아동의 개인적 비전과 사회적 불평등에 대항하기 위해 기술을 사용하려는 영국 정부의 목표에 대한 태도에 따라 다양한 지역공동체 속에서 다른 실천양상으로 나타나고 있다. 2장의 마지막 부분에서 우리는 사회적 배제가 무엇을 의미하는지에 대해 가치를 평가할 것이다.

3장에서 우리는 이러한 이해를 더 발전시킬 것이다. 또한 소년 소녀들이 교실에서 ICT와 두드러질 정도로 다양한 관계를 형성하는 방식을 검토함으로써 우리는 학교에 계속 초점을 맞춰갈 것이다. 우리는 이 책에서 비판적인 교육체계에 대한 연구를 개관해 봄으로써 첫 부분을 시작하고 있다. 이 책의 본문은 학생들 간의 차이점은 학교 교육과정을 통해서 재생산될 수 있다는 사실을 강조하고 있다. 이는 세 사례연구 학교에서 아동이 ICT를 사용함에 있어서 성 특성

(gendered nature)과 관계가 있다는 것이 명백하게 드러난다. 우리 자신의 연구결과에 분명히 존재하는 아동 간의 차이점에 대한 전통적인 설명은 학교 정책, 교사의 실천과 학생들의 문화를 포함하는 요소들이 복합된 것처럼 보인다는 것이다. 우리는 특히 제도적인 문화의 다면적인(mult-faceted) 본질을 이론화하는 것이 공간적인 프로젝트로써 학교의 개념화에 맹목적으로 의존하고 활동적인 사회적 대리인으로써 아동에 의존하기 때문에 이론화(theorisation)가 흥미를 돋우는 것이라고 주장하고 있다. 하지만 우리가 보여준 것처럼 주장된 설명의 타당성을 판단하거나 실제로 절차들이 어떻게 작용하고 있는지를 정확하게 검토할 만한 민속지적인(ethnographic) 작업은 부족하다.

3장의 두 번째 부분에서는 사례연구 학교의 교실환경 속에서 ICT와 아동의 관계가 형성 · 소진되고 (재)생산되는 서로 다른 방식들의 관계 속에서 제도적인 문화를 이론화하는 것을 기술하고 있다. 교사들이 교실에서 어떻게 가르치는지가 지배하고 있는 다양한 학생문화들에 어떤 의미를 가질 수 있는지를 분석함으로써 우리는 3장의 두 번째 부분을 시작한다. 그 다음에 우리는 이런 제도적인 문화들 내에서 다른 네 개의 아동집단 [테크노 소년들, 소녀들, 정보통신기술에 반대하는 사람들(ludde(i)tes)과 컴퓨터에 유능한 소녀들] 들의 관계가 어떻게 나타나는지를 검토하는 것으로 논의를 옮겨간다. 그 과정에서 우리는 소년과 소녀들 사이의 관계, 집단들 내에 있는 차이점이라는 측면에서 학생들 사이의 성으로 인한 차이점에 특별한 주의를 기울이고 있다. 그럼에도 불구하고 우리는 어울리는 학생들의 수업과 인종적 배경에서도 차이점을 찾아내고, 학급에서 남학생들과 여학생들이 ICT를 사용하는 방식의 차이를 확인하고 있다. ICT가 매우 환영을 받는 혁명적인 잠재력임에도 불구하고 다양한 다른 아동이 기술(technologies)을 이해하고 이것을 받아들이거나 혹은 거절하는 방법은 제도적인 문화를 통해서 전해지고 있기 때문에 그런 기술을 교육을 통해 소개하는 것의 결과는 단순하지도 명확하지도 않다. 이 장의 결론에서 우리는 이 자료를 우리가 2장에서 소개했던 사회적 배제의 문제까지 논의하고 있다. 여기에서 우리는 대규모로 자원을 분배하는 데 단순히 초점을 맞추기보다는 ICT를 일상적으로 접근한다는 의미에서 정보화 시대에서의 사회적 배제에 관하여 생각할 필요성을 설명하고 있다. 학교환경 내에서 ICT에 대한 이와 같은 이해를 바탕으로 결국 실제로 아동을 위해서 ICT가 어떻게 나타나고 있는지에 대한 아동의 설명에 귀를 기울임으로써 아동과 기술이 결합될 때 무엇이 발생하는지를 영국 정부가 더 유의해야 할 필요성이 있다고 제안하고 있다.

4장과 5장에서 우리는 학교에 강조점을 두는 것에서 가정(home)으로 바꾸고 있다. 4장에서 먼저 우리는 현대의 논쟁 중에서 ICT에 대한 아동의 사용에 관한 더 광범위한 담론을 검토하고 있다. 아동의 ICT 사용에 대한 대중적 · 정책적 이해에는 유년기와 기술에 대한 역설적인 생각이 포함되어 있다고 제안하고 있다. 한편으로 '지지자'는 우리의 미래가 될 것이라고 생각하는 기술을 아동이 통제하는 것을 축하한다. 반면에 다른 한편으로 '반대자'는 이 기술이 아동의 감정적인 복리를 위험상태에 두고 있다는 두려움을 증가시키고 있다. 이런 담론들을 검토하면서 우리는 논쟁 중에 있는 유년기에 대한 생각들이 위에서 서술한 아폴로적인 아동과 디오니소스적 아동이라는 개념과 정보통신기술이 기술적으로 결정주의적인 틀 속에서 구성되는 방식(예를 들면, 긍정적이든 부정적이든 사회에 영향을 주는 것처럼)을 고찰하고 있다. 그 다음에 이런 담론들이 사회적 행위자로서 아동의 다양성과 상태를 부인하고 '아동'(child)이라는 범주를 본질화시키는 것과 담론의 기술결정주의 때문에 이 담론들은 의문의 소지가 있다고 주장하고 있다. 또한 유년기에 대한 새로운 사회 학문에서의 연구와 이미 서술한 과학과 기술의 사회학에서 연구한 것에 의존하면서 우리는 대안적인 의제를 제시하고 있다. 이 의제는 국내 환경에서 부모들이 아동의 기술적이고 감정적인 능력과 협상을 하고 이해함에 따라 부모와 그 자손을 위해 나타나는 유년기와 기술에 대한 다른 인식을 규명할 필요성을 강조한다.

5장에서는 아동의 ICT 사용을 둘러싼 가정과 도덕적 공황상태에 대한 우리의 관심을 지속시키고 있다. 5장에서 우리는 컴퓨터에 대한 아동의 잠재적인 중독에 대한 대중의 두려움, 가족의 시간과 조화, 실외의 공공장소를 아동의 사용하는 데에 이런 중독이 가지는 결과에 대해 논하고 있다. 서로 다른 가정이라는 실천공동체 내의 개인 컴퓨터의 위치를 살펴봄으로써 우리는 개인 컴퓨터가 가정에 익숙하게 되는 복잡한 방식과 컴퓨터가 가정의 시간-공간을 변형시키거나 변형되는 절차를 풀어가기 시작하고 있다. 그렇게 하면서 우리는 가족의 삶을 위해 ICT의 결과에 대한 많은 반대자들의 두려움을 반박하고 있다. 5장은 역시 가정과 지역 이웃이라는 더 넓은 공간을 연결하고 있다. 다시, 우리는 가정용 개인 컴퓨터가 아동이 지역의 실외 공간을 사용하는 것에 주는 영향에 대한 대중적인 관심을 논하기 위해서 경험적인 자료를 이용하고 있다. 우리가 2장과 3장에서 ICT가 서로 다른 교육적 실천공동체 내에서 어떻게 다른 도구로써 등장하고 있는지를 보여준 것처럼 5장에서도 우리는 서로 다른 가정이라는 실천공동체 내에서 이런 기술이 다른 도구로써 등장하는 방식을 확인하고 있다.

6장은 오프라인 공간보다는 온라인 공간에 초점을 맞춤으로써 지금까지 했던 것으로부터 분명한 출발의 표시를 남기고 있다. 6장에서 우리는 인터넷과 연결된 개인 컴퓨터를 아동이 사용하는 데 있어서 정보와 통신의 양 측면을 고려할 것이다. 첫째, 우리는 젊은이들이 전 세계로부터 정보에 접근하기 위해 'www'를 이용하는 방식을 검토하고, 이것이 그들의 삶이 묻어 있는 지역문화에 있어서 무엇을 의미하는지를 탐구할 것이다. 둘째, 우리는 다양한 아동이 온라인과 오프라인 친구들과 아는 사람들 양쪽 모두와 의사소통을 하기 위해 ICT를 사용하는 많은 방법을 탐구할 것이다. 그렇게 하면서 우리는 아동이 '가상의' 친구들에게 신체와 거주하고 있는 장소를 어떻게 재현하는지에 대해서 생각해 볼 것이다. 6장 마지막 부분에서 우리는 세계의 장소에 대한 아동의 감각에 기여하는 인터넷의 역할을 살펴보고자 한다. 그렇게 하면서 우리는 장소가 없는 사회적 공간으로써 사이버 공간을 대중적으로 표현하는 데 의문을 제기할 것이고, 월드 와이드 웹이 미국화된 풍경으로 간주되는 정도를 평가할 것이다. 6장의 결론에는 아동의 온라인과 오프라인 세계가 상호적으로 구성되어 있는 정도를 강조하고 있다.

이 책의 마지막 장에서 우리는 아동과 기술을 결합시켰다. 여기서 우리는 이 장 초반에서 개괄한, 그리고 다른 장에서도 언급했던 ICT에 관한 잘 알려진 논평들에 관하여 다시 생각해 볼 것이다. 이 책을 구성하고 있는 다섯 개의 실질적인 경험적 내용을 담고 있는 장들(2–6장)을 통해서 시사받을 수 있는 점을 뽑아내면서 우리는 아동이 균형 잡히고 정교한 방식으로 ICT를 어떻게 사용하는지를 보여줄 것이다. 그 다음 우리는 ICT 사용에 대한 아이들의 이해가(이것은 주로 젊은 층의 행동에 관한 어른들의 이야기가 아닌 아이들 자신의 설명으로부터 나옴) 정부 정책에 어떻게 알려야 하는지에 대해 윤곽을 그려보고자 한다. 특별히, 우리는 아이들과 어른들이 함께 작용하는 서로 다른 시·공간적 구조를 관찰하고자 한다. 성인들은 미래 지향적인 경향이 있고 지역적·세계적으로 생각하는 경향이 있는 반면, ICT에 대한 아동의 접근은 현재와 아동 자신의 동료집단 세계라는 일상적이고 부분적인 상황에 더 초점이 맞추어져 있다. 만약 성인들이 컴퓨터 활용능력 보급의 중요성에 대한 자신들의 생각이 우세해지길 원할 때, 성인들(부모, 학교와 정부라는 의미에서 성인을 의미한다)은 아동에게 정보통신기술을 소개하는 방법에 대해 확실히 영향력을 가지고 있다. 그러므로 유년기에 대한 사회적 연구, 아동의 지리학, 과학과 기술의 사회학, 그리고 사이버 공간의 지리학 내에서 우리의 경험적 작업이 어떻게 연구에 대한 정보를 제공하고 있는지를 보여주기 위해 우리는 이 장에서 소개했고 전체 책의 틀을 잡았던 학술적인 논쟁으로 돌아가고자 한다.

제2장

정보격차?
아이들과 ICT 그리고 사회적 배제

이 장에서 우리는 정보화 시대가 만들고 있는 변화의 중요성에 대해 생각해 보고 세계 많은 국가들이 왜 기술의 대유행에 편승하려고 노력하고 있는지 확인해 보고자 한다. 이 장에서 우리는 정보통신기술과 이미 존재하고 있는 세계적 불평등의 체제 내에 있는 사회, 경제, 그리고 정치적 포함관계에 대한 논의를 탐구할 것이다. 두 번째 부분에서 우리는 영국의 국가적 척도에 우리의 초점을 맞출 것이다. 여기서 우리는 ICT의 포섭 가능성에 관한 정부의 논리와 정보격차의 존재에 대한 증거 사이의 대조를 다시 살펴볼 것이다. 그런 다음 우리는 이런 격차에 대한 교량역할로서 학교의 잠재적인 역할을 검토해 보기 위해 이 장의 세 번째 부분으로 넘어갈 것이다. 우리의 경험적 증거에 의존해서 영국 학교 안에서 ICT의 준비가 얼마나 폭넓고 다양한지 보여주고, 학교들에게서 이용 가능한 하드웨어와 소프트웨어의 개별적인 수준뿐만 아니라 정보통신기술이 정규 수업시간 안과 밖 모두 아동에게 이용이 가능하도록 하는 다양한 방식을 조사할 수 있을 것이다. 그렇게 하면서 우리는 사회적 불평등을 중점적으로 다루기 위해 기술을 사용하는 영국 정부의 비전을 개별 학교들이 받아들이거나 무시하는 방식에 대해서도 역시 생각할 수 있다. 이 장의 마지막 부분에서 우리는 사회적 배제에 대한 우리의 이해를 위한 이런 모든 수단이 무엇을 의미하는지를 평가할 수 있을 것이다.

정보화 시대

19세기와 20세기의 산업화 시대가 끝나가고 있으며 세계 경제에 의미심장한 변화가 일어나고 있다는 것은 일반적으로 널리 인정되고 있다. 제조업은 현대 서구에서 고용과 투자의 지배적인 형태로서 정보에 의해 대체되고 있으며, ICT는 우리 삶의 모든 국면을 취급하는 널리 보급된 사회적 변화의 선구자로서 환영받고 있다. 삶의 모든 국면이란 우리가 살고, 일하고, 사회화되어 가는 모든 방식에서부터 우리가 관여하고 있는 정치, 교육, 레저와 관계성이라는 형태까지를 말한다(Loader 1998).

산업과 상업 경쟁력, 그리고 생산력을 향상시킬 수 있는 ICT 자체의 잠재력 때문에 많은 국가들은 신기술 시류에 편승하기 위해서 노력하고 있는 중이다. 서구 국가들은 세계무대에서 그들의 경제적인 지배와 영향력을 상실하는 것에 대한 두려움 때문에 동기부여를 받고 있는 데 반하여, 다른 국가들은 이런 상황을 성장 차이를 없앨 수 있는 성장속력을 내기 위한 기회로 바라보고 있다(Abiodum 1994). 바란샤마예(Baranshamaje) 등은 다음과 같이 주장하고 있다 :

> 점점 더 지식에 기반을 둔 경제에서 정보는 적어도 토지와 신체적 자산만큼 중요한 것이 되고 있다. 미래에는 선진국과 비선진국의 차이는 정보가 빠른 국가와 느린 국가, 즉 네트워크로 구축된 국가와 고립된 국가 간의 차이로 합류될 것이다.
>
> (Baranshamaje 1995 : 2)

결과적으로 선진국인 서구에 있는 국가들로부터 새롭게 산업화되고 있는 남아프리카와 같은 국가들, 그리고 태국과 같은 개발도상국에 이르기까지 거의 모든 국가들은 ICT에 대한 보편적인 접근을 제공하기 위해 그들의 원거리통신(telecommunication) 네트워크를 확장하기 위한 정책들을 추구할 것이다(Moore 1998).

국가적인 규모에서 ICT는 흔히 사회적 포함(inclusion)과 응집력(cohesiveness)이라는 정치적 비전과 연결되어 있다. 그 이유는 정보통신기술은 정치과정에 있어서 잠재적으로 높은 참여 수준을 용이하게 하고 보다 세련된 민주주의를 생산하는 수단으로 간주되기 때문이다(Moore 1998). 전 세계 많은 정부들은 현재 시민들과 의사소통을 하기 위해 인터넷을 사용한다. 1998년에 40개 이상의 국가들은 70% 혹은 그 이상의 정부기관에 대한 웹사이트를 가지고 있었다(URL 1). 미국에서는 시민들이 지역 정치인들에게 접근하고 지역 문제에 관한 온라인 토론에 참여하도록 하기 위해 공공 전자 네트워크(PENS)를 이용하도록 하는 다양한 실험들이 전개되어 오고 있다(Schuler 1995). 평화넷(PeaceNet)과 같은 비정부조직들과 사회 · 정치단체들은 정치

남용과 인권남용, 그리고 변화를 위한 사회적 운동들을 선전하기 위해서 인터넷을 폭넓게 사용하고 있다(Doheny-Farina 1996). 멕시코에서 자파티스타(Zapatista) 운동의 지지자들은 지역적 투쟁을 위한 국제적인 지원을 동원하기 위해 인터넷의 파급속도와 접속을 이용한 단체 중 단지 한 예에 불과하다(Froehling 1999). 정보 습득과 정치과정에 직접적인 관여를 촉진함으로써 몇몇 논평가들은 정보통신기술은 정치의 본질을 바꿀 것이라고 설명했다. 특히 이러한 기술들은 힘의 토대를 탈중심화하고 개인의 정치적 지평을 다시 한 번 적절히 판단할 수 있는 잠재력을 가지고 있다. 왜냐하면 우리가 점차로 지역적이고 국가적인 정치 스케일뿐만 아니라 세계적인 정치 스케일을 인식하고 책임을 맡을 수 있기 때문이다.

개인의 스케일에 있어서 ICT는 특히 불리한 입장에 있는 사람을 위해서 권력을 주거나 해방시키는 것으로 진척되고 있다. 이것은 정보통신기술이 인터넷 사용자의 신체, 신원, 공동체와 지역의 물질적이고 사회적인 제한으로부터 해방되어서 이들이 원하는 정보에 접근하고 이를 원하는 사람과 대화하도록 이용자들에게 제공하기 때문이다(Pant 1996 ; Springer 1991 ; Stone 1992).

하지만 ICT가 제공하는 것으로 알고 있는 사회적 포함관계를 증가시키는 잠재력은 현존하는 세계적인 불평등이라는 틀 내에서 검토해야만 한다. 세계 수준의 국가들 사이와 국가 수준의 지역 내부 양쪽 모두 ICT의 이용이라는 측면에서 정보격차는 엄연히 존재한다(Dodge and Kitchen 2001). 모든 사람이 정보화 사회가 제공하고 있는 기회를 이용할 수 있도록 동일하게 장비를 공급받고 있는 것은 아니다. 1994년에 100가구당 개인 컴퓨터 대수에 대한 국제전기통신연맹(ITU : International Telecommunication Union)이 발표한 세계 전기통신 지수 지표 데이터베이스의 수치는 매우 다양한 유형을 보여준다 : 미국 29.7대, 독일 14.4대, 영국 15.1대, 헝가리 3.4대, 이스라엘 2.2대, 아르헨티나 1.7대, 브라질 0.9, 그리고 인도가 0.1대였다(Holderness 1998). 지리학적으로 유사한 불균형은 인터넷 이용 측면에서도 분명하다. 2000년 1월 온라인에 대한 수치는 전 세계적인 통계가 2억 4,200만 사용자의 접속으로 조사되었으며, 여기서 캐나다와 미국이 1억 200만 이상이 인터넷에 접속을 했고, 유럽이 7,000만, 아시아/태평양이 4,000만(아시아/태평양의 접속의 대부분은 일본이었다), 남아메리카 800만, 아프리카 210만(이 중 160만은 남아프리카에서 이루어졌다), 끝으로 중동에서 190만의 사용자들이 온라인 접속을 했다(URL 2). 심지어 유럽의 민족국가들 내에서도 인터넷 이용의 불평등은 분명했다. 유럽에서 인터넷 활용 수준을 평가하는 기관인 넷벨류(NetValue)는 2000년에는 덴마크 가구의 50%, 그리고 영국 가구의 30%가 온라인에 접속되어 있다는 것을 발견했다. 하지만 프랑스와 스페인에서 인터넷에 접속하는 가구당 비율은 각각 17.5%와 12.7%로 집계되었다(URL 3). 헤이우드(Haywood)는 다음과 같이 지적하고 있다 :

> 월드 와이드 웹(WWW) 상에는 이용 가능한 800만 건의 문서들이 있다. 하지만 대용량 컴퓨터(host computer)의 70%는 미국에 있고 10개국도

> 안 되는 아프리카 국가들이 인터넷에 접속하고 있다. 인도에서 파는 모뎀(modem)은 미국에서 파는 것보다 약 4배 정도나 비싸다. 그리고 인도네시아에서 인터넷 이용료는 미국보다 12배나 비용이 많이 든다.
>
> (Haywood 1998 : 24)

대부분 개발도상국 내에서도 시골과 도시지역 간 정보통신기술 이용 수준 역시 현저한 불평등이 존재하고 있다. 특히, 인터넷 사용은 주요 도시들과 특권을 받은 도시 엘리트들에 집중되는 경향이 있다. 키친(Kitchen)이 지적한 것처럼(1998a) 사이버 공간은 서구의 젊고, 백인이며, 교육받은 중산계층 남성의 영역이다. 정보통신기술에 열성적인 사람들이 진행시키고 있는 지구촌은 서구 중심적이며, 특히 기술혁신, 사용과 문화(우리는 6장에서 이 주제로 돌아갈 것이다)라는 측면에서 미국 주도적이라는 인식이 점점 증가하고 있다. 인터넷의 지배적 언어는 영어이며, 대부분의 이메일은 미국에서 보내고 있다(Holderness 1993). 사르다르(Sardar)는 지금까지 다음과 같이 주장하고 있다: "사이버 공간은 … 크게 쓰여진(writ large) '미국의 꿈' (American dream)이다. 또한 사이버 공간은 새로운 '미국 문명' (American civilization)의 여명을 표시한다 … 사이버 공간은 특별히 모든 서구의 역사가 아닌 것들에 대항해서 설치되어 있다"(Sardar 1995 : 780–781). 인터넷의 미국화를 사회적이며 문화적 가치들 혹은 정치체제에 대한 위협으로 간주하는 싱가포르, 베트남, 중국, 그리고 사우디아라비아와 같은 국가 정부들은 엘리트에 의한 정보통신기술 사용을 확대하려고 노력하는 반면, 동시에 이들 국가들은 나머지 대중이 인터넷을 이용하는 것을 제한하려고 노력하고 있다(Haywood 1998).

상대방에게 이메일을 보낸다는 것은 컴퓨터와 모뎀뿐만 아니라 전화선과 믿을 수 있는 전기 공급도 필요하기 때문에 '초고속정보통신망'(Information Superhighway)에 참여하는 선진자본주의 사회에서의 엘리트들 사이에서 오고가는 기술적인 이야기는 매개하는 전자통신기술이 아직 개발되지 않는 많은 지역에서는 거의 의미 없는 담론이다(Loader 1998 : 3). 헤이우드는 "더 가난한 국가에서 '고속통신망'이란 것은 가장 가까운 의료시설이나 학교로부터 멀리 떨어진 포장된 길에서 멀지 않은 길고 꾸불꾸불한 진흙길을 보는 것과 같다"고 말했다(1998 : 24-25). 당연히 일부 논평가들은 일부 개도국에서 ICT를 위해 할당된 예산은 집을 짓거나 기반시설과 경제안정에 투자하는 것이 보다 낫다고 주장하고 있다(Dyrkton 1996).

세계적인 규모에서 국가적인 규모로 이동하면서 영국에서는 정부의 간섭사례를 발견할 수 있다. 하지만 정보격차는 실제로 명확하게 존재하고 있다.

통신망을 통한 실패 : 영국의 경우

개인 컴퓨터는 1970년대에 처음으로 시장에 등장했고, 그후 20년 이상 동안 가정에서의 인터넷 이용은 불가능했다. 국내(영국)에서

ICT 판매가 시작된 것은 일반적으로 1990년대 중반까지 거슬러 올라간다(URL 1). 연이은 가파른 판매 상승에도 불구하고 2000년의 통계는 영국 가정의 단지 1/3만이 가정용 개인 컴퓨터를 소유하거나(URL 4) 인터넷을 이용한다 (URL 5)는 것을 보여주었다.[1] 당연히, 모토로라(Motorola 1998 : 2)는 영국을 '기술체계를 가진 자와 갖지 못한 자의 국가'로 정의하고 있다. 개인 컴퓨터 소유, 인터넷 사용 혹은 교육 이용의 측면에서든 가진 자들(haves)은 젊고, 남성이며, 교육을 받았고, 직장이 있으며, 중산계층 출신으로 보인다. 국립통계 옴니버스 조사(National Statistics Omnibus Survey) 수치(이 통계수치는 영국 개인 가구에 살고 있는 16세 이상의 성인 1,800명을 무작위 표본추출하여 조사한 것에 기초한 자료이다)가 그렇게 말해주고 있다.[2] 2000년 말 자료에 따르면, (컴퓨터에) 숙련되지 못한 사람이 꾸려가는 가구에 살고 있는 사람의 27%만이 인터넷에 접속했던 반면, (컴퓨터) 전문가가 꾸려가는 가구에 살고 있는 사람들은 78%가 인터넷에 접속했다. 온라인을 이용했

1) 2000년 10월부터 12월에 이루어진 가계 소비에 관한 설문조사(the Family Expenditure Survey)에 따르면 약 860만 명의 가정주부들은 가정에서 인터넷을 활용하고 있었다. 이 숫자는 1998년의 가계 소비에 관한 설문조사에서 나타난 숫자보다 4배가 증가한 것으로 나타났다. 국가통계국(ONS : the Office for National Statistics)이 발표한 이 자료는 전국적으로 가정주부를 대상으로 한 인터뷰 내용을 포함하고 있다. 약 7,000명 가량이 1999년부터 2000년 동안의 설문조사에 정보를 제공했다(URL 5).

2) 이것은 다양한 주제를 포함한 다목적용 설문조사로서 매년 8번 실시되었다. 이것은 정부 부처, 공공기관, 자선단체, 학계에서 사용할 목적으로 국가통계국(ONS)이 개발한 것이다.

던 사람들의 성비는 남성이 57%, 그리고 여성이 45%로 12% 정도의 차이가 있었으며, 나이가 많아짐에 따라 인터넷 사용이 급격히 감소하는 경향도 있었다. 16-24세 사이의 사람 중 85%가 인터넷을 사용했던 반면, 75세 이상이 인터넷을 사용한 것은 단지 6%에 불과했다. 온라인을 사용하고 있었던 조사대상 모든 성인 중 2/3가 16-44세 사이였다(URL 5).

영국 정부의 다른 조사는 과학기술의 불이익이라는 유사한 유형을 보여준다. 지역발전재단(Community Development Foundation)과 공동으로 IBM이 설립한 단체인 사회적 포함에 관한 국가 특별조사위원회(the National Working Party on Social Inclusion)가 발간한 보고서는 다음과 같이 진술하고 있다 :

> 사회적으로 가장 소외된 것처럼 보이는 사람들의 범주는 수입이 낮은 사람들이다. 물론 모든 사람은 몇 가지 방식으로 구분될 수 있으며, 많은 사람이 복합적인 불이익을 경험하고 있다. 특별히 세 종류의 사회집단이 가난을 경험하든 그렇지 않았든 간에 정보화 사회에서 배제될 '위험에 처한' (at risk) 것으로서 흔히 동일시된다. 세 종류의 사회집단이란 여성들, 이방인 인종집단들[원문 그대로 인용], 그리고 더 나이든 사람들이다. 이 외에도 시골공동체에 살고 있는 사람들은 특별한 어려움을 경험하고 있을지도 모른다. 그 어려움이란 제공되어 있는 사회시설이 충분한지와 관계되어 있다.
>
> (INSINC 1997 : 3)

그러므로 반어적인 의미에서 사이버 공간은 이론상 불이익을 당하고 있는 사람들을 자유롭게 할 수 있는 사이버 공간의 잠재력 때문에 흔히 환영받고 있지만, 실제로 불이익을 당하고 있는 사람들은 이런 기회에 접근하기 위한 숙련된 기술이나 재원을 가지지 못한 집단들이다(Graham and Marvin 1996).

우리의 설문조사는 유사한 유형의 불평등 역시 확인하였다. 가정에서 컴퓨터를 사용한다고 했던 아동의 비율은 세 사례연구 학교 간에 아주 다양했다. 중산층 관할구역(catchment area)에 있는 하이필즈(Highfields) 학교 학생의 73%, 사회적으로 섞여 있는 웨스트포트(Westport) 학교 학생의 61%, 주로 노동계층 담당 구역의 학교인 스테이션로우드(Station Road) 학교에 다니는 학생의 55%가 여기에 해당했다. 부모의 직업과 연관지어 분석했을 때 전문직이거나 관리직에 있는 부모를 가진 학생의 87%가 가정 컴퓨터에 접근할 수 있었고, 육체적이지 않은 숙련된 일에 종사하는 부모를 가진 학생의 57%, 그리고 숙련되거나 반숙련된, 혹은 숙련되지 않은 육체노동에 종사하는 부모를 가진 학생의 35%만이 가정에서 컴퓨터를 사용할 수 있었다.[3)]

영국에서 부자와 가난한 사람들 사이의 격차는 그리 놀랄 만한 일이 아니다. 헤이우드(Haywood 1998)는 유엔 인간개발보고서(UN Human Development Report)[4)]를 요약하면서 영국 시민 중 가장 가난한

3) 이것은 P=0.001 수준에서 유의미한 차이가 있다.
4) 1996년에 출판되었다.

40%가 세계 다른 어떤 국가보다 국가 부의 더 낮은 비율을 공유하고 있다고 지적했다. 영국 인구의 가장 부유한 1/5의 평균 수입은 가장 가난한 사람 1/5의 평균 수입의 10배 이상이다. ICT 이용은 수입과 직접적으로 관계는 없지만 골딩(Golding)이 다음과 같이 지적한 것은 틀림없는 사실이다 :

> 새로운 매체영역(playground)에 진입하는 것이 부자들에게는 비교적 비용이 적게 든다. 이미 존재하는 소비형태에서 단순히 조정하기만 하면 충분하다. 가난한 사람들에게 있어서 그 비용은 기회비용도 꼼꼼히 따져 보아야 하고, 의사소통 상품에 접근하는 것은 의식주와 같은 세속적인 계산을 힘겹게 해보아야 한다.
>
> (Golding 1990 : 112)

이것은 영국에만 있는 독특한 유형은 아니다. 인구조사국(Census Bureau)이 수행한 현행 모집단 통계(Current Population Survey)자료를 사용하면서 미국 국가기술정보부(NTIA : National Technologies Information Administration)는 가정에서 ICT를 가장 낮게 이용하는 집단은 흑인, 라틴아메리카 사람, 미국 원주민, 교육받지 못한 사람, 편모가 호주인 가구, 그리고 남부, 시골이나 도시 중심에 있는 가구라는 것을 확인했다(URL 6). 1998년에 백인 미국인의 46.6%가 가정용 개인 컴퓨터를 소유한 반면, 흑인 미국인은 23.2%에 불과했다. NTIA가 암시하고 있는 끊임없는 차이는 개인의 수입이나 교육의 정도만으로는 설명될 수 없다. 1995년 이래로 배제된 집단은 ICT에 대한 그들의 이용 수준을 상당히 두드러지게 증가시켰지만 다른 집단들은 더 빠른 비율로 ICT를 채택했다. 그래서 정보격차가 좁혀지기보다 실제로는 더 확대되었다(URL 6).

이런 기술이 아직은 일의 변화나 가치의 생산을 이루지 않았을지라도 대중적으로는 그렇게 될 것으로 이해되고 있기 때문에 ICT의 접근과 이용에 있어서의 불평등은 중요한 문제가 되고 있다(Marshall 1997). 예를 들어 미국에서 직업의 60%는 현재 기술적으로 숙련된 기능을 요구하고 있다고 추정되고 있다(URL 7). 게다가 경제정책연구소(Economic Policy Institute)는 새로운 기술을 이용할 수 있는 숙련된 노동자와 그렇지 못한 노동자 사이의 임금 차이가 1979년과 1995년 사이에 23% 정도 증가했다고 추정하고 있다(URL 1). 크로커(Kroker)와 와인슈타인(Weinstein)은 기술적으로 유능한 사람은 그들의 지적 자본을 경제적이고 문화적인 자본으로 변환할 수 있을 것이기 때문에 컴퓨터 사용능력이 다가오는 미래의 '가상계급' (Virtual class) 구성원이 되는 중요한 열쇠라고 주장했다(1994 : 163).

실제로 ICT의 사용은 쇼핑, 은행업무 그리고 온라인 투표와 같은 많은 활동으로 더 확대되고 있기 때문에 기술적 숙련이 부족해서 발생하는 불이익은 노동시장을 넘어서 확대될 것이다. 이런 방식으로 기술적으로 가지지 못한 자들(have-nots)은 '일상적' (normal) 활동에 참여할 수 없을 것이기 때문에 더 광범위한 사회적 배제로 인하여 고통을 받을 것이다. 예를 들면, 헤이우드(1998 : 22)는 "디지털화된 정보를 경제적으로 가난한 집단에게 중개해서 전달하는 기관이 없다면 공공 도서관, 법률센터나 시민안내소(citizens advice bureau)를 거쳐 쉽게 접근할 수 있었던 것이 큰 타격을 입을 수 있다"고 진술했다. 더 나아가 만약 개인이나 집단이 그들의 권리나 책임을 이행할 수 없다면 그들 또한 온전한 시민권을 인정받을 수 없을 것이다(Steele 1998). 이런 점은 사회적 포함에 대한 국가 특별조사위원회가 발간한 『통신망 결과 보고서』(*The Net Result*)에서 특별히 지적하고 있다 :

> 지금까지 온전한 시민권은 직업을 가지고 있는 것과 살고 있는 어떤 장소와 관계가 있었던 반면, 미래에 추가적인 '시민권의 상징'(badge of citizenship)은 정보화 고속도로(highway)에 접근할 수 있을 것인가와 관련될지도 모른다. 오늘날 사회에서 가정이나 직업을 가지지 못한 사람들은 사회적이며 정치적인 배제의 위험에 처해 있는 것과 같이 미래 사회에서 만약 참여와 기여를 위한 기회를 극대화시키기 위한 사회, 경제, 그리고 교육정책을 도입하지 않는다면 정보자원을 효과적으로 이용할 수 없는 사람들 역시 사회적 배제의 위험에 처하게 될 것이다.
>
> (INSINC 1997 : 7)

로더는 "접근을 위한 수단, 정보화 시장에서 경쟁할 수 있는 분별력과 지식이 없다면 선진화된 사회의 최하층이 이해관계를 가질 기회나 유인책이 거의 없다"고 주장하면서 그런 기술적인 특권 박탈의 결과에 대해서 경고하고 있다(Loader 1998 : 9).

다음 부분에서 우리는 국가적 단계로부터 세 가지 사례연구 대상이 되는 지역상황 속에서 이런 유형들이 어떻게 소진되어지는지를 살펴보는 것으로 우리의 초점을 좁혀나갈 것이다.

국내의 정보격차 : "아들에게 개인용 컴퓨터를 사주기 위해서라면 영혼이라도 팔고 싶다"

정보화 시대에 있어서 컴퓨터 사용능력(computer literacy)에 중요성이 부여되어 있기 때문에 개인 컴퓨터 제조회사, 소매상인과 인터넷 설치자와 같은 상업단체들이 이런 기술의 영국 내 구매를 향상시키기 위해 ICT의 교육적인 가치를 강조했다는 것은 놀라운 일이 아니다(더 자세한 내용은 5장 참조). 한 명의 어린이가 기술적인 숙련을 더 신속하게 발전시키면 시킬수록 그들 자신의 교육적이고 지속적인 미래 고용 전망은 더 나아질 것을 강조함으로써 광고 선전은 흔히 부모들을 목표로 하고 있다(Haddon 1992). 닉슨(Nixon)은 다음과 같이 설명한다 :

> 새로운 컴퓨터와 관계된 사용능력의 개발과 젊은이들의 사회적인 실습을 위해 가정은 중요한 시발점으로 구성되고 있다 … 젊은 사람들을 위한 정보적인 재미와 게임으로써 세계적 문화 경제 내에서 산만하게 생산된 것은 모두 부모들에게는 진지한 관심사가 된다.
>
> (Nixon 1998 : 23)

이런 산만한 분위기 속에서 부모들과 아동 대다수가 ICT 기능에 애착을 갖고, 따라서 가정용 컴퓨터를 소유하는 것에 총괄적인 중요성(blanket importance)을 부여하는 것은 당연한 것이다. 부모들은 정부와 상업적 이익 양자의 태도를 비교하면서 ICT에 숙련되는 것을 자녀들의 미래 직업 전망에 필수적인 것으로 간주하고 있다:

펠프스 부인 : 컴퓨터는 빠르게 성장하고 있는 분야예요. 컴퓨터는 필수적인 통신매체가 되고 있는 중이죠(되고 있는 중이기보다 이미 되었다). 컴퓨터는 또한 활용할 수 있는 영역이 매우 커요. 예를 들자면, 데이비드(David)는 건축학과 같은 어떤 일을 하고 싶어해요. 여러분도 알다시피 대부분의 도안은 컴퓨터로 이루어지고 있기 때문에 컴퓨터는 선택이 아니라 필수가 될 거예요. 여러분이 막연하게 대학의(학문의) 어떤 분야에 종사하려고 한다면 컴퓨터는 필수품이죠 … 우리 사회는 이미 컴퓨터에 방대한 양을 쏟아붇고 있죠(하이필즈).

타이미 씨 : 우리는 어리석지 않습니다. 우리는 세상이 지금 진행하고 있는 방식을 볼 수 있고, 컴퓨터가 미래에 있어 중요한 것이 될 것이라는 것을 알고 있지요. 컴퓨터에 대한 나의 개인적인 견해는 만약 여러분이 컴퓨터를 사용할 수 없다면 세상 어느 곳도 갈 수 없다는 것입니다. 여러분은 내가 의미하는 것(현재 세상이 진행되고 있는 방식)을 알고 있을 겁니다(웨스트포트).

웹 부인 : 여러분이 일하고 있는 어떤 가게나 사무실에도 사람들은 컴퓨터를 가지고 있는 것으로 보여요. 그렇죠? 내 말 이해하겠죠? 모든 사람은 컴퓨터를 가지고 있는 것 같다는 말이에요. 나처럼 청소부가 되는 것과는 별도의 문제이고, 여러분이 종사하는 모든 직업에서(사람들이 원하는 어떤 단계나 혹은 다른 단계에서) 사람들은 여러분이 컴퓨터를 사용할 수 있게 되기

를 바라지요(스테이션 로우드).

마샬(Marshall 1997 : 71)은 가정에 컴퓨터가 없어서 결국 자녀들이 급박한 정보화 경제에서 단절될지도 모른다는 부모들의 걱정을 '예상되는 미래의 기술공포증' (technophobia of the projected future)으로 불렀다. 마샬은 20세기 후반과 21세기 초반의 가정공간 속에 존재하는 ICT의 급격한 팽창을 ICT의 가장 중요한 결과물 중 하나라고 간주하고 있다. 대서양 양쪽에서의 조사(URL 1과 URL 4)는 자녀를 가진 가족들은 독신이나 자녀가 없는 부부보다 가정용 개인 컴퓨터를 소유하거나 인터넷을 사용할 가능성이 더 많은 것으로 본다. 하지만 마샬(1997)은 예상된 미래의 기술공포증은 다소 중산층의 현상이라고 시사하면서, 중산층의 수입을 가진 부모가 자신들보다 자식들이 더 나은 생활을 할 수 있도록 자녀들을 위해 노력하는 방식을 서술하고 있다. "가족의 자녀들은 컴퓨터 사용능력이라는 모호한 개념을 통하여 자신의 계급신분을 유지하기 위해 가정 내에서 컴퓨터를 통해 교육적인 열망을 추구하고 있다"고 마샬은 기록하고 있다(ibid. : 75).

하지만 우리가 노동계층 부모들과 면담을 해본 바로는 이들은 자녀들이 마침내 기술적으로 극단적인 세계의 그릇된 측면에 설 수도 있다는 것에 대해 중산계층의 부모만큼이나 두려워한다는 것을 보여주고 있다. 결과적으로 어떤 사람은 개인 컴퓨터를 구입하기 위해 돈을 빌리거나 소유물을 파는 정도까지 하기도 한다. 반면에 다른 사람들은 최선의 노력에도 불구하고 자녀들의 기술적인 능력을 개발할 기회를 제공할 능력이 없기 때문에 좌절하기도 한다.

리드 부인 : 그에게 개인 컴퓨터를 사주기 위해서라면 내 오른팔이라도 주겠어요. 내 남편은 직장이 없고 우리는 전혀 돈이 없거든요. 아들에게 개인 컴퓨터를 사줄 수만 있다면 내 영혼이라도 팔고 싶어요. 만약 컴퓨터를 줄 수 있는 어떤 방법이라도 있다면 아들이 그것을 갖도록 하고 싶어요. 하지만 방법은 없고 컴퓨터는 아들이 원하는 모든 것이죠. 아들이 컴퓨터를 갖도록 하기 위해 우리는 무엇을 팔 수 있을까요? 팔 수 있는 건 아무 것도 없어요. 안 그래요? 나는 가진 것이 아무 것도 없어요. 불쌍한 녀석(스테이션 로우드).

사회·경제적인 전 범위의 배경을 가진 아동은 그들의 부모와 비슷한 대화 결론에 이르면서 ICT와 관련된 기능은 다양한 분야의 노동시장에 진입하기 위해서는 반드시 필요한 것이 될 것이라고 주장했다. 하지만 기술공포증이 있는 아동의 소수는 미래에 컴퓨터를 사용하는 것과 관련된 직업에서 일할지도 모른다는 생각을 받아들이기를 거절하고 있다(3장을 참조하라).

말 히겐즈 : 직장을 얻을 때 모든 재정과 모든 일은 컴퓨터로 수행될 거예요. 누가 계단이나 어떤 것에 대해 불평했기 때문에(그는 가구장이가 되기를 원한다) 당신이 이 사람에게 편지를 쓰는 것과 같은 것을 요구받았다면 당신은 편지를 써야만 하고 컴퓨터를 사용할 수 있어야만 하죠. 만약 당신이 할

수 없다면 그 직업을 얻을 수 없을 거예요(하이필즈).

다렌 브라운 : 거의 모든 사람은 컴퓨터를 사용할 수 있는 지식을 가질 필요가 있다고 생각해요. 왜냐하면 대부분의 직업들이 컴퓨터를 사용하는 경향이 있으며, 컴퓨터를 사용하지 않는 직업, 즉 농장과 같은 직업도(전에는 결코 컴퓨터를 사용하지 않았다) 현재 컴퓨터를 사용하고 있는 중이기 때문이죠. 농장에서 컴퓨터를 사용하는 경우는 재정 관련 일을 볼 때예요(웨스트포드).

스테파니 프라이스 : 그것은 매우 중요하게 될 것이라고 생각해요. 왜냐하면 … 컴퓨터가 매우 중요하기 때문에 현재 여러분이 가지고 있는 모든 직업이 컴퓨터와 같은 것을 사용하죠. 이처럼 컴퓨터는 현재 유행하는 것이죠(스테이션 로우드).

기술적 숙련은 미래 노동시장으로의 아동의 자연스런 이동을 위해 필요한 요구조건으로서만 간주되는 것은 아니다. 부모와 자녀는 정부와 상업적 담론 안에 있는 교육적인 동기에도 의존한다. 부모가 현재 학문적인 성공을 위한(역시 미래 노동시장에 진입하기 위한 수단이 되기도 한다) 가정용 컴퓨터의 이용이 필수적이라고 이해한다는 강한 분별력이 있다. 이것은 흔히 아동의 주장에 의해 강조되는 견해이다:

면담자 : 왜 여러분은 컴퓨터를 구입하려는 생각을 했습니까?

가드너 부인 : 기본적으로 우리는 한 대가 필요했어요. 알랜(Alan)은 학업용으로 한 대가 필요하다고 생각했죠. 왜냐하면 알랜은 기회를 놓치고 있다고 생각했기 때문이에요. 많은 아동이 컴퓨터를 가지고 있어요. 그는 GCSE

학년이구요. 아동은 컴퓨터 시스템에서 모든 정보를 입수하고 있어요. 사람이 아무리 훌륭할지라도 여러분은 아동이 버튼을 눌러서 컴퓨터 시스템에서 얻는 동일한 정보를 가지기 위해서 여러분의 집에 그만큼 충분한 서적을 보유할 수 없어요. 그래서 컴퓨터가 있는 아동은 우월한 위치에 있는 거죠. 그리고 우리 아이는 컴퓨터가 없기 때문에 불리한 위치에 있다고 생각했어요. 그래서 나는 알랜이 사다리의 한 계단 위에 있게 하기 위해서 밖에 나가서 가장 저렴한 중고 컴퓨터를 한대 구입해야만 했어요(웨스트포트).

웹 부인: 그들은, 정말 그들은 나를 실제로 속이고 있었죠. 그들은 일을 할 컴퓨터가 필요한데 학교에서는 그들의 일을 할 수 없다고 말했어요. 숙제, 그들은 숙제를 끝낼 수 없기 때문에 숙제를 위해 하나가 필사적으로 필요했어요. 왜냐하면 그들의 모든 친구는 컴퓨터가 있었기 때문이에요.

실제로 인용에서 지적하는 것처럼 일부 아동은 학교에서 학구적인 달성이라는 측면에서 자극을 주는 가정용 컴퓨터를 가지지 못했기 때문에 불이익이 생긴다고 생각하고 있다. 아동은 부모들에게 일정한 압력을 넣어서 컴퓨터를 구입하도록 하는 이런 두 가지 사회·공간적인 환경 사이에서 이런 관계를 이용한다. 세프톤-그린과 버킹엄(Sefton-Green and Buckingham 1998 : 82)은 "가정용 컴퓨터에 접근하는 것은 책에 접근하는 것만큼이나 문화적 자본 배분의 중요한 부분이다"라고 주장하고 있다. 이것은 국가시험을 위해 학습과정 연구를 하는 아동에게는 특별한 관심사이다. 이들은 가정에서 ICT를 이용하는 사람들에게 추가되는 가장 중요한 세 가지 이점으로서 작업에 대한 발표를 향상시키기 위한 컴퓨터의 사용, 온라인에서 이용할 수 있는 정보의 중요성, 그리고 실험을 통해 ICT에 대한 이해를 발전시킬 수 있는 시간을 강조하고 있다. 아동은 다음과 같이 설명한다 :

루이스 랑톤 : 당신은 집에 컴퓨터를 가진 아동이 컴퓨터로 한 숙제와 모든 것을 보게 되면 당신도 컴퓨터를 사용할 수 있게 되기를 원할 거예요. 수업시간에 당신이 하고 싶은 모든 것을 끝낼 수 없기 때문에 집에서 말끔하게 그것을 할 수 있는거죠. 그리고 그것은 좋아 보여요. 하지만 종이와 펜으로 과제를 한다면 컴퓨터로 한 것만큼 좋게 보이지는 않아요(스테이션 로우드).

존 배티 : 만약 당신이 학교에서 어떤 것을 배우고 확실히 그것을 이해하지 못했다면 당신은 집에 가서 그것이 무엇이었는지를 생각하며 컴퓨터를 가지고 빈둥거릴 수 있어요. 선생님은 '당장 그것을 끝내라' 고 말하지 않죠(웨스트포트).

하지만 가정용 개인 컴퓨터를 원하는 아동의 동기는 항상 이처럼 고결한 것은 아니다. 대부분의 아동은 교육과 고용 가능성에 있어서 정보통신기술의 중요성을 인식하고 있고, 또한 아동은 이 기술이 현재 이들에게 제공하고 있는 사회적 기회와 여가 기회에 대한 ICT의 가치를 평가한다. 예를 들면, 어떤 아동에게 있어 ICT는 컴퓨터 게임을 위한 도구이고 다른 아동에게 있어 이것은 스포츠, 팝이나 영화 주인공에 대한 정보의 근원지이다. 반면 일부 아동은 친구나 가족과 의사소통을 하는 데 ICT를 이용하는 것을 선호한다(6장을 참조하시오).

일차적으로 학교 과제보다는 재미를 위해서 컴퓨터를 이용하는 경향이 있는 어떤 아동(사회적 행위자로서 자신의 능력을 보여주고 있는 아동)은 컴퓨터를 구입하기 위해 공부를 더 잘할 수 있다는 보다 확장된 이유를 제시함으로써 부모를 능숙하게 설득한다.

헬렌 오츠 : 글쎄요, 우리[나와 나의 자매]는 그것을 원했지만 결국 … 그[아버지]를 속여서 그것을 사도록 했어요. 우리는 아버지에게 이렇게 말했어요. '컴퓨터에 엔카타(Encarta : 온라인 백과사전)를 넣으면 우리는 컴퓨터를 항상 사용할 거예요.' 아버지는 우리를 믿었고, 우리는 그것을 얻었죠(하이필즈).

이런 의미에서 우리가 면담을 했던 모든 부모와 아동은 ICT의 중요성에 대한 국가적인 담론의 일부분이 되었다고 생각할 수 있을 것이다. 계급적 배경과 당사자 가족이 실제로 개인 컴퓨터를 소유하고 있는지 여부와 관계없이 놀이 기계로서 컴퓨터의 잠재력뿐만 아니라 아동의 교육 수행과 고용 전망에 있어서 중요한 장점으로서 가정용 컴퓨터가 평가되고 있다. 하지만 이러한 가족들은 어떤 사람은 아동을 위해 가정용 컴퓨터를 구입할 수 있고 다른 사람은 그럴 수 없다는 것을 의미하는 더 확장된 계급관계에 역시 제한되어 있다. 중산계층과 노동계층 사이의 문화적이기보다는 재정적인 차이가 있다는 것은 어떤 아동은 가정용 컴퓨터가 가져올 수 있는 인식된 이익으로부터 유익을 얻을 수 있지만 다른 아동은 이런 유익을 얻을 수 없다는 것을 의미한다. 다음 절에서 우리는 지금까지 서술해 온 정보격차를 메우는 데 있어 학교가 할 수 있는 역할을 고찰할 것이다.

정보격차에 대한 잠재적 교량으로서 학교

현존하는 사회적 · 공간적 불평등을 재생산하는 정보통신 교육의 확산을 막기 위해서는 그 기술의 가격인하와 지적 수준 향상이 필요하다는 점은 널리 알려져 있다(Fernback & Thompson 1995). 영국 정부는 학교를 ICT에의 접근을 제공하기 위한, 국내의 불평등이나 세대 간 불평등에 대항하기 위한 중요한 조정점(intervention point)과 동일시했다. 학교는 미래의 노동자로서 아동이 교육을 받고 있는 장소일 뿐만 아니라 부모에게 접근할 수 있는 장소이기도 하다. 학생들이 학교에서 배운 것을 가정에서 부모들에게 보여주거나 가르쳐 줄 때(Tang 1988) 학생들이 배운 기술적인 능숙함이 가정으로 전이된다(4장을 참조하시오). 학교는 성인에게 더 넓은 공동체를 이롭게 할 교육과정과 원거리(원격) 학습 기회를 제공할 수도 있다. 심지어 켄웨이(Kenway 1996 : 230)는 "기술적인 능력은 교육을 위한 새로운 기초이기 때문에 ICT에 대한 동등한 이용과 능력은 교육자를 위한 기본적인 관심임에 틀림이 없다"라고 말했다.

1997년에 영국 정부의 『교육백서』(*White Paper on education*)에서는 다음과 같은 내용을 밝히고 있다 :

> 지난 20년 동안에 직업은 새로운 과학기술, 특히 컴퓨터와 의사소통 네트워크에 의해 변화되고 있다. 하지만 교육이 받고 있는 영향은 주변부에 머물고 있다. … 그러므로 학교에서 이런 과학기술의 가능성을 열어놓고 학생들과 다른 학습자들에게 이 새로운 세상을 위한 장비를 제공하기 위해 우리는 새로운 천년의 학습을 위한 국가 표준(National Grid for Learning for the Millennium)을 만들 것이다.
>
> [고용 · 교육부(Department of Employment and Education) 1998 : 41]

다음해에 학습을 위한 국가 표준(National Grid for Learning, 이후로는 NGFL로 약함)이 공식적으로 출범했는데, 3만 개의 영국 학교가 연결되고 모든 아동이 이메일 주소를 갖게 될 네트워크를 구축하여 인터넷 사용에 도움을 주기 위해 700백만 파운드의 예산을 배정하였다. 이 시점에서 영국은 '학교 네트워크'(school nets)라는 측면에서는 미국, 캐나다, 오스트레일리아, 그리고 일본에 이어 5위였다(Tang 1998).

교육에 있어서 기술의 역할에 대한 영국 정부의 비전은 기술이 컴퓨터 이용 능력이 있는 노동력을 재생산할 뿐만 아니라, 새로운 과학기술이 전통적인 교육(지식)기준을 끌어올리고 개인에게 권력을 줄 것으로 생각하고 있다. 정부의 각료인 킴 하웰즈(Kim Howells)는 다음과 같이 예를 들고 있다 :

> 우리는 정보통신에 있어서 새로운 기술이 실제적으로 학교의 표준을 향상시키는 데 도움이 될 것이라는 것을 절대적으로 믿고 있다. 새

> 로운 기술을 통해 사람들은 모든 방식의 정보를 읽고, 쓰고, 접근할 수 있다고 생각하며, 교사들에게는 초중등학생과 대학생들의 발전을 더 가까이에서 관리하는 데 도움을 줄 것이라고 생각한다.
>
> (URL 8)

그런 계획의 착수와 모든 영국 어린이들이 ICT에 평등하게 접근하도록 한 정부의 비전에도 불구하고 우리는 서로 다른 학교에서 이용할 수 있는 기술적인 재원은 많이 다르다는 것을 발견했다. 이것은 영국 정부가 학교에 하드웨어를 설치하는 데 중점을 두었던 반면, 많은 계획의 착수는 학교가 서로 간에 경쟁을 해야만 하는 '선의의 경쟁'을 통한 자원의 분배를 포함하고 있으며, 이것을 초래하는 계기와 결정은 지역적인 수준에 따라 다르게 나타나기 때문이다. 기술은 학교를 더 전문적이 되게 함으로써 학교가 과학기술 시대에 대응하고 있는 것처럼 보이게 하기 때문에 학교 홍보에 있어서 기술의 중요성은 당분간 지속되고 있다(Bigum 1997 ; Nixon 1998). 컴퓨터에 기초를 둔 교과과정은 교육의 질의 상징으로서 여겨진다(Bromley 1997). 하지만 어떤 지역당국은 다른 지역보다 ICT를 더 강조한다. 마찬가지로 다른 학교들 역시 하드웨어에 투자할 수량에 대하여 다른 결정을 내리면서 학교 교과과정, 예산상황, 그리고 교육적 우선순위 중에서 과학기술의 역할에 대한 그들 개인의 비전을 반영한다(Valentine and Holloway 1999). 돈 베인즈(Don Bains : 교감이자 정보통신 조정자)는 웨스트포트의 정보통신 자원을 개발하기 위해 웨스트포트에 몰두함으로써 다른 분야에서 어떤 희생이 필요했는지를 서술하고 있다. 기술에 대해 우선순위를 매기는 것이 항상 다른 직원에 의해 보편적으로 받아들여지는 것은 아니다.

돈 베인즈 : 그것은 힘든 일이었습니다. 작년은 특히 재정적으로 좋지 않은 해였거든요. 그리고 ICT에 대한 지속적인 비용인 8,000파운드 정도의 부담은 상당한 정도의 창의성을 요구하는 것이었습니다. 그때에 많은 반대가 있었구요. 반대한다는 것이 직원에게 있어서 무엇과 같은지는 여러분이 아실 겁니다. 그리고 여러분은 정보기술에 찬성자가 있는 만큼 동일하게 학교에 많은 정보기술 설치를 반대하는 사람이 있다는 것을 아실 거예요. 내가 기억하기에 작년에 한 선생님을 일시 해고한 그때에 그와 동시에 ICT 개발을 지원하고 어떤 기준에 도달할 때까지 하부구조를 이끌어 오기 위해 25,000파운드 정도를 우리가 왜 혹은 어떻게 저축해야 하는지를 이해하지 못한 몇몇 직원들이 있었습니다(웨스트포트).

웨스트포트와 같은 특별 학교들이 행한 선택은 정보통신 설비를 위해 경쟁원칙에 근거해서 정부가 이용할 수 있는 자금조달을 위해 연구하고 노력을 다하며 교사들이 가지고 있는 재원을 개발하기 위한 개별 교사들의 능력과 헌신에 주로 의존하고 있다. 비굼(Bigum 1997)은 지명된 컴퓨터 담당 교사로부터 기대되는 일(예를 들면, 소프트웨어와 하드웨어 변화 유지하기, 새로운 장비 설치하고 점검하기, 기술적인 문제 고치기)과 양은 흔히 전산 교사들이 할당받은 이 역할을 할 수 있는 전체 시간의 양을 초과한다. 결과적으로, 학교의 전산시설들은 통상 관련된 교사들의 열정과 무임금 노동에 의존하게 된다.

그래서 아주 불공평한 유형이 생기게 되며, 이런 유형은 서로 다른 지역 교육당국들(LEAs : Local Education Authorities)과 특별히 교사들과 특정 학교 이사장의 태도에 우선순위를 반영하고 있다. 이것은 학교에서 우리의 설문조사와 교사들의 매일 경험에서 모두 다 명백하다. 하이필즈 학교에서 정보통신 조정 일을 맡고 있는 데이브 매튜(Dave Matthews)가 설명한 것처럼 자신의 학교가 정보통신 재원을 얻기 위해 타학교와 경쟁하는 데는 성공적이었지만 이것이 결과적으로 지역 교육당국자들의 원한을 사게 되었다.

데이브 매튜 : 여러분이 그 지역에 소재한 타학교를 둘러본다면 용품의 다양함을 믿을 수 없을 겁니다. … 즉, 우리가 가진 것과 같은 기계를 갖고 있는 사람들은 경쟁을 통해서 획득했죠. 여기서 교장은 이 경쟁에 신청을 해서 그 기계를 확보했습니다. 내가 모임에 간다면 사람들(타학교의 교사들)은 그것이 마치 여러분의 잘못인 것처럼 여러분을 볼 것입니다. 당신이 모든 도구를 얻으면 다른 교사들은 얻지 못할 것입니다(하이필즈).

하지만 특정 학교에 이용 가능한 하드웨어와 소프트웨어가 있다는 것만으로는 아동이 기술에 접근하고 이용하고 있다고 설명할 수 없다. 예를 들어, 학교의 정보기술에 대한 정부의 통계조사에 의하면(Mckinsey and Company 1998), 영국 중등학교의 83%가 인터넷과 연결되어 있다 하더라도 이것이 반드시 이 학교의 아동이 그것을 이용한다는 것을 의미하지는 않는다. 이보다는 많은 학교는 인터넷 사용을 엄격하게 제한하고 있다. 그 이유는 첫째 인터넷 공급자, 경로와 서버들, 업그레이드, 학교에서의 네트워크 확장이나 설치, 그리고 비교적 강력한(용량이나 처리속도가 큰) 컴퓨터의 필요성 등을 포함한 문제와 관련된 비용 때문이고, 둘째 온라인상에서 적절하지 않는 자료에 아동이 접근할지도 모른다(Valentine and Holloway 2001a)는 부모들의 두려움 때문이다(이 주제는 4장에서 다룰 것이다).

어떤 학교에서 ICT는 영어, 지리 등과 같이 범교과 교육과정(cross-curricula)으로 이용되고 있는 반면, 많은 경우에 정보통신 교육은 정보기술 수업에 제한되어 있다. 이것은 반드시 이용 가능한 컴퓨터의 수와 인터넷의 연결 때문은 아니다. 차라리 많은 다른 경쟁적인 요구가 있었을 때에 훈련을 시키고 수업시간에 이런 수단을 이용하도록 동기를 부여하는 교사의 수가 적음을 흔히 반영한다. 교사들은 교과과정을 통해 새로운 기술을 통합해야 한다는 압력을 받고 있다. 하지만 많은 교사들은 그렇게 하는 것에 대해 싫어하거나 모순적 감정을 가진다. 왜냐하면 ICT 사용에 익숙한 교사들이 충분히 양성되어 있지 않거나 ICT를 어떻게 사용하는지에 대한 직접적인 경험이 없기 때문이다. 일이 너무 많아서 교사들은 그들의 가르침을 새로운 기술에 통합시킬 시간이 없다(Bryson and de Castell 1994). 이용 가능한 최소한의 기술적 지원이나 문제해결 지원이 있을지라도 일부 교사들은 ICT의 기술적 능력이 자신의 범위를 벗어나면 학생들 앞에서 ICT를 사용하는 문제와 마주치는 것을 두려워한다. 그레이슨(Mrs Grayson) 선생님은 그녀가 ICT를 사용하는 것을 왜 피하는지 설명하고 있으며, 반면에 스테이션 로우드에서 컴퓨터 사용능력이 아주 뛰어난 학생인 팀 심프킨(Tim Simpkin)은 자신의 선생님들이 그의 지식에 의존하고 있으면서도 그의 능력에 대해 어떻게 두려움을 느끼는 것에 대해 설명하고 있다.

그레이슨 선생님 : 그래요. 내가 하고자 하는 말은, 내가 당신(면담자)과 말할 때 학교에서 나는 컴퓨터를 사용하지 않아요. 만약 가능하다면 컴퓨터를 사용하는 것을 피할 것입니다. 왜냐하면 컴퓨터는 어떤 다른 것보다도 나에게 있어 많은 혼란(hassle)을 가져오죠. [편집, 나중에 그녀는 다시 이 주제로 돌아온다] … 당신은 실제로 이 상자 안에서 무엇이 일어나고 있는지 모를 것입니다. 그리고 당신이 원하는 결과를 얻고 있습니다(하이필즈).

팀 심프킨 : 여러분이 아마 어느 정도 일에 집중하고 있는 중인데도 그들은 '팀!' 하고 부를 거예요[그들이 그의 기술적인 도움이 필요한 때이다]. '뭐라구요?' 당신은 거기로 가서 그들[선생님]을 도와드려야만 한다는 것을 알죠. 교사는 그 때문에 거기에 있고 가끔씩 초조해지기 시작할 거예요. 그리고 그들은 당신을 바깥으로 데리고 가서는 '팀 주의해' (Look Tim) [그에게 다른 학생들을 돕지 못하도록 경고하면서] 라고 말합니다. [이것에 그는 대답한다,] '나는 단지 도우려고 노력하고 있어요.' [교사는 대답한다,] '하지만 내가 선생님이야, 내가 통제한다.' 여러분도 알다시피 선생님은 그렇게 여러분에게 말씀하시죠(스테이션 로우드).

ICT가 교실 내에서 일부 교사의 정체성, 직업적인 자격, 그리고 일상의 행위에 부과되는 권위에 잠재적인 위협이 주어진다면 많은 사람들이 교과과정 내의 폭넓은 통합을 거부하여 현대의 기술혁신 반대자(Luddites)라고 비난을 받는 것이 당연하다.

장비의 보급보다는 장비를 사용하는 것을 강조함으로써 우리는 학교 내에서 ICT 이용에 관한 중요한 문제를 제기하기 시작하고 있다. 각각의 학교는 ICT에 접근하는 것과 이에 대한 사용을 다른 방식으로 구성하고 있다. 학교의 이 정책들과 정책의 지극히 작은 영역들은 아주 중요한 영향을 가지고 있다—이 영향은 사례연구 대상인 세 학교에서 아주 명확하게 예시되고 있는 부분이다.

하이필즈에는 120대의 개인 컴퓨터나 맥킨토시 컴퓨터, 그리고 인터넷 접속이 가능한 28대의 컴퓨터가 있다. 컴퓨터는 정보통신 실험실에 집중되어 있으며, 실험실 사용은 주로 수업시간에 제한되어 있다. 모든 학생들은 7, 9, 10, 11학년(이 학년은 가끔씩 인터넷 사용을 포함하여)에서 매주마다 정보통신에 대해 한 번의 수업을 받는다. 그리고 학생들은 그 과목에 속한 국가 교육과정 자격시험(National Curriculum Certificate Course)을 (국가 GCSE시험을 준비하는 대부분의 학생들과 함께) 거친다. 아동은 '보충학습 시간' (extended study time)이라고 불리는 수업 이외의 시간에 인터넷을 사용할 수 있다. 하지만 부모들이 자신의 아동과 친구가 온라인상의 적합하지 않는 자료를 검색하는 데 대해 불만을 제기하고 있기 때문에 ICT에 대한 접근은 현재로서는 교사의 통제를 받아야만 한다. 그래서 아동은 통상적으로 인터넷을 통해 숙제를 할 정도만 기대하고 있다. 인터넷에 대한 아동의 적절하지 않은 사용을 막기 위해 학교당국은 여과장치를 설치했다. 만약 정보통신 교사가 기술적으로 유능하고 열정적이라고 믿는 어떤 소규모 집단

중의 기술적으로 유능한 아동이 컴퓨터의 사용을 요청한다면 교사는 이 학생들이 과외로 교실에서 기계를 사용할 수 있도록 한다. 이런 방식으로 가정에서 ICT를 이용하고 있고, 이미 기술적으로 유능한 아동은 기술능력을 발전시키는 데 많은 시간을 사용할 수 있도록 학교 기계를 최대한 이용할 수 있다. 반대로 가정에서 ICT를 이용하지 못하는 기술적으로 빈약하거나 기술공포증을 가진 아동은 공식적인 정보통신 수업과는 별개로 기술에 대한 자신감을 개발하기 위해 동일한 기회가 허용되지 않는다(3장을 참조하시오). 캘빈(Calvin)과 샐리(Sally)가 아래에서 서술하고 있는 것처럼 아동 사이의 기술적으로 유창한 능력 차이는 잠재적으로 악화되고 있다 :

캘빈 히겐즈 : 나는 정말 그것(컴퓨터)을 잘하지 못해요. 실제로 잘하는 사람들은 집에 컴퓨터가 있어요. 왜냐하면 이들은 하루 종일 이것에 몰두하기 때문이죠. 만약 우리 집에 컴퓨터가 있다면 보핀즈(Boffins) [기술적으로 유능한 아동의 집단] 만큼 잘 할 수 있을 거예요(하이필즈).

샐리 스톤 : 수업시간에 여러분은 누가 집에 컴퓨터를 가지고 있는지를 구별할 수 있죠. 우리가 글자를 타이프하는 것과 같은 일을 해야만 할 때, 클로에(Chlöe)는 라, 라, 라 하면서 그것을 끝낼 거예요. 그리고 어떤 사람들은 ㄱ, … ㄴ, … 하죠. 만약 여러분이 그것을 사용하는 방법을 안다면 더 확신을 가지게 될 거예요. 그것이 쉽다고 하는 이유는 학교의 컴퓨터는 가정에서 우리가 사용하는 컴퓨터에 비교하자면 너무 속도가 느리기 때문이에요. 우리는 거기에서 앉아 있고, 잡담만 하다가 수업이 끝나게 될 거예요(하이필즈).

그러므로 하이필즈는 ICT가 잠재적으로는 유해한 결과를 초래하기 때문에 학교환경의 중요한 부분인 생활물건이기보다는 점검과 통제를 받을 필요가 있는 특권 도구로서 보고 있다. 영국 정부의 설득에도 불구하고 하이필즈가 학내에서 ICT 이용을 수행하는 방법은 학생들 간에 ICT에 대한 가정에 근거를 둔 접근과 사용 수준에서 차별성에 도전을 주기보다는 실제로는 가정 수준에 따른 차이성을 재생하는 효과를 가지고 있다. 실제로 학교의 교장 선생님은 이런 불평등을 상쇄하는 것이 학교의 책임이라고는 믿지 않는다. 교장 선생님은 다음과 같이 설명하고 있다 :

빌 조운즈 : 여러분은 학교에서 할 수 없습니다. 학교는 … 일종의 사회평등주의자로서 기능을 할 수 없습니다. … 우리는 모든 그런 것을 할 수는 없습니다. 우리는 근본적으로 교육자로서 학교에 있으며, 그것이 우리의 직업이 하고 있는 일입니다 … 자니 블로그즈(Johnny Bloggs)는 집에 개인 컴퓨터가 있고 크리스티나(Christina)는 없다는 사실에 대해 보상해 줄 수는 없습니다. 내가 할 수 있는 것은 학교에 우리가 가지고 있는 것을 제공하는 것입니다. … 우리는 학생들에게 어떤 것에 대한 경험을 제공하는 것, 내가 생각하기에 그것이 학교가 할 수 있는 것입니다. 이 이상을 넘어서 학생들은 학교에서 사회적 기술자(social engineer)가 될 수는 없습니다(하이필즈).

사회적 불평등이란 문제에 매달리면서 학교의 역할에 대한 이런 태도는 스테이션 로우드에서 채택된 접근과는 아주 대조적이다. 스테이션 로우드는 39대의 개인 컴퓨터나 맥킨토시 컴퓨터가 있으며, 이것들 대부분이 인터넷을 지원할 수 있다. ICT 능력은 7학년과 10학년의 분리된 과목에서 학습된다. 그리고 이 능력은 8학년과 9학년에서 상호 교과과정으로 이용되고 있다. 만약 '어떤 사람이 마침 와 있다면' 방과 후에 학생들은 컴퓨터를 사용할 수 있으며, 이 학교에는 두 개의 주말 컴퓨터 클럽이 있다. 이 중 한 클럽은 최초의 남성 중심의 클럽으로부터 여학생의 배제에 대처하기 위해 독특하게 설립된 여학생만의 클럽이다(3장을 참조하시오). 이때 인터넷을 사용하는 것은 제한된다. 하지만 학생들은 도서관에 위치한 4대의 멀티미디어 PC 중 한 대를 예약함으로써 쉬는 시간 또는 점심시간 동안에 인터넷을 이용할 수 있도록 허용되어 있다.

결과적으로 스테이션 로우드가 하이필즈보다 더 적은 PC를 가진 반면, 스테이션 로우드의 학생들은 실제적으로 정보기술에 대해서 더 많이 접근하고 있다. 왜냐하면 하이필즈의 교사로부터 비공식적인 요청과 '선처'(favour)에 대한 의존보다는 스테이션 로우드의 더 공식화된 체계가 더 많은 학생들에게 더 나은 이용을 보장해 주고 있기 때문이다. 실제로 사회 · 경제적으로 혜택을 받지 못하는 지역에 살고 있는 학생들은 미래 노동시장에서 요구되는 ICT가 부족하기 때문에 이들이 더 사회 주변으로 밀려나서는 안 된다는 점에 스테이션 로우드는 관심을 가지고 있다. 또한 이 학교는 학생들이 노동시장을 넘어서 ICT를 더 광범위하게 이용할 것이라는 것을 인정하고 있다. 그래서 정보기술 능력을 '삶의 능력'(life skill)이라고 예견하고 있다. 사회적 포함을 조성시키는 ICT 이용에 대한 비전은 다음의 방식에 있어서 또한 명백하다. 부모들을 교육체계로 흡수하고 학교와 지역공동체를 묶어주기 위해서 학교가 정보기술을 사용하는 방식이 바로 명백한 비전이다. 예를 들자면, 스테이션 로우드는 현재 부모들을 위해 매주 9개의 정보통신기술 야간반을 제공하고 있다. 이런 접근법의 성공은 한 아버지의 성공으로 요약된다. 그는 책을 읽은 적도 없었고 시험 자격증도 없었다. ICT 수업에 참석한 결과로 그는 교육을 재발견했고, 그는 읽고 쓰는 능력을 개발해서 지금은 대학 과정에 등록해 있다. 이 학교의 ICT에 대한 미래 비전은 병이나 불편함, 혹은 그들이 사회에 불만을 품거나 사회에서 배제되어 있기 때문에 수업에 참석할 수 없는 학생들을 위한 원격학습을 제공하는 것 역시 포함되어 있다. 이런 계획의 착수가 암시하는 것처럼 하이필즈의 교장 선생님과는 대조적으로 스테이션 로우드의 교장 선생님과 정보통신 교사들은 그들 학교가 ICT를 이용하는 데 있어 존재하는 사회적 불평등에 도전하고 새로운 사회적 분열이 나타나는 것을 방지하기 위한 책임을 가지고 있다고 믿고 있다 :

피터 토마스 : ICT는 삶의 능력이 될 것입니다. 그것은 우리가 발전시킨 어떤 것이 되지는 않을 것입니다. 우리가 발전시킨 것은, 학문적인 분야에서 발전되었지만 더 큰 세계에서 결코 사용되지 않고 있습니다. … ICT는 읽고 쓰는 학습능력만큼이나 중요한 삶의 능력이죠. … ICT가 없는 것이 두 계급의 사회를 만드는 가장 빠른 방법이 될 것입니다. 두 계급사회란 정보통

신기술에 접속하는 사람과 접속하지 않는 사람입니다(스테이션 로우드).

제임스 팔리그노 : ICT 세계에 대해 어느 정도 이해를 가진 어린이가 여기(스테이션 로우드)로 오는 경우는 거의 불가피한 경우입니다. 왜냐하면 이들 어린이들은 집에 컴퓨터가 있거나 아버지가 산업이나 상업분야에서 일하고 있어서 컴퓨터를 주변에서 보거나 사용하는 데 익숙해 있기 때문이죠. 하지만 만약 당신이 자격부여 프로그램(entitlement programme)을 통해서 컴퓨터를 배운다면, ICT를 사용하기 위한 접속이 없었던 아동도 정보기술 능력을 아주 빨리 습득하고 처음에 설명한 아동을 추월한다는 것 역시 사실입니다. 나는 여러분이 어떤 ICT 교실에서 수업을 듣도록 밀어넣고, 중산계층과 컴퓨터의 관점에서 유리한 아동(그렇지 못한 아동과는 대조적인 아동)에게 활동하도록 지시했다고 믿습니다. [나중에 그는 유사한 주제로 다시 돌아갔다.] 우리가 여기에서 이룩하려고 노력하는 것, 우리는 스테이션 로우드를 정보공동체의 중심으로 확립하려고 노력하고 있어요. 그것이 우리가 지금까지 종사하기를 원하는 것이며, 학교는 학교 안과 밖에서 오는 사람들을 위해 지리학적이고 이용하기 편리하게 위치해 있죠. … 우리가 실제로 얻은 것은 지역사회 구성원들이 다소 잃어버렸던 읽고 쓰는 능력, 기본적인 숫자능력, 모든 다른 능력과 관련되어 발전하는 지역사회를 건설하기 시작할 만한 아주 확고한 근거뿐만이 아닙니다(스테이션 로우드).

웨스트포트 학교 학생들은 하이필즈나 스테이션 로우드의 상대 학교들보다 컴퓨터와 인터넷에 대해서 의미심장할 정도로 더 독립적인 접근을 하고 있다. 웨스트포트에는 79대의 컴퓨터가 있고, 이들 모두 인터넷에 접속되어 있다. 7학년과 8학년의 모든 학생들은 ICT

기초과정을 배운다. 인터넷 사용을 학습하는 것 역시 이 과정의 중요한 부분이다. 이 과정은 학생들이 자신의 웹페이지(webpage)를 제작하는 것으로써 끝난다. 범교과 교육과정에 대한 이용 역시 10학년과 11학년에서 정보기술로 구성되어 있다. 정보 교사는 온라인 자료를 이용하도록 설명하고 있다 :

> 제임스 푼트 : 나는 몇 가지 정보를 경제 교사에게 건네주었습니다. 여러분도 아는 것처럼 내가 생각하기에 영국 텔레콤(BT : British Telecom)은 예산에 비해 급하게 특별한 것[온라인]을 하고 있는 중이며 … 그것은 모든 종류의 중요한 산업지수를 가지고 있었습니다. 사람들은 추측할 것입니다 … 여러분이 그것을 사용할 수 있다고 말입니다. 그렇지 않습니까?(웨스트포트).

스테이션 로우드와 같이 웨스트포트 학교에서 ICT는 단순히 교육자격 허가증이라기보다는 중요한 일상 능력으로 나타나고 있다. 웨스트포트는 장소적으로 고립되어 있으며, 작은 시골 해안 읍내에 위치해 있다. 그러한 이유로 해서 학생들이 더 넓은 세상에 있는 사람들과 의사소통을 하고 그들에게서 정보를 이용함으로써 학교는 아동에게 먼 거리의 불이익을 극복하도록 하는 중요한 도구로써 인터넷을 구상하고 있다(Valentine and Holloway, in press a). 정보 교사는 다음과 같이 진술하고 있다 :

제임스 푼트 : 아동이 지방 도서관의 연구시설을 이용할 수 있는 다른 방법은 없다고 생각합니다. 아동은 왕복 120마일 여행을 해서 대학도서관에 갈 수 있을지도 모르죠. 내가 생각하기에 아동은 이런 일을 할 수 없을 겁니다. 여러분도 알다시피 이곳에서는 어떤 것(연구시설이나 대학 도서관)에 접근할 수 없습니다. 그래서 아동이 온라인에 접속하는 것은 특히 중요하며, 6학년은 대학 홈페이지를 방문할 수 있고 … 10학년과 11학년 미술반 학생들은 전 세계에 있는 갤러리를 방문해 무엇이 일어나고 있는지를 볼 수 있습니다(웨스트포트).

특히, 의사소통은 ICT와 그것을 실제로 어떻게 사용하는지에 대한 학생들의 비전의 중심에 자리잡고 있다. 학교는 교내 정보망(인트라넷)을 가지고 있으며, 웨스트포트의 모든 아동은 이메일 주소를 가지고 있다. 그리고 학생들은 서로 가족, 그리고 그들이 한번도 본 적 없는 사람들과 의사소통을 하는 데 이메일 주소를 사용한다. 학생들로 하여금 뉴질랜드에 있는 한 학교의 또래집단과 온라인 연결을 전개시키기 위한 특별한 프로젝트(6장을 참조하시오) 역시 시작되었다(Holloway and Valentine 2000c). 정보 교사는 단순히 학문적인 목적으로 이런 기술들을 사용하기보다는 모든 아동에게 호소력 있고 관련된 방식으로 ICT를 사용해야 한다는 철학을 다음과 같이 설명하고 있다:

제임스 푼트 : 나의 철학(내가 생각하기에 이것은 학교의 철학이 되고 있는 중이다)

은 … 거기에 컴퓨터가 있고, 컴퓨터를 사용해야 한다는 것입니다 … 우리는 학습과정을 시작했고, 그것은 정규 과정이었죠 … 이것은 워드프로세서, 이것은 밑에 선을 긋는 것, 이것은 데이터베이스, 이것은 기록란입니다. 그리고 아동이 타이프를 치기만 하는 일과 같이 그들과 관계 없는 일에 대해서 몹시 지루해한다는 것이 명백해졌습니다 … 그래서 나는 학습과정을 다시 작성했고, 나의 대학 동기들이 하고 있는 것을 스크랩하도록 동기들에게 말했죠. 그리고 아동에게는 작업할 수 있는 잡지를 제공했습니다. [나중에 그는 같은 주제로 복귀했다] … 우리는 항상 컴퓨터 공부에 대해 시험을 보는 것과 같이 작은 집단의 학생들에게 중점을 두기보다는 모든 학생들을 위한 정보기술에 재원을 두어야 한다는 학교관을 가지고 있습니다. 우리는 그것에 항상 꽁무니를 빼왔었습니다(웨스트포트).

쉬는 시간과 점심시간에 학생들은 학교 내에서는 제한 없이 '다발'(clusters : 데이터 통신에서 단말 제어장치와 그에 접속된 복수 단말의 총칭)에 위치한 컴퓨터를 사용하도록 허용했다. 교감 선생님이 아래와 같이 설명한 것처럼 학교는 아동을 유능하고, 책임감 있으며, 독립적인 사회적 행위자로서 대우한다. 그런 이유 때문에 학교는 기계 손상이나 기계를 적절하게 사용하지 않는 많은 문제에 부닥친다. 이것이 하이필즈의 봉쇄와 통제정책과는 아주 대조적인 미시 지리학과 아동에 대한 태도 양쪽 모두이다. 하이필즈와 스테이션 로우드보다 웨스트포트의 개인 컴퓨터의 수는 더 적은 반면, 웨스트포트의 학생들은 실제로 다른 두 학교의 시간과 질보다도 이들이 기계를 사용해야만 하는 시간의 양과 질의 측면에서 더 많은(규칙적이기보다는 독립적인 기

계의 사용) 접근을 한다. 이런 접근은 각각의 아동이 같은 수준의 기회를 가졌다는 점에서 역시 공평하다 :

돈 베인즈 : 우리가 이 일을 처음 시작했을 때, 여러분도 아시다시피 우리가 이 기계에 많은 돈을 투자했다는 것에 대해 아주 두려움을 느꼈던 것을 나는 기억합니다. 나는 감독 없이 아동을 느슨히 놔둘 수가 없었습니다. 그리고 재미있는 것은 … 내가 생각하기에 우리가 발견한 것은 만약 이 기계들로 가득 찬 다발이나 방을 하나 가지고 있고 아동이 접근하는 것을 허락한다면, 아동은 아주 존경스러울 정도로 그 상황에서 소프트웨어와 하드웨어를 잘 취급할 것이라는 점입니다. 아주 드물게 정보통신 교실, 즉 다발들에 문제가 생깁니다. 문제가 있다면 그것은 교실 모퉁이에 있는 개별 기계에서 발생하는 경향이 있습니다. 그 기계는 아마도 많이 사용되지 않았을 것이며, 특히 정보기술에 관심이 없는 누군가 기계를 목표로 정했다고 우리는 가정할 수 있지요. 그들 자신만의 시간에 정보기술 교실에 가는 사람들은 어떻게 해서든 자명하게 전향자들(converts)이죠.

스테이션 로우드와 같이 웨스트포트는 가정에서 ICT에 접근하는 사람들과 그렇지 못한 사람들 간에 기술 간격을 메우는 데 있어 중요한 역할을 하고 있다고 해석하고 있다. 하지만 스테이션 로우드와는 대조적으로 웨스트포트는 학생의 부모들이나 더 넓은 공동체까지 이런 접근을 확대하지는 않는다. 실제로 하이필즈에서 기술이 가동성을 부여받는 방식을 제어하는 것이 아동의 성숙하지 못한 것에 대한 교사의 두려움인 반면, 웨스트포트에서 어른들은 구체적인 사용을 하는 개인 컴퓨터를 타락시킬지도 모른다는 방식에 대한 학교의 두

려움이다. 정보기술 교사와 교감 선생님은 학교가 받아들인 입장을 설명하고 있다 :

제임스 푼트 : [가정용 컴퓨터와 함께 아동에게 미치는 이익을 설명하면서]: 지리학 숙제와 같은 것에 아동이 사용할 수 있기 때문에, 아시다시피 아동은 컴퓨터에 가서 인터넷으로부터 그림을 오려붙여서 숙제에 덧붙여 넣습니다. 아동은 훌륭한 문서 처리를 하고 철자를 확인합니다. 물론 그들은 그러한 절차를 이행하기 때문에 좋은 점수를 받습니다. … 아마 학교에서 접속하는 아주 그럴 듯한 이유는 아동이 남지 않는다는 … 이점에 반하는 것이고 … 확인하는 것입니다. 그래서 우리가 하는 투자는 부분적으로 인구의 80%가 가정에서 이런 종류의 인터넷에 접속하고 나머지 20%는 그렇지 못하게 되는 때는 7, 8, 10년이라는 시간이 있기 때문이라고 나는 생각합니다 ….

면담자 : 그래서 학교는 아동이 있는 장소라는 점이 아주 중요하다고 당신은 생각하시는군요 ….

제임스 푼트 : 학교는 모든 아동이 컴퓨터의 인터넷에 접속해서 자신의 이메일 계정을 가질 수 있는 장소입니다. 아시다시피 기술적인 소양을 획득하는 데 있어서 때를 놓쳐서는 안 되죠(웨스트포트).

돈 베인즈 : 학교로서 우리가 노력하고 있는 것은 소심함을 극복하고 일반 대중에게 학교 시설을 사용하도록 허용하는 것입니다 … 하여튼 나는 실제로 지역사회 학교에 있는 한 사람이예요. 그래서 나는 지역사회가 현재 사용하고 있는 것보다 더 많이 학교 시설을 이용해 주기를 바랍니다. 나는 네트워크는 타락되어 있지 않으며 계속 운영되어야 한다고 확신하는 두 직원의 의식을 이해합니다. 많은 보호장치 없이 지역사회가 컴퓨터를 사용하도록 허용하는 데 대해 그들이 마음 내켜 하지 않는다는 것을 알고 있어

요. … 우리는 결코 정보기술을 위해 학교 시설을 이용하면서 성인의 평생 교육 교실을 운영한 적이 없습니다 …. 그러한 것들이 나를 슬프게 합니다 (웨스트포트).

그러므로 세 가지 사례연구와 조사의 증거를 통해 우리는 정부의 논리(잠재적인 미래의 사회적 배제에 대한 해독제로서 ICT에 대한 보편적인 접근정책을 발전시키고 있다)와는 반대로 영국 학교에 ICT를 보급하는 것은 서로 다양하게 나타난다는 것을 알았다. 일부 아동은 다른 아동보다 컴퓨터와 인터넷에 더 잘 접근한다. 이런 불공평함은 공공기관이 소유하고 있는 차별적인 하드웨어 수준, 교과과정에서 ICT가 이용되고 있는 다양한 방식, 그리고 정규 수업시간 이외에 아동에게 허용된 접속시간의 양과 질이라는 측면에서 명확하다. 이런 불공평함은 더 넓은 지역사회에 학교의 ICT 자원을 확대하려는 학교의 다양한 태도에 있어서도 명백하다. 이런 모든 차이점들은 개별 학교에서 사회적 불평등을 상쇄하기 위해 기술을 사용하려는 영국 정부의 비전을 받아들이거나 거절하는 정도에 대한 최소한의 부분적인 반영이다. 이 장의 마지막 부분에서 우리는 사회적 배제에 대한 우리의 이해가 무엇을 의미하는지를 평가하고자 한다.

일상적 습관으로서 사회적 배제

워커와 워커(Walker & Walker)에 의하면 사회적 배제는 좀더 포괄적으로 공식화된다는 점에서 빈곤과는 다르다:

> 사회적 배제는 사회에서 개인의 사회적 통합을 결정짓는 어떤 사회, 경제, 정치 혹은 문화적 체제로부터 완전히 혹은 부분적으로 차단된 역동적인 과정을 의미한다. 그러므로 사회적 배제는 시민에 대한 시민의 권리와 정치적이며 사회적 권리의 부인(혹은 비현실화)으로 보일 수도 있다.
>
> (Walker & Walker 1997 : 8)

사회적 배제 분석을 위한 연구소장(Director of the Centre of Analysis of Social Exclusion)인 줄리앙 르 그랑(Julian Le Grand)은 유사한 정의를 내리고 있다. 그는 다음과 같이 말했다:

> 영국 사람들이 (a) 지리적으로는 영국에 거주하지만, (b) 통제할 수 없는 이유 때문에 그들이 영국의 일상적인 활동에 참여할 수 없고, (c) 그들이 참여하고사 한다년 그들은 사회적으로 제약을 받고 있다는 것이다.
>
> (Barry 1998 : 4)

본장에서 20세기 말과 21세기 초에 있어서 기술적인 발전과 이런 발전이 이루어낸 세계 경제의 변화가 결국은 정보화 시대를 출현시켰음을 살펴보았다. 이 과정에서 많은 '일상적인' 활동들—장보기와 은행 업무에서부터 정치적인 참여에 이르기까지—이 점점 온라인으로 이동되고 있는 중이다. 이런 변화의 영향이 대단해서 세계적인 규모에서 지역적인 규모에 이르기까지 기술적으로 부유한 사람들과 빈곤한 사람들 사이의 정보격차가 나타나고 있다는 걱정이 있다. 강력한 ICT를 보유하지 않은 국가들은 세계 경제에 참여하는 능력이 침식당할 것을 걱정한다. 마찬가지로, 기술에 익숙하지 않은 개인들은 노동력뿐만 아니라 '일상적인' 활동에 완전히 참여할 수 없을 것이라고 두려워하고 있다. 그렇게 되면 완전한 시민권이 부정된다는 두려움도 존재한다. 기술적으로 권리를 빼앗긴 개인이나 단체는 사회적으로 배제되고 전체적으로 국가가 정보 주도적인 세계 경제에서 배제되는 것을 막기 위해 전 세계 정부들은 자국 시민들의 기술적 능력을 발전시키기 위한 정책을 만들고 있다. 영국에서는 모두를 위해 정보기술(IT)을 향상시키기 위한 영국 정부의 추진력에는 학교가 중요한 요소를 형성하고 있다.

교육에 있어서 정보기술에 대한 영국 정부의 비전은 기술의 힘과 기술의 중요한 이점을 강조한다(예를 들면 경제적 이익, 정보 이용, 평생학습, 개인의 능력 부여 등). 아동의 책상에 컴퓨터를 설치하고 정보기술 교육을 제공함으로써 정보화 사회에 적응할 수 있고 정보화 사회를 이용할 수 있는 내일의 기술적인 소양을 가진 성인을 양성하는 것이 영국 정부의 암묵적인 전제이다. 기술 덕분에 특별한 결과가 이루어지고, 그 기술은 어느 곳에서든 동일한 것으로 간주된다는 점에서 영국 정부의 이런 비전은 기술적으로 결정론적인 것이다(1장을 참조하시오). 시간과 공간 그리고 기술이 결부되어 있는 다른 의제들의 특징에 따라 ICT가 실제로 나타나는 방식은 다양하다. 환언하자면, 정부 정책은 기술과 사회의 상호 관련성을 인정하지 않는다. 이것은 컴퓨터 하드웨어와 소프트웨어를 제공하는 문제가 중요하지 않다(결코 중요하지 않다)는 것을 암시하는 것은 아니다. 하지만 크노벨과 랑크쉬어(Knobel and Lankshear 1998 : 3)의 말에 의하면, 교실에 장비를 제공하는 것에만 중점을 두고 사회적 관습에 관한 더 폭넓은 문제를 무시한 '풍부한 정보'와 '빈약한 정보'의 이해는 '근본적으로 불완전하다.' 브루스(Bruce 1998 : 12)가 지적한 것처럼 "우리가 기술을 더 검토하면 할수록 우리는 기술적인 특징 그 자체에 대해 중점을 두는 것이 보다 덜 유용하다는 것을 알게 된다." 차라리 "기술이 무엇을 의미하는지를 이해하기 위해서 우리는 가치 있는 매일의 습관을 통해 기술이 어떻게 도안 · 해석 · 활용되고, 구성되며, 그리고 재구성되는지를 검토해야만 한다"(ibid. : 12).

우리의 세 가지 사례연구는 ICT가 다른 학교에서는 아주 다른 도구로써 등장하고 있다는 것, 즉 웽거(Wenger 1998) 이후에 우리가 '관습공동체'(communities of practice)라고 의미한 것으로서 등장한다는 것을 보여주고 있다. 우리는 이런 차이점의 세 가지 명백한 예를 들 수 있다. 첫째, 웨스트포트에서 도시의 공간적 고립은 ICT가 (학교 내에서는 학생들 간에, 학교와 가정/지역사회 간에, 그리고 학교와 더 넓은 세계

간에) 의사소통을 위해 중요한 도구로써 등장하고 있다는 것을 의미한다. 반면 스테이션 로우드에서 사회 · 경제적인 지역사회가 결핍되어 있다는 것은 ICT가 '삶의 기술'(life skill)로서 나타남을 의미한다. 둘째, 하이필즈에서 ICT는 사회적 불평등이 간과되어지고 있는 학생들을 위한 학문적 달성이라는 안건에 고정되어 있는 반면, 스테이션 로우드에서 ICT는 훨씬 광범위한 지역공동체 지향적인 안건과 연결되어 있다. 여기에서 일부 부모는 ICT를 사용함으로써(이들은 학교, 노동시장 등과 관계를 가지고 있기 때문에) 계속해서 더 우수한 교육조건을 얻을 것이다. 이런 방식으로 현존하는 사회적 관계에 수로를 트이게 하거나 고착화시키는 데 도움이 되는 방식으로 정보통신 교육이 하이필즈에서 동원되고 있는 데 반해, 스테이션 로우드에서 ICT는 그들(사람들) 사이의 행위자와 관계를 변화시키고 다시 정립하면서 정치적인 힘을 가진 도구로써 등장하고 있다. 셋째, 웨스트포트에서 접근정책은 많은 아동이 스테이션 로우드보다 수업 이외의 장소에서 규칙적으로 ICT를 두 배로 이용한다는 것을 의미하는 반면, 이 공동체의 성인들은 정보체계를 이용하는 것으로부터 배제되어 있으며, 스테이션 로우드와 명백한 대조를 보이고 있다.

바꾸어 말하면, 단순히 광범위한 규모로 자원을 분배하는 것에 중점을 두기보다 ICT를 매일 이용할 수 있는 문제라는 관점에서 정보화 시대로부터 사회적 배제에 관하여 생각해 봄으로써 우리는 기술과 사람들/단체가 공동으로 발전하는 방식의 중요성을 강조하기 시작했다. 학교 상황에서 ICT에 대한 이런 이해는 기술의 혜택이 부족한 사람들이 '일상적인' 활동에 대한 특권으로부터 박달당하는 사회의 출현을 막는 데 목적을 가진 정부 정책을 만들기 위해서 확실히 중요하다. 만약 영국 정부가 진술한 것처럼 모든 사람을 위해 정보기술을 제공할 목적을 추구한다면 영국 정부는 학교와 기술체계가 결합되었을 때 무엇이 발생할지에 더 주의를 기울일 필요가 있다. 하드웨어와 소프트웨어의 보급에 중점을 두기보다 영국 정부는 ICT체계가 서로 다른 관습공동체 내에서 다른 도구로써 나타나는 복잡한 방식을 인식할 필요가 있다(Valentine *et al.* 2002).

다음 장에서 우리는 매일의 연습을 통해 생산된 무엇으로써 사회적 배제에 대한 이런 초점을 더 발전시킬 것이다. 여기서 우리가 아동을 자신의 권리를 가진 사회적 행위자로서 이해하면서 먼저 성인이 구조화시킨 제도적인 문화를 고찰하는 것으로부터 아동 자신의 세계와 기술체계에 대한 아동의 이해에 중점을 두는 것으로 초점을 옮긴다.

제3장

또래집단의 압력
교실에서의 ICT

2장에서 우리는 ICT의 포괄적이고 배타적인 잠재력에 대한 다양한 유형을 통해서 하나의 해결책을 모색하기 시작했다. 먼저 세계적인 수준을 조사하면서 ICT의 급속한 발전이 세계화되는 과정과 네트워크 사회를 만드는 버팀목이 되고 있음을 살펴보았다. 하지만 그 세계화 과정의 영향은 결코 세계적이지 않음을 우리는 주장했다. 실제로 세계 인구의 대부분은 ICT의 접근이 쉬운 범위에 살고 있음에도 불구하고 이들은 ICT에 접근하지 못하고 있다(Kitchin 1998a). 이런 맥락에서 우리는 세계 경제에서 ICT의 부를 창출하는 숙련된 노동자의 잠재력을 영국 노동당 정부(Labour Government)가 어떻게 동력화하고자 노력하는가를 보여주기 위한 영국의 정책을 검토했다. 동시에 '모두를 위한 정보통신' (IT for All)을 제공함으로써 우리는 기술적으로 열악한 사람들이 사회적으로 배제되는 것을 막기 위해 노력하고 있는 영국의 정책을 검토했다. 이들은 미래 노동자들이 ICT 숙련도 개발을 위한 노력이 필요하다는 하나의 걱정과 누군가는 ICT의 새로운 발전에 적응하지 못하고 도태될지도 모른다는 두려움은 교육정책 토론회를 통해서, 그리고 사례연구 학교에서 다양한 방식으로 아동과의 관계에 있어서 분명히 논의되고 있다. 우리가 앞장에서 논의했던 것처럼 이런 다양한 논제들은 교사의 논리에서 뿐만 아니라 직원들이 건물 내에 온라인 컴퓨터를 눈에 보이게 배치시키고 이를 이용하도록 구성하는 방식에 있어서도 명백하게 드러난다. 결과적으로 학교에 따라 컴퓨터는 서로 다른 어떤 것을 의미한다. 그리고 일부 아동은 다른 아동보다 컴퓨터를 통해서 더 많은 이익을 얻고 있다. 대안, 즉 이들 학교들이 ICT를 그들의 제도적인 문제와 관행에 통합시키는 데는 다양한 방법들이 있는데, 이러한 다양성이 보여주는 바는 기술은 사전에 주어지는 효과가 없고, 그 의미와 결과는 다양한 관습공동체에서 컴퓨터와 사회적 행위자가 만날 때 비로소 나타난다는 점이다(Wenger 1998).

본장에서 우리는 ICT에 대한 아동의 다양한 대응형태라는 관계성을 형성하는 데 있어서 제도적인 문화들의 중요성을 좀더 세밀하게 조사해 봄으로써 이런 논의를 진행하고자 한다. 지금까지 우리는 공식적인 학교 정책의 관점에서 주된 제도적 문화들과 이것보다 영향이 적더라도 교사의 행위의 중요성을 고려해 왔다. 여기서 우리는 교사 행위의 중요성과 아동 자신의 문화들에 미치는 중요한 영향을 심화 · 고찰하기 위해 이런 관점을 확대하고 있다. 왜냐하면 이것은 정부가 어떤 방식들로 교사들에게 기술을 제공하고 교사는 ICT를 어떤 특별한 방식으로 학교에 소개하면서 이것을 선택적으로 정선(精選)하는 단순한 경우는 아니기 때문이다. 교사의 습관과 아동 사이의 차이 역시 학교라는 상황 안에서 학생들이 ICT를 이해하고 평가하고 취하거나 거부하는 방식에 중요한 영향을 미친다. 그러므로 우리의 목표는 아동이 교실에서 컴퓨터를 활용하는 문화가 공식적인 학교 정책에 의해서 뿐만 아니라 교사의 교실 관행과 학생들의 문화를 통해서 얼마나 다르게 형성되고 있는지를 조사하는 것이다. 그렇게 하면서 이런 다층적인 제도로 구성된 문화에서 더욱 다양한 여러 자원(예를 들자면 선천적인 기술의 특성과 수용할 수 있는 남성적인 행동방식에 대해서 사회적으로 승인된 사고들)이 사용되는 방식에 우리는 초점을 둔다. 교실이라는 공간이 서로 다른 사회집단을 위한 행동을 규정하는 규범에 의해 형성되면서 이것을 재형성하는 곳이기 때문에 교실이라는 초소형 지형 내에서 문화들이 어떻게 재생산되고 있는가 또한 보여주고자 한다. 본장은 두 개의 주요한 부분으로 구성되어 있다. 첫 부분은 학교를 보다 광의적인 사회적 맥락에서 기관으로 인정하기 위해 교육에 대한 중대한 연구에 주목하고 있다. 둘째 부분은 이러한 문헌으로부터 통찰력을 발전시켜서 다양한 학생집단이 사례연구 학교들 내에서 ICT와 연관되고 있는 방식을 검토할 것이다.

교실에 있는 컴퓨터 : 교육, ICT 그리고 정체성의 정치(identity politics)

학교를 기반으로 한 아동 ICT 사용의 포괄적이고 배타적인 과정을 분석하면서 우리는 먼저 광의적 의미에서의 이런 제도적인 공간

(학교, 그리고 더 구체적으로 보자면 ICT 교실)을 인정할 필요가 있다. 사회과학 분야의 폭넓고 다양한 연구자들은 학교는 아동의 정체성이 성립되는 영역이며, 이 영역은 흔히 다양한 방식으로 아동 간의 불평등을 재생산하고 있다고 주장한다. 에이킨(Aitken)의 말을 인용해 보자 :

> 학교를 통제하는 중요한 목적은 아동들의 삶의 역할과 사회적 위치를 고려하여 그들을 사회화시키는 것이다. 이것은 아동의 인종, 계급과 성 정체성 요구에 맞는 역할을 취하게 될 유순한 시민들과 생산적인 노동자들을 교화시킴으로써 더 크게 계층화된 사회를 만드는 데 이바지하고 있다.
> (1994 : 90)

제기될 수 있는 최초의 관심사 중 하나는 노동계층 아동은 교육제도에 의해 일시적으로 속고 있다는 것이며, 윌리스(Willis 1977)의 계급연구의 관점에서도 아동은 '노동하기 위해 배우고 있다' (Corrigan 1979 참조). 공공연하게 이런 종류의 연구논문이 상당히 중요하다는 계급 편견과 중산계층과 노동계층 학생들이 이용할 수 있는 교육의 질과 형태에 있어서의 차이는 오늘날 연구자들에게 있어서 계속해서 긴급한 관심사가 되고 있다. 그럼에도 불구하고 '노동계층 아동이 어떻게 노동계층 직업을 얻고 있는가?' 라는 연구들은 노동계층 여학생보다는 남학생에게 보편적으로 초점이 맞추어져 있기 때문에 여성주의자의 비판을 받고 있다(Acker 1994 ; Skelton 1998 참조). 이렇게 여학생을 소홀히 여기는 것에 대해서는 1980년대와 1990년대

동안 이의가 제기되었다. 노동계는 학교의 공식적이며 명확하지 않은 교과과정이 결국은 성 불평등과 판에 박힌 남성과 여성의 성 정체성의 재생산으로 흐르는 방식에 관해 검토하였다(Riddell 1989 ; Shilling 1991 ; Clark and Millard 1998 ; Paechter 1998). 이 분야 연구가들이 소수민족 집단으로부터 학생들의 선택과 잠재력을 봉쇄하는 과정을 연구하는 것과 같이 이런 유사한 추세는 인종차별의 관점에서도 명백하다. 하지만 1990년대 말까지의 조사결과에서 여학생들의 계속되는 성과는 남학생의 낮은 성취도에 대한 상당히 학문적이고 정책적인 관심으로 이어졌기 때문에 이런 토론은 결국 원점으로 돌아오는 것처럼 보였다(Spender 1997; Skelton 1998).

학교 상황에서 아동 간의 차이가 어떻게 (재)생산되는가를 검토하는 연구는 다양한 과목 영역에서 학생들의 경험들을 연구해 왔고, ICT 수업도 예외는 아니다. 계급 배경의 차이도 고려되었지만, 지난 10-20년 이상 나온 많은 문헌은 ICT에 대한 아동의 태도와 사용 면에 있어서 성별 차이를 검토해 오고 있다. 전체적으로 남학생들이 여학생보다 컴퓨터를 더 좋아하는 경향이 있으며(Shashaani 1993 ; Reinen and Plomp 1997 ; Brosnan 1998 ; Opie 1998), 남학생들은 컴퓨터 사용 능력에 더 큰 자신감을 표출하는 경향이 있다는 것을 이 연구들은 보여주고 있다(Comber *et al.* 1997 ; Nelson and Cooper 1997 ; Reinen and Plomp 1997). 몇몇 사이버 여성주의자들은 컴퓨터가 매개된 의사소통은 잠재적으로는 여성을 위한 해방공간을 열어줄 수도 있다고 주장하지만(Light 1997 ; Plant 1996) 학교에서 여학생들은 흔히 더 조심스럽다

(Collis 1985). 소위 '우리는 할 수 있다/나는 할 수 없다'는 역설로, 여학생들은 여학생 전체로 볼 때는 자신들이 남학생 못지않게 컴퓨터를 익숙하게 다룬다고 주장하면서 일반적 성 평등 주장을 하는 경향이 있다. 그러나 동시에 개인적인 입장에서는 컴퓨터를 익숙하게 다루지 못한다고 진술하면서 자신감과 능력을 낮게 평가한다(Shashaani 1993 ; Comber 1997 ; Reinen and Plomp 1997). 이런 태도의 차이는 컴퓨터 사용 유형에도 반영된다. 가정에서 남학생들이 컴퓨터를 더 많이 사용하는데, 이는 또한 우리가 계급 불평등이라 여기는 데에서 명확하게 나타난다(Hickling-Hudson 1992 ; Reinen and Plomp 1997). 이런 유형은 명확하며, 우리는 이것을 계급 불평등이라고 생각한다. 중산계급 학생들은 노동계급 동료 학생들보다 더 쉽게 가정에서 컴퓨터에 접근하는 경향이 있다(2장을 보라). 이러한 중산계급의 이점은 중산계층 기반의 학교가 재원이 부족한 빈곤지역 학교보다 더 나은 컴퓨터 시설을 갖추고 있는 많은 나라에서 더 커지고 있다(Hickling-Hudson 1992).

영국의 다양한 학교에서 이용할 수 있는 설비 수준에서의 이러한 편차는 중요하지만 본장의 초점은 아니다. 아동이 ICT를 사용할 수 있는 환경에 있을 때 ICT를 어떻게 이용하는지 연구하기 위해서 우리는 국가적 수준과 비교할 때 우수한 것으로 간주되는 설비수준을 가진 세 학교에서의 연구에 의존하고 있다. 우리가 이 학교들에서 조사한 학생들의 95% 이상은 교실에서 컴퓨터를 사용한 적이 있었고, 대부분의 학생들은 컴퓨터를 이용하는 것을 즐겼으며, 학생들은

ICT와 관련되지 않은 수업보다는 ICT와 관련된 수업을 선호한다고 말했다(〈표 3.1〉 참조). 소수의 아동은 수업시간 이외에도 컴퓨터 시설을 이용한 적이 있었지만 흥미롭게도 수업시간 이외 컴퓨터 사용에 있어서 이미 52%의 고급 수준의 학생을 가진 웨스트포트 학교는 컴퓨터에 더 접근하려는 요구가 가장 높다. 모든 학교에서 학생들은 다양한 활동에서 수업시간 이외에도 컴퓨터를 이용한다. 하이필즈와 스테이션 로우드 학교에서 가장 인기 있는 두 가지는 워드 프로세싱과 게임하기이다. 반면에 웨스트포트 학교에서는 전자메일이 가장 일반적인 수업시간 외 활동이며 다음이 워드 프로세싱이다. 하지만 학교 간의 설비 수준에 있어서의 차이는 여기서 중심적인 관심이 아니며, 사전의 많은 연구에서 강조되어 온 ICT에 대한 학생들의 성별에 따른 차이가 사례연구 학교에서 가장 중요한 것이다(〈표 3.1〉 참조). 이들 학교에서 여학생보다 남학생이 더 많이 컴퓨터를 이용하는 수업을 선호했고, 이들은 자신의 미래에 있어서 컴퓨터를 사용하는 기술에 대해 아주 중요한 것으로 평가하는 것 같았다. 비슷하게 세 학교 모두 여학생보다 더 많은 남학생이 수업시간 이외에 컴퓨터를 사용했다. 그리고 웨스트포트 학교의 두드러진 예외를 제외하고는 수업시간 이외에 컴퓨터에 더 자주 접근하기를 열망하는 것은 남학생들이었다.

교실에서 차별 (재)생산

교육에 대한 비평적 연구(예를 들어 Riddell 1989 ; Skeggs 1991; Epstein 1997 ; Paechter 1998 참조) 내에서의 메커니즘을 증명하기 위해 상당한 노력이 이루어지고 있으며, 이 메커니즘을 통하여 학교체제는 아동 간의 차별을 (재)생산하고 있다. 현재 이루어지고 있는 관습을 분석하면서 문제점들을 확인하고 수정해서 더 평등한 교육체계가 그 위치를 지키도록 하는 것이 우리의 희망이다. 아마도 당연히 이 분야 연구가들이 발견한 것은 차별이 지속적으로 만들어지는 과정은 복잡하다는 것일 것이다. 그래서 몇 가지 단순한 정책 발의가 올바른 방향에서 중요한 조치를 보여줄 수 있는 반면, 이런 발의들이 하룻밤 사이에 이런 문제들을 해결할 수 있을 것 같지는 않다. 단순히 학교 경영 실태가 상의하달식의 통제가 잘 된(top-down) 조직은 아니라는 이 분야 연구가들의 주장은 이런 점에서 특히 중요하다. 이런 연구들은 다른 요인들의 중요성을 검토하고 학교 정책, 교사의 교실 관습과 학생들의 문화, 그리고 교사와 학생이 우위를 차지하는 학교 내의 다른 시 · 공간들(예를 들면 교직원 공간, 교사가 도착하기 전 그리고 후의 교실, 그리고 운동장)을 포함하고 있다. 제도적인 문화를 형성하면서 이 문화를 통해 차별이 생산되거나 재생산된다. 결과적으로 그들은 학교를 다양한 문화를 통해 구성되고 일련된 시공간을 구성하는 기관으로 형상화시킨다(Holloway *et al.* 2000).

〈표 3.1〉 세 사례연구 학교에서 아동의 컴퓨터 사용과 컴퓨터에 대한 태도

(단위 %)

질문	하이필즈 학교			스테이션 로우드 학교			웨스트포트 학교		
	전체	남학생	여학생	전체	남학생	여학생	전체	남학생	여학생
컴퓨터에 대한 태도									
컴퓨터 사용 수업 선호함	80	85	73	82	87	76	69	74	62
컴퓨터 사용 능력은 나의 미래에 있어서 아주 중요함	43	50	35	53	58	48	43	48	38
인터넷은 나의 미래에 있어서 아주 중요함	28	34	21	33	45	16	33	44	21
컴퓨터 접근도									
교실에서 컴퓨터를 사용한 적이 있다	99	99	98	96	96	95	98	99	97
교실 밖 학교에서 컴퓨터를 사용한 적이 있다	40	45	35	44	47	40	52	57	47
교실 밖에서 컴퓨터에 더 많이 접근하기를 원한다	48	57	37	46	51	40	60	58	61
교실 밖에서의 컴퓨터 사용									
워드 프로세서	57	60	52	39	39	41	47	53	40
스프레드시트 작업	22	26	15	16	19	10	20	26	12
www 검색	21	24	16	14	16	10	43	53	30
전자메일	4	3	5	2	2	0	51	43	62
인터넷 채팅	18	17	18	5	7	2	19	22	13
게임하기	30	33	25	51	55	43	30	34	24

공공기관 문화의 다측면적인 본질을 강조하는 것 역시 교실에서 ICT와 아동의 다양한 관계성을 설명하고 싶어하는 교육연구자들이 제시한 가능성 있는 설명의 범위 내에서 인식되고 있다. 교육단체의 정책이 성 차별과 대비[예를 들자면, 학교들은 다양한 방식으로 ICT 교수(teaching)를 교과과정과 통합시키고 있다]를 재생산하는 데 있어 중요할지도 모른다(Hickling-Hudson 1992 ; Reinen and Plomp 1997 ; Schofield 1997 ; Opie 1998)고 몇몇 저술가들은 제안하고 있다. 남자 선생님과 그들의 교실 습관에 있어서의 우위는 여학생들보다 남학생들에게 컴퓨터에 더 관심 있게 만드는 데 도움을 준다(Hickling-Hudson 1992 ; Shashaani 1993 ; Reinen and Plomp 1997 ; Schofield 1997 ; Spender 1997 ; Opie 1998)는 의견도 동일하게 중요하다. 끝으로 많은 저자들은 앞으로 학생 문화는 매우 중요한 의미를 지니게 될 것이라고 지적하고 있다. 남학생과 여학생은 교실 내에서 기술의 발생에 대해서 배울 뿐만 아니라 컴퓨터에 의해 야기된 성 역할, 즉 다른 환경 속에서 그들의 경험을 통해서 형성된 태도(Hickling-Hudson 1992 ; Scholfield 1997 ; Spender 1997 ; Opie 1998) 역시 형성할 수 있을 것이다.

비판적인 교육 속에서 제도적인 문화의 다양한 측면에 대한 강조가 특별히 강한 흥미를 돋우게 하고 있다. 또한 특별히 아동의 ICT에 대한 사용에 초점이 맞추어진 연구는 이런 삼중의 접근이 몇 가지 설명력을 가질지도 모른다는 것을 보여주는 것처럼 보인다. 하지만 교육가들이 컴퓨터에 대한 학생들의 태도와 사용에 있어서 차이점들을 증명하고 이런 유형에 대해 가능한 설명을 제안하는 데 상당한 노력을 기울이고 있는 반면, 이 현상에 대해 가능한 설명의 진실 여부 평가나 그 과정이 어떻게 운영될 것인지를 분석하는 학교에서 컴퓨터 사용에 대한 세부적이고도 민속지적인 연구들은 없다. 학교에 정보통신 교육을 소개하는 것이 피할 수 없고 미리 정의할 수 있는 효과를 기대하지 않는다고 전 장(chapter)에서 우리가 살펴본 것처럼, 우리는 교실 상황에서 아동과 컴퓨터가 함께 있을 때 무엇이 발생하는지를 정확하게 검토하는 것을 핵심적으로 생각한다. ICT와 더불어 서로 다른 아동이 형성하는 관계성의 발전과 본질을 세부적으로 검토함으로써 우리는 위에서 강조된 것처럼 학생들 사이의 차이가 왜 발생하는지를 이해할 수 있을 것이다.

하지만 우리 자신의 연구와 관련해서 학교 정책, 교사의 습관과 학생 문화의 중요성을 계속 검토하기 전에 우리는 아동의 컴퓨터 실습과 관련해서 아직 검토되지 못하고 있는 다양한 측면의 공공기관 문화에 대한 논쟁의 두 요소를 끄집어내고 싶다. 우리는 첫째, 지리학자들로서 비판적인 교육분야에서의 업무가 스며들어 있는 공간성(spatiality)이라는 개념에 관심이 있다. 제도적인 문화들은 다양한 행위자에 의해 형성되고 그 행위자의 일부는 다른 사람들보다 어떤 시 · 공간에 있어서 더 중요하다고 주장하면서 이 분야 연구자들은 암묵적으로 제도적인 문화들을 사회적인 계획뿐만 아니라 공간적인 계획으로 이론화시키고 있다. 몇몇 연구자들은 더 확장해서 공공연하게 학교가 더 광범위한 사회 · 공간적 관계 속에 끼워져 있는 방식과 이런 사회 · 공간적 관계가 재생산되고 있는 장소를 이론화시키고 있다(Shilling 1991 ; Dixon 1997). 예를 들어 실링은 다음을 주장한다 :

> 운동장 영역과 교직원 숙소(staffroom)와 같은 학교와 학교 내의 영역은 특히 남학생들과 남자 교직원이 여자들과 여자 교직원에 대한 우위를

> 행사하려고 하기 때문에 가부장적인 규율과 각종 언사 등(폭력에서부터 성적인 농담에 이르기까지)에 노출되어 있는 성별화된 현장이다. 이런 행위를 통해서 그들은 상위 입장 차지를 용이하게 하고, 이를 상징화하는 영역으로 학교 현장을 재생산하려고 한다.
>
> (ibid. : 39)

그렇게 하면서 그는 동시에 학교가 더 넓은 구조(학교 내에서 개인들은 매일의 사회적 상호작용 속에서 사회적인 규칙과 재원을 의존한다) 내에서 깊이 간직하고 있는 방식과 학교 내의 공간이 다른 형태가 아니라 행동의 어떤 형태를 허용하고 인가하기 위해 작용하는 통제라는 사회적이고 물질적인 관계를 통해서 구성되어지고 상징화되는 방식에 의존하고 있다. 디자인 수업과 기술 수업에의 정체성과 성 역할(sex-play)에 관한 딕슨(Dixon)의 연구(1997) 역시 이러한 과정들을 잘 보여주고 있다. 한편으로, 학생들의 행동이 거대한 사회적 수준에서 실체적이며, 수단은 남성성이라는 세계적인 유형과 문화적으로 구체적이며 역사적인 유형을 함께 공명한다는 점에서 딕슨은 교실에서 아동의 행동이 더 넓은 사회적인 수단에 어떻게 의존하고 있는지를 보여준다(ibid. : 89). 또 다른 한편으로, 그녀는 교실이라는 초소형 공간은 '성별, 계급, 그리고 인종을 규정하는 규범에 의해 구체적인 방식으로 겹쳐서 씌어져 있기 때문에' (ibid. : 92) 이 공간은 중요하다는 것은 역시 강조하고 있다. 그래서 이 연구에서는 암시적이면서도 가끔씩 명시적으로 사회적 연구과제일 뿐만 아니라 공간적인 연구과제로서의 학교에 관심을 기울이고 있다. 학교 내의 다양한 시 · 공간들은 다양한 방식으로 구성되어져 있을 뿐만 아니라, 학교 그 자체도 투과성이 좋은 장소이며, 더 넓은 사회와 학교의 상호 연결성을 통해 해석되거나 재해석되고 있다(Holloway *et al.* 2000).

둘째, 유년기에 대한 새로운 사회연구에 대해서 관심을 보였기 때문에(제1장을 참조) 우리는 특히 제도적인 공간에 대한 분석을 통해 특별히 아동의 문화에 주목한다. 단순히 상의하달 방식의 운영 관행의 중요성보다는 복합적인 문화와 겹쳐지는 시 · 공간에 대한 그들의 관심은 아동 행위의 중요성을 충분히 설명한다. 이것이 유년기에 대한 새로운 사회적 연구를 하는 데 있어서 연구가들이 과거 10년 이상 동안 주장해 오고 있는 것이다(James and Prout 1990 ; Mayall 1994 ; Qvortrup *et al.* 1994 ; James *et al.* 1998). 예를 들어, 심지어 아동이 거의 공식적인 권력을 갖고 있지 않는 상황에서도 교실 내의 다양한 공간에 대한 인식은 아동의 풍부한 재능과 힘의 중요성을 보여준다. 게다가 학생 문화와 연관해서 교사의 행위에 주어진 관심은 우리에게 협조가 이런 범위 내에서 뿐만 아니라 성인-아동 분할을 통해서도 만들어질 수 있다는 것을 상기시키고 있다. 요약하자면, 이 연구에서 다양한 문화와 중복되는 시 · 공간상을 강조하는 것은 아동의 힘(기능)에 근거하고 있다. 즉, 아동이 어른들에 의해 통제되는 방식뿐만 아니라 성인에게 저항하고 성인과 공조하는 힘을 말하는 것이다. 이것이 이들의 힘이다. 이것은 특히 일상의 습관을 통해서 모든 문화가 재생산되기 때문에 타당하며, 모든 문화가 영원히 그 자리에 고착화되어서 굳어지는 것이 아니라 변화하기 쉽다는 것을 뜻한다(Holloway *et al.*

2000).

이 장의 다음 부분에서 우리는 계속해서 사례연구 학교에서 ICT와 아동의 다양한 관계가 나타나고 있는 방식에 있어서 학교 정책, 교사의 행위와 학생 문화의 중요성을 검토할 것이다. 이런 분석의 본질적인 부분으로서 우리는 한 단계 더 나아가 다측면적이며 제도적인 문화에 관한 생각들을 거론하면서 아동이 컴퓨터 문화를 형성하는 데 있어서 사회 · 공간적인 관계와 아동의 힘(기능)을 조사하고자 한다.

컴퓨터를 사용하는 아동의 문화들

아마도 우리가 사례연구 학교에서 관찰했던 ICT 수업의 가장 두드러진 측면 중 하나는 상대적으로 느슨한 분위기였을 것이다. 컴퓨터와 교실의 사회화 과정을 검토하면서 쇼필드(Schofield 1995 : 35)는 교실에 컴퓨터가 보급되면서 '교훈적인 전체 수업 교육에서 더 개별화되고 학생 중심의 상호작용을 하는 방향으로 교사들의 역할이 변하는 것'과 관련되는 경향이 있다고 주장하는 많은 연구를 강조한다(예를 들어 Chaiklin and Lewis 1988 ; Davidson and Ritchie 1994 ; O'Connor and Brie 1994 ; Schofield 1995 참조). 그러한 변화는 시험과목으로서 ICT를 가르치는 것보다 학생들이 ICT를 사용하는 데 필요한 기술을 배우도록 격려하는 것을 더 강조하는 웨스트포트 학교에서도 기대된다. 하지만 이런 분위기는 하이필즈 학교와 스테이션 로우드 학교에서도 동일하게 명확했다. 이 두 학교에서 많은 사람들이 결과적으로 그 과목에서 교육적인 자격을 얻게 될 것임에도 불구하고 아동은 ICT 수업이 다른 수업보다도 더 느슨하다고 생각했다. 이것은 학생들이 그들의 학습에 있어서 관계하고 있는 자율의 수준 때문이다. 예를 들어, 하이필즈 학교 학생들은 다른 수업을 할 때 선생님들이 그들의 학업을 어떻게 엄격하게 통제하는지를 서술했다. 그리고 학생들은 오랜 시간 동안 집중하고 선생님에게 귀를 기울이며 칠판의 내용을 필기하거나 교과서를 보도록 요구받고 있다. 하지만 대조적으로 ICT 수업에서 학생들은 여러 차례에 걸쳐 완성해야 하는 과제가 주어질 때는 모둠수업을 하지만, 학생들은 도움이 필요할 때 교사로부터 도움을 요구하면서 자신들의 학습속도를 조절하며 작업을 할 수 있다. 하이필즈 학교에 다니는 페이(Fay)는 그녀의 ICT 수업이 무엇과 비슷한지를 다음과 같이 서술하고 있다:

페이 베드포드 : ICT 수업은 다른 수업보다 편안하다고 생각해요. 분위기를 말하는건대요, 우선 방이 따뜻해요. 이게 꼭 상관이 있는지는 잘 모르겠지만 뜨겁기까지 해요. 그러나 거기에 가면요, 다른 수업과 다르게 느껴져요. 왜냐하면 사람들은 그 수업에 더 편안함을 느끼기 때문이죠. 또한 자신의 속도에 맞춰 할 수 있기 때문이죠. 선생님이 앞에 서서 모든 걸 다 이끄시고 학생이 따라가야 하는 수업과는 다르죠. 선생님은 학생들이 와서 정해진 일을 바로 하도록 해주세요(하이필즈).

이처럼 정보통신에 익숙하고 수업에서 지나치지 않은 요구를 발견하려는 학생들을 위해 틀에 얽매이지 않는 것이 강조되고 있다. 모든 수업에 있어서 능력 차이는 확실히 존재할지라도 능력에 의해 편성되지 않은 사람들에게 있어서 차이는 더 강조되고 있다. 여기서 더 현명한 학생들은 쉽게 일을 처리할 수 있고 시간이 남게 된다. 학생 중심의 교수방법이 장려하는 부드러운 교실 분위기를 컴퓨터 학습의 이점들 중 하나로 간주하는 것 역시 다른 함축적인 의미를 가지고 있다. 가장 눈에 두드러진 것으로 학생들 간의 사회적 관계는 엄격하게 통제된 교실에서보다 여기서 더 명백하다. 통제된 교실에서는 흔히 어른-아동의 권력관계가 더 중요하다. 그렇게 정보통신 수업은 학교 내의 한 공간이며, 이 공간에서 교사의 습관은 학생 문화가 우위를 차지할 수 있음을 의미한다.

이런 학생 문화의 가장 명백한 징후는 대부분 ICT 수업에서 특별히 중등학교 저학년의 좌석배정에서 종종 발견된다. 하이필즈 학교의 9학년 학급의 한 수업을 예로 들어보자. 하이필즈 학교의 정보통신 교실 가운데는 전면을 마주보고 있는 몇 열의 책상이 있다. 그리고 컴퓨터는 측면 양 벽과 교실 뒷벽과 마주하는 책상 위에 배치되어 있다. 이론적으로 학생들이 교실에 들어올 때, 학생들은 가운데 책상에 앉도록 되어 있다. 하지만 실제로 많은 학생들은 그들 자신의 컴퓨터를 전유하기 위한 경쟁을 한다. 왜냐하면 학생들이 아파서 결석하지 않는 한 모든 학생 각자가 가질 수 있을 정도로 컴퓨터가 충분하지 않기 때문이다. 실습할 때 나타나는 이런 좌석배치는 아주 구조화되어 있고 사회적 관계의 폭넓은 흐름을 반영한다. 가장 주목할 만한 것은 좌석배치가 남학생은 교실 한쪽 측면과 뒷벽의 대부분을 차지하고 여학생들은(이 특별한 수업에는 여학생들은 거의 없다) 맞은 편 측면 벽을 차지하고 있기 때문에 성별에 따라 분리되는 경향이 있다는 것이다. 하지만 성에 따라 분리된 유형 내에서 다른 차이점들 역시 나타나기 시작하고 있다. 다른 집단 남학생보다 컴퓨터에 눈에 띌 정도로 더 열정적인 한 집단 남학생들은 교실 앞 근처에 위치한 컴퓨터를 점유하고 있고, 다른 백인 남학생들은 측면 벽쪽으로 남아 있는 컴퓨터를 사용한다. 반면에 교실 뒷면 벽쪽의 컴퓨터는 아시아계 소그룹 남학생들이 주로 차지하고 있다. 교실에서 여학생들의 위치는 두 개의 눈에 띄는 그룹으로 나누어진다. 그 중 한 그룹은 다른 사람들보다 더 면학에 힘쓰는 학생들로 구성되어 있다(이 수업의 모든 여학생들은 백인이다).

이제 우리는 학생들의 문화가 다른 수업보다 ICT 교실에서 더 지배적인가를 확인하면서 우리의 사례연구 학교에서 서로 다른 학생들의 관계가 ICT와 더불어 발전하는지를 고찰하기 위해 논의를 계속 진행하고자 한다. 이것을 명확히 하기 위해 우리는 아동을 네 그룹으로 나누었다 : '테크노 남학생들' (The techno boys), '남학생들' (lads), '러데트' (luddettes : 컴퓨터와 같은 기계를 싫어하는 여학생들-역자 주), 그리고 컴퓨터에 유능한 여학생들이다. 하지만 우리는 이런 네 그룹이 현재까지 존재하고 있으며 내적으로 응집력이 있다는 것을 암시하고 싶지는 않다. 그러므로 다음에 이어질 글에서 우리는 이 그룹들 내의 긴장관계, 서로 다른 학교 내에서 다른 징후들, 그리고 기술과 학생들의 관계가 시간이 지남에 따라 변하는 것처럼 이 그룹의 윤곽이 변하고 있는 방식을 찾아낸다.

테크노(techno) 남학생들

하이필즈와 스테이션 로우드 양쪽 학교에서 매수업마다 컴퓨터가 주요 관심사인 한 집단의 남학생들이 있다. 우리가 테크노 학생들이라고 부르는 이 학생들은 전체적이며 기술적으로 높은 컴퓨터 사용 지식을 가지고 있다. 그들은 소프트웨어 적용에 대한 폭넓은 기술에 정통해 있고, 프로그램을 만드는 데 향상된 이해력과 흔히 컴퓨터를 분리하고 조립하는 기술을 가지고 있다. ICT에 대한 그들의 관심은 이들의 사회적 네트워크에 있어 중요한 영향력이 되고 있다. 왜냐하면 이들은 같은 관심을 공유하는 다른 남학생들과 사귀는 것을 선택하기 때문이다. 하이필즈 학교에서 11학년 학생인 찰스 스티븐슨(Charles Stevenson)은 다음과 같이 설명하고 있다 :

찰스 스티븐슨 : 내 친구 제이미는 학교에 다니는 내내 나와 비슷한 입장이었어요. 하지만 두 달 전, 즉 올초에 우리는 둘 다 컴퓨터 게임을 정말로 좋아한다는 것을 알았죠. 그런 서로의 취미를 알고 나서 우리는 더 친한 친구가 되었어요. 그런 다음 다른 친구들의 대부분을 컴퓨터 게임 혹은 컴퓨터를 통해 사귀었어요. 이런 게 뭐 우리 대화 주제의 전부죠. 가장 최근 출시된 컴퓨터 게임이나 어떤 게임에서 몇 레벨까지 갔는지 등등이요(하이필즈).

찰스의 경우에 있어서 컴퓨터 게임에 대한 이런 열정은 ICT 수업에 대한 열정으로 이어지고 있다. 아래의 인용문에서 찰스는 그와 그의 친구가 수업시간 동안 개인 컴퓨터에 단독으로 접근해서 통제할 수 있는지를 확인하기 위해서 등록 후에 ICT 교실에 어떻게 달려갔는지를 묘사하고 있다.

찰스 스티븐슨 : 이상하게도 컴퓨터보다 사람이 더 많을 때가 있어서 우리 둘이 컴퓨터 한 대를 같이 써야 돼요. 하지만 자주 그런 건 아니죠. 수업이 우리 교실에서 있을 때도 있고 컴퓨터실에서 있을 때도 있기 때문이죠. 그래서 금요일 아침마다 우리는 제일 먼저 컴퓨터실로 가서 컴퓨터를 차지하죠. 오늘 아침에 그랬던 것처럼요. 저와 다니엘은 빨리 접수를 하고 누구보다 빨리 컴퓨터실로 갔어요(하이필즈).

실제로, ICT를 교육적으로 사용하려는 이러한 열정 역시 학생들의 교과과정 외 몇 가지 활동으로 확대되고 있다. 예를 들어 시몬 래드포드(Simon Radford)와 그레고리 홉슨(Gregory Hobson)—스테이션로우드 학교의 10학년 학생—은 선생님들이 학교 컴퓨터 자원을 구성하는 것을 돕기 위해 자신의 자유시간을 포기하는 것을 더 행복해했다 :

시몬 래드포드 : 우리는 등교시간 전이나 방과후에 많은 시간을 들여 그 일을 했어요.

그레고리 홉슨 : 우리는 사실 30분 전에 여기 왔어요.

시몬 래드포드 : [끼어들며] 매일 아침 8시에 왔어요.

그레고리 홉슨 : 네, 등교시간 40분 전에 와요.

면담자 : 그러면 왜 그 시간을 기꺼이 그 일을 하는 데 보내는거지?

그레고리 홉슨 : 모르겠어요.

시몬 래드포드 : 모르겠어요. 잘은 모르겠지만 컴퓨터 때문이 아닐까 생각해요. 우리는 중독되었어요 [웃음]. 맞아요. 중독된 거예요.

그레고리 홉슨 : 마약보단 낫지요.

시몬 래드포드 : 우리는 마약을 해요 컴퓨터라는 마약이요(스테이션 로우드).

결국, ICT를 사용하는 것이 부분적으로 남학생들의 우정관계를 형성하는 데 있어 그들의 생활에 중심적이다. 또한 ICT의 사용은 가능한 많이 학교생활 속으로 통합되어 더 많은 시간과 더 자유로운 시간을 제공한다.

이 학생집단의 존재는 컴퓨터에 대한 태도와 사용에 있어서 성차별, 특별히 수업시간에 컴퓨터를 사용하는 더 많은 남학생들을 설명하는 데 있어 효과가 있다(〈표 3.1〉 참조). 하지만 ICT 지식이라는 의미에서 테크노 남학생들의 명백한 '선도'(lead)는 남자들이 학교 내에서 다소 주변화된 사회 그룹이 되기보다는 남학생들이 사회적으로 길을 '안내한다는 것'을 의미한다. 한편으로는 일부 다른 남학생들은[여기서는 '일반 남학생들'(lads)로 언급되어 있다] 이런 테크노 남학생들이 스스로를 고립시키고 자기들끼리만 어울리면서 다른 일반 남학생들과 친구관계를 맺고자 하지 않는다고 주장한다.

캘빈 히긴즈 : 그들은 저 구석에 앉아요. 거기에만 계속 있으면서 자기들끼리만 말해요.
마르쿠스 조운즈 : 다른 애들과 사귀려고 하지 않아요.
캘빈 히긴즈 : 맞아요. 사귀려고도 않는다구요.
마르쿠스 조운즈 : 자기 무리끼리만 빼고요(하이필즈).

다른 한편으로, 축구처럼 전통적으로 남성적인 활동에 더 관심이 있는 젊은 남자들은 테크노 남학생들의 기술을 높이 평가하지 않는다. 테크노 남학생들의 기술은 그들 동료들의 존경을 받는 것과는 달리 이들을 '전문 기술자'(boffin), '컴퓨터광'(computer freak), 그리고 '컴퓨터만 아는 얼간이'(nerd)로 지칭한다. 더 나아가 테크노 남학생들의 기술은 교실 내에 그들의 고립 여부를 결정한다.

이런 경우는 특별 사례연구 학교 중 하나인 스테이션 로우드 학교에서 명확하게 나타나고 있다. 여기서 컴퓨터만 아는 얼간이에 관한 생각을 사회적으로 부적절한 것으로 폭넓게 이해하면서 컴퓨터를 하는 데 관심을 가지고 있었던 다소 남성적이지 않은 남학생들이 결국 남학생들을 주변화시키는 학교 내에서의 사회적 태도를 알 수 있었다. 예를 들자면, 아래에 인용된 한 부류의 일반 남학생들은 그들의 교실에 있는 테크노 남학생들을 싫어했다. 왜냐하면 부분적으로 테크노 남학생들은 스포츠 활동보다는 컴퓨터와 관련된 취미를 선호했고, 이것은 젊은 남자들의 눈에는 탈남성화시키는 선택이었다. 그리고 이 일반 남학생들은 테크노 남학생들이 여자같음을 의미하고, 결국 동성애를 의미하는 모욕을 하기 시작했다. 그래서 수업시간에 컴퓨터를 사용하는 데 가장 익숙했던 남학생들에 대한 아주 악의 없는 의문에 다음과 같은 답변이 제공되었다 :

다렌 브라운 : 체스터(Giles Chester)는 다소 여자 같아요.
샘 콜비 : 그래요, 맞아요, 걔는 여자예요.
면담자 : 약간 여성과 같다고요?
매트 도슨 : 맞아요. 걔는 확실히 이상한 아이에요. [편집]
다렌 브라운 : 걔는 말이죠, 걔는 교실에서 마치 여자처럼 행동해요 ….
샘 콜비 : 걔는 간들거리는 남자예요.
매트 도슨 : 맞아요.
면담자 : 간들거리는 남자라고요?
샘 콜비 : 맞아요. 걔는 그래요. 소녀 같아요. 정말 그래요. 우리는 일을 빨리 하고 남자답게 축구 같은 것들을 하지요. 그는 자신이 축구를 잘 한다고 생각하지만 사실은 축구를 잘 못 해요. 그는 또 크리켓을 할 수 있다고 생각하지요. 크리켓도 잘 하지 못하고 럭비도 잘 하지 못해요.
다렌 브라운 : 맞아요. 그는 트램폴리닝은 아주 잘해요. 트램폴리닝은 여자들 운동이죠(스테이션 로우드).

어떤 측면에서 이런 평가들은 단순히 테크노 남학생들에 대한 극단적인 반응으로 읽혀질 수 있고, 일반 남학생들이 주목받는 그룹 상황 내에서 과시하려고 했기 때문에 생겨났다고 볼 수도 있다. 하지만 목표에 대한 그들의 선택과 모욕에 대한 논리는 도움이 된다. 컴퓨터만 아는 얼간이에서 여자, 그리고 간들거리는 남자가 되는 연결점은 독창적인 것은 아니다. 맥 언 가일(Mac an Ghaill 1996)은 스포츠 활동 참여가 종종 '진짜 남자'가 되는 것의 문화적 지표로 해석된다고 말하고 스포츠 활동과 거기에 관련된 젊은이 문화에 참여하지 않는 것이 '여자 같은 남자'가 되는 것이라 지적한다. 그래서 스테이션로우드 학교 일반 남학생들은 사회적인 성과 성별(sexuality)에 대한 더 넓은 개념을 사용해 테크노 남학생들을 조롱하는 것이다. 여기서 시사하는 바는 학교의 사회화의 소통이라는 개념이다. 학교는 갇힌 공간이 아니다. 오히려 학교는 더 넓은 사회와의 상호 연결을 통해 구성되고 재구성된다.

교실에 있는 대부분의 여학생들은 테크노 남학생들이라는 이 집단을 역시 좋아하지 않거나 개인적으로는 이들을 무시한다. 이런 싫어함은 그들의 지능이나 능력 때문이 아니다. 실제로 여학생들은 테크노 남학생들과 다양한 수업에 다재다능한 능력을 가진 남학생들과 차이를 두고 있다. 그 차이는 일반 남학생들의 경우처럼 ICT에 있어서 테크노 남학생들의 흥미에 대한 해석을 여성화된 방식으로 해석하는 데 그 근거를 두고 있지 않다. 오히려 여학생들은 ICT에 대해 관심을 가지는 테크노 남학생들이 이성적인 남성다움을 보여주는 데 한계를 가진다는 식으로 본다. 첫째, 여학생들은 활동의 폭넓은 범위와의 연관성을 통해 ICT에 대한 테크노 남학생들의 관심을 사회적으로 매력적이지 못한 것으로 암호화하며, 활동의 폭넓은 범위는 대중문화 속에서 '기키'(geekie)†로서 폭넓게 정의되고 있다. 한 집단의 러데트(luddettes : 우리는 이 용어를 컴퓨터를 경멸하는 여학생들을 언급하는 데 사용하고 있다)는 이 남학생들이 컴퓨터, 낚시와 공상과학 소설에만 관심이 있다고 설명한다 :

한나 캠벨 : 걔네들 말하는 걸 옆에서 들으면 온통 낚시나 컴퓨터에 관한 말뿐이죠[편집].
로티 켄니슨 : 이번 주엔 무슨 컴퓨터 잡지를 산다나 뭐라나.
줄리 제임스 : 맞아요. 게임 몇 판까지 갔다거나….
한나 캠벨 : 네.
줄리 제임스 : 무슨 무슨 컴퓨터를 한다나 이런거요
한나 캠벨 : 걔네들은 다 「스타 트렉」(*Star Trek*) 도 좋아해요(하이필즈).

둘째로, 테크노 남학생은 사회적 관계에 관심이 없을 뿐만 아니라 거기다가 겉모습을 꾸미지도 않는데(옷은 작업복 같은 바지나 셔츠 같은 걸 입는다든지), 여학생들은 이에 대해 매력이 없다고 생각한다.

한나 캠벨 : 글쎄, 그들은 아주 잘 생기지는 않았어요.
줄리 제임스 : 그래요.
로티 켄니슨 : 잘 생기지도 않았고 겉모습에도 신경쓰지 않아요. 게다가 유치

† 역자 주 : 여기서 사용된 기크(geek)라는 용어는 원래 서커스의 막간 공연에서 괴상한 행동을 하는 출연자를 일컫는 용어에서 가져온 것인데, 이제는 학생들이 널리 사용하는 컴퓨터 관련 은어가 되었다.

해요(하이필즈).

이 여학생들은 동성애 혐오 식의 담론[이 담론은 여성적인 것으로 구성되어 있는 모든 것을 거부하는 데 의존하고 있기 때문에 담론의 근본 뿌리에는 여성혐오주의가 있다(Epstein 1993)]에 의존하기보다는 테크노 남학생들을 이성애적인 남성으로 만들기를 지속하고 있다. 하지만 남성들의 신체는 그들이 사용하는 컴퓨터 위에 새겨져 있고 컴퓨터를 통해서 구성되어진다(Lupton 1995). 특히 여학생들은 대중문화 속에서 '테키들' (teckies)†의 심상에 의존한다. 대중문화에서 컴퓨터 열광자들은 통상 신체적으로는 매력이 없고, 안경을 쓰고 있으며, 피부도 좋지 않고 유행감각도 없는 것으로 묘사되고 있다. 이런 이미지들은 테크노 남학생들의 신체가 스크린을 응시하는 데 너무 많은 시간을 보내서 매력이 없어졌다고 이해되고 있음을 알려주고 있다(ibid). 요컨대, 여학생들은 테크노 남학생들의 관심과 신체적인 외양을 사회적이며 육체적으로 매력이 없는 것으로 해석하고 있다. '기크들' (geeks)과 '컴퓨터만 아는 얼간이들'(nerds)에 대하여 폭넓게 인식된 고정관념에 대한 언급을 통해서 여학생들은 바람직한 남성성의 반대 모습을 가진 자들(비록 이들이 이성애자라 할지라도)을 용인할 수 없는 사람들로 간주

† 역자 주 : 특히 전자기계 등과 같은 기술적 영역에 특별히 관심을 가지고 있 는 사람을 일컫는 말.

한다.

양쪽 예들은 개념들이 얼마나 넓게 학교를 형성할 수 있으며, 행동의 어떤 형태들이 주변적인 것으로 코드화되고 유지되는 공간으로서 ICT 교실을 재생산할 수 있는지를 설명하는 데 도움이 된다. 하지만 이것이 ICT에 대한 강렬한 관심을 아동이 이해할 수 있는 유일한 방법이라고 주장하고 싶지는 않다. 일반적인 수준에서 ICT의 사회학적인 성차와 생물학적인 성차에 대한 묘사는 웨스트포트 학교에서는 미세하게 다르다(이 문제를 우리는 다음 부분에서 논의할 것이다). 더 구체적인 수준에서 ICT에 관심을 가진다고 비웃음을 당하는 학교 내의 일부 남학생들은 사회적으로 용납할 수 있는 방법으로 자신의 기술적인 능력을 수행할 수 있다. 적절한 예로 죠슈아(Joshua)라는 소년의 경우를 들 수 있는데, 하이필즈 학교에서 죠슈아의 두드러진 ICT 능력은 그를 주변화시키기보다 사회적 포용성으로 이끌어 주었다. 죠슈아는 외톨이이고, 우리가 조사한 하이필즈 학교의 여러 반에서 유일한 아프리카-카리브계 학생이다. 그는 기술적으로 아주 유능하며 방과후 정보통신 수업을 받고 있는데, 이는 그의 '행동상의 문제들' (behavioural problems), 특히 출석률의 저조를 막기 위한 학교의 조치이다. ICT에 대한 죠슈아의 열정은 교실 내에서 소외의 원인이 될 것으로 예상됨직하다. 하지만 그의 행동의 다른 측면들은 그에게 특히 여학생들의 존경을 가져다 주고 있다. 어떤 의미에서 그가 학교 당국을 존중하지 않는 것은 '나쁜 남학생' (bad boy)으로 보이게 한다. 반면에 테크노 남학생들이 가끔 하는 건강하지 못한 행동은 귀찮은 것이며 성숙하지 못한 것으로 해석된다. 게다가 죠슈아는 ICT에 대한 관심과 다른 테크노 남학생들과 유사한 신체적인 수행을 혼합하지 않는다. 차라리 죠수아는 일반적으로 학생들에 의해 인기 있는 것으로 간주되고, 특히 여학생들에 의해서 매력적인 것으로 간주되는 방식으로 그의 신체적 정체성을 이행한다. 이런 식으로 죠수아는 좀 더 보편적인 수준은 아닐지라도 자신을 위해서 최소한 ICT 사용 능력을 매력적이며 이성애적인 남성성의 이행과 결합시키면서 ICT 사용 능력의 의미를 바꾸고 있다.

일반 남학생들(The lads)

하이필즈 학교와 스테이션 로우드 학교에서 ICT 능력에 대해 일반적으로 부정적인 해석이 있다는 것은 (우리가 여기서 부르고 있는 것처럼) 다른 '일반 남학생들' (lads)이 '컴퓨터 열광자' (computer freaks)로 간주되지 않기 위해 스스로를 어떻게 표현해야 할지에 많은 관심을 기울이고 있다는 것을 의미한다. '전문 기술자' (boffin)라는 꼬리표는 일반 남학생들에게 적용되었을 때 활발한 논쟁이 되고 있다. 그리고 전문 기술자라는 이름은 하이필즈 집중 그룹 토론(focus group)에서의 발췌문이 보여주고 있는 것처럼 그들의 친구들을 놀리기 위한 모욕으로 사용된다 :

샘 보돈 : 나라고 모두 아는 것은 아니지. 그러니까 네가 컴퓨터에 대해 질문할

때 즉시 다 대답할 수는 없어.

데이비드 굴드 : 넌 할 수 있잖아.

샘 보돈 : 컴퓨터에 대해서 다 아는 건 아니야.

리암 헨더슨 : 다 알잖아.

데이비드 굴드 : 그래 맞아.

샘 보돈 : 말도 안 돼. 내가 모든 작동방법을 알 수는 없지. 나도 모르는 게 몇 가지 있다구(하이필즈).

그럼에도 불구하고 일반 남학생들은 일반적으로 다양한 방법과 상황에서 컴퓨터를 사용할 수 있고 또 사용한다. 게임을 하는 문화는 컴퓨터와 같은 기계에 대한 테크노 남학생들의 관심보다 더 폭넓게 알려져 있고 덜 여성화되어 있기 때문이다. 그러므로 게임 문화는 일반 남학생들이 컴퓨터와 긍정적인 관계를 맺는 한 가지 방법을 제공한다. 그와 동시에 일부 일반 남학생들은 월드 와이드 웹(WWW)을 사용하는 것, 흔히 정형화된 남성의 것, 예를 들자면 남학생들은 가장 좋아하는 축구팀이나 밴드를 검색하는 것을 좋아한다. 그럼에도 불구하고 이런 활동들은 기술적인 능력을 경시하는 남학생들이 ICT 잠재력을 이용하여 그들의 입장을 일반 남학생으로 강화시킬 수 있는 방법이다.

특별히 이런 것에 적절한 예는 하이필즈 학교에 다니는 9학년 이상의 일반 남학생 한 집단이 정보통신 수업시간 동안에 인터넷을 이용하는 것을 들 수 있다. 선생님은 이들이 공부하는 것을 격려하기 위해 학생들에게 할당된 일을 마친 후 인터넷상에서 노는 것을 허용하고 있다. 결과적으로 일반 남학생들은 인터넷에서 놀기 위해 자신의 일에 매진하고, 때때로 일을 끝내기 전에 인터넷을 사용함으로써 이런 제도를 남용하기도 한다. 인터넷 사용은 전형적으로 남성적인 것이며, 이성애라는 정상적인 모형 내에서 스포츠 영웅, 대중 악단과 반나 여성 사진, 특별히 여배우들, 팝 스타와 슈퍼 모델을 검색하는 것을 포함하고 있다(〈그림 3.1〉을 보시오). 남학생들은 다음과 같이 서술한다:

샘 보돈 : 이름을 치면 리스트가 뜰거야.

데이비드 굴드 : 다른 웹사이트가 계속 나오는데.

샘 보돈 : 한 페이지에 목록 10개가 뜨고, 그게 2,743페이지 중 한 페이지라고 나올거야.

데이비드 굴드 : 너는 제니퍼 애니스톤(Jennifer Anniston : 아주 매력적인 여배우)을 검색하고 있지. 이것이 제니퍼 애니스톤의 공식 홈페이지야.

폴 로랜드 : 맞아, 홈페이지에 그녀에 대한 정보가 나올거야.

데이비드 굴드 : 그러면 다른 곳에서는 볼 수 없는 제니퍼 애니스톤의 사진이라고 나올거야.

샘 보돈 : 누드 생산정보관리 시스템(pics) XXX 같은 거 말하는 거지. 그런 것도 뜰거야. 그렇지만 거기로 가지 말고 공식 홈페이지로 가야지 [진실하지 못한 음조로. 모두 웃는다].

면담자 : 공식적인 홈페이지는 무시하고 누드 XXX 사이트를 방문한다는 것을 뜻하니?

샘 보돈 : 아니, 아니, 아니예요 [조롱조로].

데이비드 굴드 : 맞아요.

폴 로랜드 : 맞아요.

〈그림 3.1〉 온라인상에서 포르노를 검색하는 것은 남학생들 스스로가 이성애를 가진 젊은이라는 이해를 강화시킨다. (ⓒ 재키 플레밍 (Jacky Feming))

리암 헨더슨 : 맞습니다 [모두 웃는다] (하이필즈).

월드 와이드 웹의 이런 특별한 사용은 남학생들이 컴퓨터에 대한 관심과 경향을 보여주고 있으며, 또한 남학생들 스스로가 이성애를 가진 젊은이라는 것에 대한 이해를 강화시키고 있다. 웹사이트를 검색하면서 그들은 서로가 인연을 맺고 그들 사이의 농담과 사진을 공유하고 있다. 관념적으로는 수용할 수 있는 이성애적인 남성성에 대한 생각과 물질적으로 그들이 방문하는 웹사이트상에서 남학생들이 의존하는 자료는 교실 밖으로 확장된다. 이런 것들이 결국 남학생들로 하여금 교실이라는 소규모 지형 내에서 스스로를 위해 남성성이라는 이 형태를 재생산하도록 한다. 남학생들은 (정확하게) 그들과 함께 앉아 있는 다른 일반 남학생들은 '그들을 밀고하지' 않을 것이며, 남자 선생님은 모르는 체할 것이라고 생각하면서 그들은 자연적인 성 충동(sex drive)을 가지고 있다는 것을 이해할 것이다.

샘 보돈 : 매튜 선생님은 사실 그렇게 나쁘지 않지만, 그는 ….
데이비드 굴드 : 매튜 선생님은 몇몇 사이트를 방문하도록 하곤 했어요.
샘 보돈 : 선생님은 그것을 조장하지는 않지만….
리암 헨더슨 : 들킬 땐 우리에게 [인터넷 연결을 끄라고] 협박을 하곤 했어요]….
샘 보돈 : 우리가 그것을 볼 거라고 생각하시겠지요.
데이비드 굴드 : 눈 앞에 있다면 우리는 그것을 볼 거예요(하이필즈).

이 상황에서 교훈적이지 않은 교수방법이 조장하는(Schofield 1997) 부드러운 분위기는 일반 남학생들의 성이 구별되어 있고 이성애적인 공간으로서 교실을 재생산하도록 하고 있다. 예를 들면 여학생들은 남학생들이 어떻게 여학생들을 속여서 여학생들이 포르노라고 간주하는 그림을 보게 하려고 노력하는지를 묘사하고 있다. 여기서 포르노라고 하는 이 그림들은, 정확하게 말하자면 극도로 노골적인 포르노는 학교 전산체계에 의해 걸러지고 일반적으로 신용카드에 의해서만 접근 가능하기 때문에 성적 매력이 있는 그림이라고 설명될 수 있다 :

젬마 델라니 : 남학생들은 포르노 그림을 그냥 띄워놔요.
루이스 휘트크로프트 : 수업시간 내내요.

자스민 타우어즈 : 그리고 그들은 거기에 앉아서 그것을 보고 웃어요.

젬마 델라니 : 웃거나 보거나 하는데요 정말 짜증나요. 그러면서 걔네들은 '루이스, 젬마!' 하고 부르곤 해요. 그래서 돌아보면 옷 벗은 여자 사진이 딱 떠 있죠(하이필즈).

이런 행동유형에 대한 여학생들의 반응은 양면가치적이다. 한편으로는 이런 남학생들을 여자에 대해 조잡한 태도를 가지고 있는 '지저분한 녀석들' (dirty creeps–Helen의 표현)이나 '어린 변태들' (little perverts–Louise의 표현)로 간주한다. 흥미롭게도 여학생들은 이런 행동을 본질적인 의미에서 해석하면서, 이 행동을 클로에 로빈슨(Chloë Robinson)과 수지 프리어(Suzy Frear)가 설명하고 있는 것처럼 교실 내에서의 사회적 관계라기보다는 남학생들의 생리적인 행동으로 간주하고 있다:

클로에 로빈슨 : … 그들은 단지 지저분해요. 남학생들이 그렇게 하는 것은 당연하잖아요.

수지 프리어 : 단지 남자이기 때문이죠. 그렇지 않나요(하이필즈).

다른 한편으로, 교실에서 성적 특징을 주는 분위기가 의미하는 것은 몇몇 여학생들은 여자에 대한 남학생들의 태도와 관련한 의혹에도 불구하고 이런 남학생들에게 매력적으로 보이고 싶어하는 압박감을 느끼고 있다는 것이다. 루이스는 다음과 같이 설명한다:

루이스 휘트크로프트 : 만약 여러분이 [예쁘다면] 여러분은 특별한 종류의 느낌을 가지게 되죠. 왜냐하면 남학생들은 당신을 싫어하지 않기 때문이에요(하이필즈).

남학생들의 행동을 자연스러운 것으로 보는 여학생들의 분석과 대조적으로 우리는 바로 이런 경우에는 교사의 수업 관행이 남학생들에게 교실을 젊은 여성에 대한 낮은 수준의 성희롱이 가능한 공간으로서 재생산하는 것을 허용하게 된다고 주장하고 싶다. 디자인 및 기술 교실에 대한 연구에서 딕슨은 이렇게 밝혔다 :

> 이 교사는 자유주의 의제와 '아동 중심' 교육 담론을 실천한다고 자부하겠지만 그는 수업에서 문화라는 의제를 무시하기 때문에 학생들이 억압적인 방식으로 성과 힘의 의미를 미리 경험하고 재구성하는 기회를 마련한다.

하지만 그러한 관례들은 결코 필연적인 것은 아니다. 예를 들어, 하이필즈 학교 교실 내에서 아시아 남학생들의 반응은 위에서 논의된 백인 일반 남학생들과 같은 동일한 유형을 답습하지 않았다. 이 남학생들은 여성의 성적 특징을 보여주는 사진이 아니라 축구나 자동차와 같이 전통적으로 남성적인 관심사항을 검색하는 데 기술을 사용하였다. 여기에서 다시 우리는 아동의 힘의 중요성을 알게 된다.

여학생들과 같이 아시아계 남학생들은 젊은 '백인' 남학생들의 행동을 교실에서는 적절하지 않은 것으로 생각했다. 그리고 기초적인 수준에서 이런 행동은 여성들에게 자신의 품위를 떨어뜨리는 것이라고 주장했다. 그러므로 그들은 타인의 눈에 결코 자신의 남성적이지 못함을 가져오지 못할 기술에 대해 확실히 다른 관계를 형성하려고 자신과 협상한다. 성적으로 매력이 있거나 초남성적인 행동에 있어서도 아니다. 성에 대한 이런 차이 나는 태도는 단지 젊은 남자들의 두 집단 간의 차이점 중 하나였다. 아시아계 남학생들이 백인 남학생들을 인종주의자로서 간주하는 것처럼 인종 문제와 관련한 상당한 긴장 역시 존재하고 있었다. 반대 입장에서 백인 남학생들은 자신들이 인종차별주의자라서가 아니라 일심동체가 되어 항상 싸움거리를 찾고 있기 때문에 아시아계 남학생들과는 친구가 되기 어렵다고 주장했다.

웨스트포트 학교에서의 경험은(2장에서 우리가 설명했던 것처럼 경험은 컴퓨터에 대한 연구보다는 컴퓨터를 사용하는 것을 강조하고 있다) 기술을 성별화시키는 사회활동을 이해하는 것은 어느 정도 다양한 측면의 학교 문화라는 맥락에서 다시 수행될 수 있다는 것을 설명해 주고 있다. 웨스트포트 학교의 교실 문화가 하이필즈와 스테이션 로우드 학교와 공통점이 많을지라도(예를 들면, 학생들은 한쪽 성 집단끼리 앉는 경향이 있으며, 남학생과 여학생 모두는 컴퓨터만 아는 얼간이에 관한 고정관념에 대해 잘 알고 있다) 컴퓨터가 성별화시킨다는 의미는 몇몇 학생들 때문에 변화하기 시작하고 있다. 개인 컴퓨터가 그 자체로 남성성의 어떤 유형과 관련된다기보다는 인터넷을 기반으로 이행되는 몇몇 활동들(가장 두드러진 것으로는 웹페이지를 둘러보는 것이다)은 남학생들이 하는 것으로 코드화되어 가고 있으며, 다른 활동들(특히 전자메일을 사용하고 채팅을 하는 것)은 여학생들이 하는 것으로 코드화되어 가고 있다(제6장 참조). 10학년 학생들은 다음과 같이 설명한다:

루이스 보스웰 : 남학생들은 줄창 지루한 것만 봐요.
캐롤린 데닝턴 : 맞아요. 남학생들은 인터넷[www을 의미함] 같은 것만 계속해요, 그렇지 않나요(웨스트포트).

다렌 포터 : 서로 이메일을 보내게 해서 여학생들이 인터넷을 많이 이용하게 하죠. 여자애들은 이메일을 아주 좋아해요. 정말로요.
토마스 우드워드 : 여자애들은 인터넷 채팅룸에도 가요.
다렌 포터 : 실제로 여학생 90%가 채팅룸 사용방법을 알아요. 남학생들은 모르지요(웨스트포트).

그러므로 기술의 성별화는 웨스트포트 학교에서 지속되고 있지만 미묘하게 다른 분야에서 지속된다. 여기서는 컴퓨터가 사용되고 있는 활동들이 중요하다. 성별 관계에 관한 폭넓은 생각의 지속적인 중요성을 보여주면서 남학생과 여학생 모두는 이런 유형들에 대한 본질적인 설명을 전개하고 있다. 예를 들면, 남학생과 여학생들은 의사소통에 대해 여학생들이 더 큰 관심이 있다는 측면에서 전자메일에 대한 여학생들의 선호를 설명한다. 여학생들의 입장에서 이것은 긍정적인 특징이자 '여학생들이 더 많이 말한다' 는 사실의 결과이다. 또한 남학생들 입장에서 이것은 채팅하는 것이 '여성의 일' 로 간주하면서 유머를 무시할 수 있는 여지가 된다. 마지막 관심의 초점은 코드화(재코드화)하는 과정이 교직원에 의해 포착되고 실용적인 방법으로 이용되어 온 방식이다.

제임스 푼트 : 여학생들은 인터넷 메일로 인터넷 사용을 해왔고 또 그렇게 할 것입니다. 그것은 개인 컴퓨터 앞에 앉아 있는 많은 여학생들에게 극적인 영향을 주고 있습니다.

전자메일을 소개하는 것이 구체적으로 여학생들의 컴퓨터 사용을 증가시키기 위해 의도된 것은 아닐지라도 교직원들은 더 다양한 학생들이 컴퓨터에 대해 편안함을 느끼도록 하기 위한 목적을 실현하는 방법으로 이런 결과를 이용해 오고 있다. 이번 예에서 교사의 관행은 더 폭넓은 범위의 학생들이 정보통신기술과 긍정적인 관계를 형성하는 것을 격려할 것이다.

컴퓨터에 능숙한 여학생들

여학생들을 구체적으로 살펴보면서 여학생들의 능력이 다양함에도 불구하고 우리는 하이필즈와 스테이션 로우드 학교의 많은 여학생들이 기초적인 컴퓨터 운영(워드-프로세서, 데이터베이스 저장하기,

애플리케이션 간 자료 이동하기를 포함하는 운영을 의미한다)을 할 수 있다는 것을 알았다. 그리고 이런 기초적인 컴퓨터 운영은 많은 성인들에게 컴퓨터 사용 능력을 의미한다. 하지만 한 집단으로서 하이필즈와 스테이션 로우드 학교의 여학생들은 테크노 남학생들이나 일반 남학생들보다 컴퓨터에 대한 두드러진 관심을 거의 보이지 않고 있으며, 남학생 교실에서 컴퓨터 사용 문화는 매력적이지 못하다고 보고 있다(Spender 1997와 Turkle 1995의 연구 참조). 하든(Haddon 1992)이 밝힌 것처럼 기술적으로 유능한 여학생들이 교실에서 하는 대화는 기술적이지 못한 관심사가 지배하고 컴퓨터보다는 일반적인 학교 잡담이 주요 내용이 되는 경향이 있다. 하이필즈 학교에 재학 중인 11학년의 조시 부스(Josy Booth)는 다음과 같이 설명하고 있다:

조시 부스 : 소피는 정말로 컴퓨터를 잘하지만 그녀는 컴퓨터에 대해서 아무 말도 하지 않아요. 그녀는 단지 컴퓨터를 사용할 뿐이죠. 소피의 아빠가 IBM[컴퓨터 회사]에서 일하기 때문에 소피는 집에 많은 물건을 가지고 있어요. 그래서 편리하죠. 소피는 컴퓨터에 대해 매우 많은 것을 알고 있지만, 여러분이 친한 친구가 아니라면 소피는 컴퓨터에 대한 어떤 것도 말하지 않기 때문에 소피가 컴퓨터에 대해 많은 것을 알고 있다는 것을 모르죠. 만약 내가 상상하는 그런 종류의 것을 여러분이 좋아하지 않는다면 그것은 실제적으로 아주 흥미 있는 대화는 아니예요(하이필즈).

여학생들의 교실 문화는(이 문화에서 여학생들은 자신들보다 테크노 남학생들에게 더 관심을 끌고 컴퓨터에 관한 이야기는 그들의 삶에서 다른 전통적으로 더 여성적인 관심사들보다 중요하지 않다) 콜리스(Collis 1985)가 확인한 '우리는 할 수 있다/나는 할 수 없다'(we can/I can't)는 역설을 새롭게 조명한다. 이 여학생들은 집단으로서 여학생들이 컴퓨터를 사용하는 데 능숙하다고 주장하지만 개인적으로 자신들은 기술이 부족하다고 한다. 오히려 그들은 여학생 전체는 남학생만큼이나 컴퓨터에 능숙하고 일부 여학생들은 다른 여학생들보다 잘 하지만 여학생 전체는 컴퓨터에 대해서 말하는 걸 즐기지 않을 뿐이라고 주장한다.

컴퓨터에 아주 능숙한 몇몇 여학생들에게 있어서 컴퓨터에 관해 말하는 데 관심이 부족한 것은 의심할 것 없이 전략적이다. 하이필즈 학교의 프란체스카 레이톤(Francesca Leighton)이 설명한 것처럼, 여학생들은 기술적인 능력이 또래집단에 비해 너무 높게 평가되지 않고 스스로의 정체성이 컴퓨터만 아는 머저리(nerds)로 재인식되기를 원하지 않기 때문에 여학생들은 컴퓨터에 대해 지속적인 관심을 갖지 않는다:

프란체스카 레이톤 : 그러니까 내 나이 아이들은 학교에서 컴퓨터를 사용하는 경향이 있고 딱 전형적인 기키(geeky) 타입이 많아서 그 범주 아래 도매금으로 취급받게 되거든요. 글쎄요, 저는 [컴퓨터 사용 능력과 집에서 인터넷을 사용하는 것에 대하여] 거짓말을 하지는 않을 거예요. 그렇다고 떠벌리고 다니지도 않을 거구요. 어리석은 짓이지만 그렇잖아요, 내 나이 아이들은 그런데 대해서 잔인할 수 있어요(하이필즈).

그러므로 여학생들이 기술적인 능력을 수행하는 데 있어 보여주는 것은 사회적 행위자로서 그들의 지적인 부분이다. 여학생들은 많은 성인들의 기술적인 능력을 능가하는 기술능력을 소유하고 있을 뿐만 아니라, 이런 기술을 공간적으로 차별화시키는 수행능력을 발전시켜 오고 있다. 이런 능력이 가정에서 자유롭게 사용되어질 때 여학생들의 기술적인 능력은 부모의 자긍심을 얻는다(4장 참조). 그리고 이런 능력이 학교에서 관대하게 사용되어질 때 이들의 기술적인 능력에 대해 또래 친구들의 마지못한 존경뿐만 아니라 여학생들에게 사회적인 인기를 얻게 한다.

심지어 하이필즈와 스테이션 로우드 학교 내에서도 설문조사는 이 두 학교가 컴퓨터에 대한 태도와 컴퓨터를 이용하는 데 있어서 전통적으로 아주 성별화된 유형을 가지고 있었음을 보여주고 있다. 그리고 여학생들이 제도적인 문화를 다시 만들기 시작하는 예들이 있다. 한편으로 고도의 기술을 가진 많은 여학생들은 흔히 의도하지 않게 컴퓨터는 남학생들의 장남감이며(Spender 1997), 결과적으로 남학생들은 여학생들보다 컴퓨터를 사용하는 데 더 익숙하다는 전통적인 의견 일치에 도전하기 시작하고 있다. 하이필드 학교에 다니는 한 여학생이 밝히고 있는 것처럼 결과적으로 기술의 새로운 의미가 등장하기 시작하고 있다 :

데이비드 펠프스 : 나는 컴퓨터가 바뀌는 중이라고 생각해요. 왜냐하면 많은 남학생들이 같이 컴퓨터를 했을 때보다 클로에가 혼자서 할 때 더 잘했기 때문에 컴퓨터에 관한 관점이 조금 바뀌었지요. 하지만 아직까지는 우리

수업시간에 있어서 컴퓨터는 기계장치처럼 남자의 전유물으로 여겨지고 있어요.

클로예 로빈슨의 위치는 흥미가 있다. 사전 연구에서 여학생들은 남학생들보다 가정에서 컴퓨터를 사용하는 데 거의 접근하지 못하고 있다는 것을 지적한 적이 있다. 이 말은 가정에서 컴퓨터를 사용하는 것이 아동에게는 학교 시설들을 가장 잘 이용할 수 있다는 확신을 제공하기 때문에 여학생들은 이중으로 불이익을 당한다는 것을 의미[1] 한다(2장 Opie 1998 참조). 우리의 연구결과는 가정용 개인 컴퓨터를 이용하는 데 있어서 중산계층의 남학생과 여학생 간에는 중요한 차이점이 없으며, 클로예 로빈슨과 같은 몇몇 중산계층 여학생들은 적극적으로 딸의 ICT 능력을 장려하는 부모가 있었다는 것이다(4장을 참조). 이처럼 집에서 클로예의 컴퓨터 사용 능력의 개발은 교실에서 많은 남학생들을 능가하는 클로에의 기술적 능력으로 환산되어 배당금을 지불하고 있다. 이런 방식으로 하나의 사회 · 공간적 환경인 가정에서의 경험들은 재능을 가진 몇몇 여학생들이 또 다른 환경인 학교에서의 사회 · 공간적 관계들에 도전하도록 계기를 마련하고 있다.

1) 부모들이 전문직이거나 관리직에 있는 가정의 경우, 87%의 남자 아이들은 86%의 여자 아이들에 비해 가정 PC를 이용하고 있었다. 부모가 기능을 가진 비육체 노동을 하거나 육체 노동을 하는 모든 계층의 가정에서는 성차가 더 컸지만(44%의 여자 아이들에 비해 51%의 남자 아이들이 컴퓨터를 사용했다), $p=0.05$ 수준에서 통계적으로 의미있는 차이는 보이지 않았다.

다른 한편으로, 몇몇 여학생들은 적극적이며 공개적으로 컴퓨터 사용을 평가하기 시작하고 있다. 예를 들어, 하이필즈 학교에서는 더 학교 중심적인 몇 명의 여학생들은 수업에 있어서 반수업(anti-work) 정서를 거부하고 컴퓨터에 대한 공개적인 관심을 수행하기 위하여 수업시간 동안 인터넷 사용이라는 매력을 이용하고 있다. 여학생들이 계속 컴퓨터 클럽을 '한심한' 것으로 묘사하는 반면, 이 예에서 여학생들은 컴퓨터는 '근사'(cool)하다고 주장하고 있다. 왜냐하면 수업시간에 여학생들은 백 스트리트 보이즈(Back Street Boys)와 자비스 카커(Jarvis Cocker)와 같은 남자 팝스타와 레오나르도 디카프리오(Leonardo DeCaprio) 같은 영화배우를 검색하는 데 컴퓨터를 사용할 수 있기 때문이다. 이런 남자 팝 스타나 영화배우들은 여학생들의 용어로 '성적으로 매력적인'(fit) 남자들이다. 이런 식으로 그들은 이성애적인 성 정체성을 통해서 컴퓨터에 대한 공개적인 관심을 처리하면서 그들은 여러 가지 의미들을 다른 시 · 공간에서의 컴퓨터 사용의 이점으로 생각하고 있다.

그와 동시에 스테이션 로우드 학교에 재학 중인 몇몇 여학생들은 여학생만의 컴퓨터 시간을 요청하면서 컴퓨터를 사용하는 문화와 특히 교실 밖 이용공간 내에서 그들의 주변화에 대한 논쟁을 시작했다. 여학생들이 진행 중에 있는 왕따에 대한 프로젝트를 위해 정보를 얻기 위해 인터넷을 사용할 때 컴퓨터에 대한 여학생들의 관심은 시작되었다. 여학생들은 인터넷을 서핑하는 것을 즐겼고, 친구들이 참여하도록 조장했다. 트레이시 윌슨(Tracey Wilson)은 다음과 같이 설

명한다 :

트레이시 월슨 : 나는 며칠 휴가를 보내고 나서 컴퓨터실로 올라가 그것[왕따에 대한 프로젝트]을 끝내버리려고 마음먹었는데요, 바로 그때 사라와 룻도 컴퓨터실로 가고 있었어요. 나는 그 애들에게 프로젝트에 대해 말했고, 함께 컴퓨터실로 가서 인터넷 검색을 하고 우리가 찾을 수 있는 것을 찾았어요(스테이션 로우드).

하지만 여학생들은 남학생들이 컴퓨터 단말기를 독점적으로 사용했기 때문에 실망하기 시작했다. 그래서 교사 중 한 분에게 불평을 했다. 그 교사는 여학생들이 자신들만의 컴퓨터 클럽을 시작하는 것이 좋다고 제안했고, 조회에서 그것을 공표했다. 그 클럽 회의는 위층 컴퓨터실에서 개최된 반면, 동시에 최초의 컴퓨터 클럽은 아래층 교실에서 모였다. 이 여학생들은 그들에게 클럽의 사교적이며 학문적인 이점들을 설명하고 있다 :

트레이시 월슨 : 이 클럽은 당신이 컴퓨터를 더 잘 이해하는 데 도움이 될 거예요.

줄리 프렌티스 : 맞아요.

카렌 메이슨 : 가장 좋아하는 팝그룹이나 어떤 것에 관해서도 알아낼 수 있어요.

트레이시 월슨 : 정보통신 클럽에 참여하고 있을 때, 당신은 정보통신 클럽에서 새로운 기술(익숙함)을 얻었다고 말할 수 있고, 위층에 올라가서 실습을 할 수도 있지요.

카렌 메이슨 : 그곳에서 실습을 하세요.
줄리 프렌티스 : 또한 실습도 해봐요. 그러면 컴퓨터를 정확하고 더 잘할 수 있으니까요(스테이션 로우드).

그럼에도 불구하고 '아래층 클럽'(downstairs club)이라고 부르는 곳에서만 이용 가능한 컴퓨터 게임에 접근하기 위해서 이 여학생들은 지속적인 전쟁에 직면하고 있다. 그래서 여학생들은 스스로를 위해 권한 부여 공간을 만들면서 '컴퓨터 클럽'에서 남학생들의 패권은 대부분 평정되고 있다.

러데트(The luddettes)

우리가 면담을 했던 여학생 중 일부는 그들이 컴퓨터를 다루는데 익숙하지 않다고 말했다. 줄리(Julie), 로티(Lotty), 한나(Hannah)는 하이필즈 학교 11학년이다. 제2장에서 인용된 어른들처럼 이들 여학생들은 미래 정보 경제에 있어서 ICT의 잠재적인 중요성을 알고 있다. 하지만 어른들과는 달리 그들은 미래의 비전을 현재의 기술적인 능력을 발전시킬 필요성과 연관시키지는 않는다.

줄리 제임스 : 어디에 [PC가 사용될까요]?
로티 켄니슨 : 글쎄요, 그러니까 현재 대부분 작업에 사용되고 있지요.
한나 캠벨 : 맞아요.

로티 : 컴퓨터가 필요한 데는 … 최근 쏟아지는 모든 기술에 사용되요. 그래서 우리 엄마가 나한테 PC를 계속 배우라고 하는 거예요.

[편집]

한나 캠벨 : 그래요, 컴퓨터와 관련된 직업이 늘고 있어요. 하지만 모르긴 몰라도 나는 직장에서 컴퓨터를 하고 싶지 않아요.

면담자 : 하고 싶지 않다구요?

한나 캠벨 : 네, 전혀요.

줄리 제임스 : 손끝 하나 건드리고 싶지 않아요(하이필즈).

테크노 남학생들의 ICT 능력처럼 여학생들의 과학기술 공포증은 반드시 사회적인 맥락에서 다루어져야 한다. 어떤 의미에서 이 여학생들은 ICT 교양이 그들의 삶의 방식에 가져올 결과를 두려워하기 때문에 과학기술에 대한 공포를 가지고 있다. 이들은 컴퓨터를 '얼간이'(geeky)로 보고 '생명을 가지는 것'(having a life)과 양립할 수 없는 것으로 간주하고 있다. 개인 컴퓨터와 '한심한 얼간이들'(sad geeks)을 연관시키면서 컴퓨터를 사용하는 것을 따분하고 사회적으로 바람직하지 않은 활동으로 '받아들이고 있다'(naturalises). 결과적으로 여학생들은 온라인 및 오프라인 활동공간 사이에 이분법적인 괴리가 있다고 생각하고 있으며, 이 괴리 속에서 클럽활동을 하기 위해 외출하는 것과 같은 오프라인 활동공간과는 대조적으로 온라인 활동공간은 '지루하고'(dull), '따분하며'(boring), '바보 같은'(nerdy) 것으로 간주되고 있다. 여학생들은 다음과 같이 설명한다 :

줄리 제임스 : [개인 컴퓨터를 사용하는 것을 언급하면서] 내 삶에는 할 수 있는 더 나은 것들이 있어요.

로티 켄니슨 : 맞아요.

[웃음]

면담자 : 난 뭔지 궁금해(웃으면서).

한나 캠벨 : 나도 그게 뭔지 궁금해요.

줄리 제임스 : 말 안 할래요.

면담자 : 해야 할 더 좋은 것은 무엇인지 계속 말해봐요.

줄리 제임스 : 음, 외출하는 거요.

로티 켄니슨 : 클럽에 가서 춤추는 거요. 그래요.

한나 캠벨 : 맞아요.

줄리 제임스 : 그리고 다른 일들.

로티 켄니슨 : 지난밤에 외출했었어요. 컴퓨터를 사용하면서 집에 머물러 있고 싶지는 않았어요. 외출할 기회가 있으면 나는 나갈 거예요(하이필즈).

이런 예는 기술, 신체, 정체성과 동료 집단관계 간의 상호작용이 '복잡하고, 지속적이며, 결합된 모든 요소들이 서로를 변형시키는 동시에 서로에 의해서 변형되고 있다'는 것을 보여준다(Ormrod 1994 : 43).

여학생들의 또래문화에서 개인 컴퓨터의 의미가 나타나는 방식 때문에 한나, 로티, 그리고 줄리는 컴퓨터가 그들의 정체성과 사회적 관계에 영향을 줄 수 있는 잠재적 위협 때문에 ICT에 대해 관심을 가지고 있는 것으로 간주되는 것을 두려워하는 것은 아마도 당연할 것이다. 만약 그들이 기술에 대한 관심을 보여준다면 또래 동료들은 그들의 구체적인 정체성을 다시 코드화할지도 모른다. 여학생들이 아래에서 설명하고 있는 것처럼 학교의 이성애적인 문화에 여학생들이 관여하는 것은 문제가 된다.

면담자 : 왜 될 수 없나요? 왜 외출하기 좋아하는 일반 여학생의 유형과 … 같은 유형이 될 수 없나요?

[웃는다]

줄리 제임스 : 컴퓨터를 사용하기 위해서요.

한나 캠벨 : 너는 컴퓨터를 사용하고 있는 중이었다는 것을 누구에게도 말하지 않잖아.

면담자 : 그래요? 아무한테도 말하지 않는다구요?

한나 캠벨 : 맞아요.

면담자 : 왜 하지 않으려고 했지요? [편집] …

한나 캠벨 : 그건 전문 기술자의 일이지요, 그렇지 않나요?

줄리 제임스 : 컴퓨터 전문 기술자를 뜻합니다. 사람들이 말하는 것이죠….

[편집]

면담자 : 하지만 누군가 당신이 컴퓨터 전문 기술자라고 생각하는 것도 원하지 않나요?

한나 캠벨 : 예.

로티 켄니슨 : 예.

줄리 제임스 : 예.

면담자 : 그렇다면 왜 원하지 않는건가요?

한나 캠벨 : 왜냐하면 그렇게 되면 데이트 신청을 받거나 할 수 없기 때문이죠.

줄리 제임스 : 맞아요.

로티 켄니슨 : 학교에 있는 작은 롤러 디스코 댄스장이나 그런 종류의 모든 장소에 있는 사람들의 인기를 모으지는 못할 거예요. 잘 모르긴 하지만 … (하이필즈).

이런 방식으로 ICT가 여학생들의 정체성에 부여하고 있는 위협에 대한 여학생들의 두려움은 컴퓨터와 같이 일상 세계의 일부인 소유물들이 우리의 사회적 관계와 얼마나 밀접하고 복잡하게 관계되어 있는지를 드러내고 있다(Wenger 1998).

가정에서 개인 컴퓨터에 접속하는 아동은 또래 아동의 감시와 흔히 조롱이나 적대적인 시선을 피하여 그들의 기술능력과 키보드 기술을 향상시킬 기회를 갖는다. 결과적으로 이런 아동은 가정용 개인 컴퓨터를 소유하지 못한 아동보다 교실에서 ICT에 통상 더 자신만만하고 편안해한다(역시 제2장을 참조하시오). 한나, 로티, 그리고 줄리 중 단지 한나만 집에 개인 컴퓨터를 가지고 있으며, 세 학생들 모두 자신의 부모를 신기술을 두려워하는 것으로 묘사하고 있다. 줄리는 그녀의 아버지가 너무 기술공포증이 있어서 비서에게 컴퓨터를 사용하도록 일을 시킨다고 주장하고 있다. 세 여학생들이 가정에서 직면할 수 있는 두려움을 회피하게 되면서 아마도 놀랄 것 없이 한나, 로티, 그리고 줄리는 키보드 사용 기술과 개인 컴퓨터가 어떻게 움직이는지에 대한 이해가 부족하기 때문에 정보통신 수업시간에 컴퓨터를 사용하는 것에 대해 걱정하고 있을 것이다. 로티와 줄리는 특별히 정보통신 수업과 다른 수업 양쪽 모두에게서 너무 불이익을 느낀다. 왜냐하면 그들은 가정에서 ICT를 실습할 기회가 없거나(역시 제2장 참조) 다른 과목에 대한 학습과정 연구를 타이프해서 준비할 기회가 없었기 때문이다. 로티는 다음과 같이 설명하고 있다 :

로티 켄니슨 : 누구도 기회를 주지 않기 때문이에요. 집에 컴퓨터가 없으면 다른 숙제를 할 수 없구요. 거기다가 IT 수업도 있죠. 또 컴퓨터를 사용해야 하는 다른 과목도 있다구요(하이필즈).

숙련기술이 부족한 데 대한 두려움은 교실이라는 사회적 맥락과 혼합되어 있다. 여학생들은 교실에서 만약 여학생들이 또래 아동의 수준과 속도로 컴퓨터 작업을 수행하지 못한다면 남학생들이 그들을 비웃거나 놀릴지도 모른다는 것을 알고 있다. 이런 점에서 여학생들은 교실은 수행 차이에 대한 불안을 강화시킬 수 있다는 브로스넌(Brosnan 1998)의 요지를 뒷받침하고 있다. 여학생들은 교실에서 '열등생' (dunces)으로 낙인찍히는 것보다 기술 사용에 아예 저항하거나, 활동 참여를 거부하거나, 주어진 과제를 피하는 방법을 찾는다. 이것이 노력하고 애쓰는 것보다 또래 아동 사이에서 더 많은 사회적 신분과 존경을 받을 수 있는 길이다. 여학생들의 말에 따르면 이것은 역시 어느 정도 남성 정보통신 교사들이 가르쳐 준 하나의 전술이다.

줄리 제임스 : 나는 그것들을 사용하지도 않아요.
면담자 : 그것들을 사용하려고 하지 않는다고요?

줄리 제임스 : 예, 나는 그것들을 사용할 수 없어요.

면담자 : 그러면 그 수업시간에 뭐해요? 출석만 하나요?

줄리 제임스 : 네, 그리고 그냥 이런저런 것들을 해요. [편집] 그 [교사]는 어떤 다른 일을 가지고 오라고 말하지요. 왜냐하면 나는 컴퓨터를 어떻게 사용하는지 배우지 않을 것이기 때문이죠[웃는다]. 왜냐하면 나는 그것들을 좋아하지 않아요.

면담자 : 그래요, 이유가 무엇이죠?

줄리 제임스 : 왜냐하면 나는 그것들을 사용할 수 없어요[웃는다]. 지루하잖아요(하이필즈).

이런 방식으로 교실은 개인 컴퓨터를 가진 사람들과 그렇지 못한 사람들 간에 나타나는 분리를 논의하기보다는 실제로 기술적인 유창함의 차이가 생산되는 과정의 일부분이 되어가고 있다.

다른 말로 바꾸자면, 개인 컴퓨터는 유순하고 통제할 수 있는 사용자의 친구로 간주되고 있다. 하지만 가끔은 컴퓨터는 이해할 수 없고, 생소하며, 걱정과 무능과 좌절의 근원으로 보이기도 한다. 럽톤(Lupton 1995)은 기술에 대한 우리의 두려움은 흔히 컴퓨터가 어떻게 작동한다거나 그것을 어떻게 고쳐야 하는지를 이해할 수 없다는 데서부터 시작된다. 그런 두려움들은 한나, 로티, 그리고 줄리에게도 명백하다. 그리고 이들 모두는 기계를 부술지도 모른다는 두려움 때문에 실험을 통해서 컴퓨터를 다루는 기술을 학습하는 것을 단념했다.

한나 캠벨 : … 대부분의 시간 동안 컴퓨터를 망가트릴까봐 두려워서요[웃는

다].
로티 켄니슨 : 예 … 그런 게 어떤 건지 알죠[웃는다].
줄리 제임스 : 어쨌든 저도 마찬가지예요(하이필즈).

마찬가지로 하이필즈 학교에 다니는 9학년 여학생인 자스민과 루이스는 기술조작에 미숙해서 그들이 얼마나 근심하고 있는지를 설명한다.

자스민 타우어즈 : 나는 컴퓨터 때문에 아주 스트레스를 받아요.
루이스 휘트크로프트 : 그래요, 나는 컴퓨터를 작동할 수 없어요.
자스민 타우어즈 : 컴퓨터에서 인쇄하고 싶을 때 제대로 되지 않아요.
루이스 휘트크로프트 : 당신이 컴퓨터가 해주기를 원하는 어떤 것도 컴퓨터는 해주지 않아요. 컴퓨터는 멍청이예요(하이필즈).

하지만 '통제'(control)에 대한 두려움은 작동하지 못하거나 기술에 손해를 입힌다는 불안보다 더 깊이 흐르고 있다. 차라리 "컴퓨터가 해주기를 원하는 어떤 것도 컴퓨터는 하지 않는다"는 말이 의미하는 루이스 휘트크로프트의 말처럼 개인 컴퓨터는 흔히 사용자들을 고의적으로 방해하거나 좌절시키기 위한 의도를 가진 것으로 보이기도 한다. 로스(Ross 1991)에 따르면 컴퓨터, 복사기, 그리고 다른 기계 옆에 흔히 핀으로 고정하여 붙여놓은 기계 사용시 주의사항 공지를 보면 사용자의 기분을 감지하고 급하게 일을 처리할 때 고장을 내는 걸로 대응할 수 있는 특성을 부여한다고 있다.

> 주의사항 공지에는 기계가 어느 정도 자의식을 발전시켜 왔다고 가정한다. 게다가 이 말은 적대적인 관계를 함의하는데, 마치 기계의 자의식과 자기 부류에 대한 충성심이 필수적으로 분개와 갈등, 그리고 파괴행위로 이어지는 것처럼 말한다
>
> (Ross 1991 : 1–2, in Lupton 1995 : 104).

한나와 줄리는 한나의 작업경험을 설명하는 데 있어서 유사한 정서를 보여준다.

한나 캠벨 : 내가 직업 체험기간에 있을 때 어떤 여학생이 와서 2주 뒤로 다가온 중요한 소송에 대한 모든 서류를 날려버렸어요. 저라면, 음, 저라면, 잘은 모르겠지만 저라면 그러지 않았을 것 같아요. 그 애가 한 일이라곤 단지 가냘픈 손가락으로 버튼 하나를 눌렀을 뿐이예요. 그러니까 컴퓨터가 ….
줄리 제임스 : 컴퓨터가 다 없앤 거예요(하이필즈).

여학생이 했던 모든 것은 '그녀의 작은 [그러므로 가장 중요하지 않은] 손가락을 가지고 누름단추를 누르는 것' 이었다는 한나의 설명은 자료 손실에 대한 사용자의 결백함과 동시에 사용자가 책임이 없다는 것을 의미한다. 그것은 단지 모든 것을 깨끗하게 지웠다는 줄리의 언급은 손실에 대한 비난을 컴퓨터의 심술궂음으로 돌리고 있다. 그러므로 여학생들의 기술공포증은 단지 그들이 컴퓨터를 '통제할' (control) 지식이나 확신이 없었다고 생각하는 사실에 관한 것뿐만 아니라, 기술 그 자체는 여학생들을 서서히 해칠 수 있는 잠재력

을 가지고 있을지도 모른다는 사실에 관한 것이기도 하다[역시 제5장에서 논의될 신인동형론(anthropomorphism) 참조]. 럽톤(Lupton 1995)은 불안과 공포를 일으키는 것은 바로 ICT에 내재해 있는 인간과 기계의 경계를 무너뜨리는 것이라고 주장한다. 그녀는 다음과 같이 기록하고 있다 :

> 전통적인 경계에 도전하는 데 있어서 컴퓨터 기술에는 괴물 같은 무언가가 잠재해 있다. 괴물에 대한 두려움은 프랑켄슈타인의 경우에서처럼 특히 인간에 관련될 때 그들의 애초의 상태, 즉 생명의 한 범주와다른 범주의 소멸과 관련된다. 기술 소비(consumption) 움직임이 커지고 있는 반면 기술이 우리를 소진(consume)시킬 수 있는 가능성에 대한 우려 또한 있다.
> (ibid. : 106)

이 부분을 요약하자면, 아동의 기술공포증이란 컴퓨터 그 자체에 대한 두려움이 아니라, ICT가 학교와 또래집단 문화라는 일상적인 상황에서 아동 개인의 사회적 정체성과 관계성을 어떻게 변형시킬지에 대한 두려움이다. 기술을 사용하는 것은 사회적인 하나의 행동이며, 개인 컴퓨터는 교실에서의 사회적 관계를 변화시키거나 안정시키는 데 있어서 중요한 역할을 한다. 결과적으로 첫째 일부 아동은 또래 동료들의 기술적인 능력들과 관련한 동료들의 수행이 가져다주는 사회적인 결과들을 두려워한다. 둘째, 이들 일부 아동은 개인 컴퓨터를 다루는 그들의 능력을 걱정한다. 셋째, 이들은 자신이 기술에 대한 관심을 보인다면 자신의 정체성을 동료들이 어떻게 볼 것인지에 대해서 염려하고 있다. 결론 부분에서 우리는 아동의 정체성, 아동의 또래집단 문화와 이들의 관계성에 대한 이런 이해들을 통해 앞장에서 논의했던 ICT와 사회적 배제에 대한 정부 정책이 무엇을 의미하는지를 곰곰이 생각할 수 있을 것이다.

사회적 배제 극복하기 : 교실 관행과 어린이 문화의 중요성

컴퓨터가 사회에 불가피하게 많은 영향을 줄 것이라 당연히 여기는 대중적 담론이자 정책 담론에 반하여, 우리는 여기서 제도적인 문화들이 학교의 ICT에 대한 학생들의 경험에 있어서 아주 중요하다고 주장해 왔다. 히클링-허드슨(Hickling-Hudson 1992)이 주장한 것처럼 이런 제도적인 문화들이 동질적이지는 않지만 다양한 층으로 되어 있으며, 단지 공식적인 학교 정책뿐만 아니라 비공식적인 교사의 습관과 다양한 학생들의 문화들을 반영하고 있다. 예를 들어, 하이필즈 학교에서 모든 학생을 위해 동등한 이용권리에 대해 공식적으로 접근하는 것은 결국 컴퓨터 사용의 성을 차별화짓는 경험으로 이어진다. 왜냐하면 남자 교사의 교훈적이지 못한 접근은 학생들의 성차별화된 문화가 교실 관행을 주도하기 때문이다(Dixon 1997 참고). 유사하게 학생들에게 전자메일 계정을 제공한 웨스트포트 학교에서 기술 지도보다 기술 이용을 공식적으로 강조하면서 의도하지 않게 수업 외 컴퓨터 사용에 있어서도 성별 차이가 줄었다. 여학생들의 이미 성차별화된 관심이란 그들이 다른 사람들과 의사소통을 하기 위한 가능성 때문에 컴퓨터를 사용하는 데 매력을 느끼고 있다는 것을 의미한다. 반면 다른 학교에 있는 여학생들의 상대자들은 그렇지 않다. 게다가 이런 문화들은 학교 간에도 다양할 뿐만 아니라 학교 내에서도 너무 다양해서(Shilling 1991 ; Dixon 1997) 동일한 기술은 다른 시 · 공간에서 다른 것을 의미할 수 있다. 예를 들어 한 그룹의 여학생들은 수업시간 동안에 인터넷을 서핑할 수 있었던 것처럼 컴퓨터는 '인기가 있었지'(cool)만, 동시에 컴퓨터 클럽들은 사회적으로 주변화된 남학생들과 두드러지게 연관되어 있기 때문에 이 클럽들은 '지루하다'(sad)라고 주장했다. 이런 모든 것이 제안하는 것은 국가적 차원이든 학교 차원이든 정책 입안자들이 사회적 포함을 장려하기를 원한다면 정책을 조직적으로 체계화할 때 교사들의 수업관행과 학생 문화들을 고려할 필요가 있는 것이다.

실제로 이런 제도적 문화들은 어떤 공간이나 활동무대 모두가 되는 데 있어서 정말 중요한 영향을 가지고 있다. 전자인 공간을 통해서 남학생과 여학생들의 컴퓨터에 대한 태도와 컴퓨터 이용에 이어서 성별화된 차이점들이 (재)생산되며, 후자인 활동무대를 통해서 사회학이며 생물학적 성 정체성들이 구성되어지거나 힘겨루기를 한다. 먼저 컴퓨터에 대한 태도와 컴퓨터를 이용하는 데 있어서 사회적인 성별 차이점을 살펴보면서 우리는 남학생들이 컴퓨터를 더 많이 선호하고 이용하는 것이 사례연구 세 학교 모두에서 재현되고 있다는 것을 알 수 있다(물론 웨스트포트 학교에 대해서는 이 진술에 대한 많은 중요한 경고가 있을 수 있다). 많은 다른 연구결과들을 확인하면서(Hickling-Hudson 1992 ; Shashaani 1993 ; Comber *et al.* 1997 ; Nelson and Cooper 197 ; Reinen and Plomp 1997 ; Brosnan 1998) 남학생들이 컴퓨터를 더 좋아하고, 컴퓨터 조작 솜씨를 그들의 미래에 있어서 아주 중요한 것으로 간주하고 있으며, 여학생들보다 다양한 활동을 시작하는 데 있어서 컴퓨터를 더 쉽게 사용한다는 것을 발견했다. 대조적으로 많은 여학생들은 컴퓨터를 사용하는 문화에서 소외되고 있으며(Turkle 1995 ; Spender 1997), 이 여학생들은 ICT의 의사소통 측면이 강조될 때 문화 내에서 여학생들의 위치를 주장하는 경향이 있다.

하지만 우리의 연구결과가 다른 연구 결과물들에서 강조되어지고 있는 성별 차이점을 확인하면서 다른 연구물 역시 컴퓨터에 대한 태도와 컴퓨터 사용에 있어서의 단순히 남·여를 구별하는 것은 두 가지 이유 때문에 적절하지 못하다고 주장하고 있다. 첫째, 우리 연구 성과물들은 컴퓨터에 대한 학생들의 태도에 대한 성별 차이점을 형성하는 데 있어서 요구(예를 들면, 컴퓨터의 기능이 온라인상이든 아니든 간에, 혹은 학생들이 전자메일 계정을 이용하든 그렇지 않든 간에)가 있을 경우 컴퓨터 기능상의 범위가 중요하다는 것을 지적하고 있다. 컴퓨터는 다양한 잠재력을 가지고 있고, 그 잠재력 중 일부는 여학생들에게 더 매력적인 것처럼 보인다. 또한 잠재력의 다른 부분은 남학생들에게 더 매력적인 것도 있다. 이처럼 특별한 상황에서 이용할 수 있는 것의 세부 내용들은 부분적으로 이것이 태도와 사용에 있어서 성별 차이점들이 나타나는 것을 형성하기 때문에 고려되어져야만 한다. 게

다가 교실 관행에 대한 연구는 서로 경쟁적인 남성성(masculinities)과 여성성(femininities)의 중요성을 강조하면서 성별에서 중요한 차이점들은 남녀 범주 사이뿐만 아니라 남녀 범주 내에서도 존재한다는 것을 암시하고 있다.

더 세밀하게 두 번째 관점을 검토하면서 우리는 컴퓨터를 사용하는 다른 문화들이 남성성과 여성성에 대한 패권적이고 주변화된 이해들을 통해서 협상되고 있다는 것을 알 수 있다. 세 사례연구 학교에서 상당히 많은 학생들이 컴퓨터 사용 기술이 그들의 미래에는 중요하게 될 것이라고 생각하고 있음에도 불구하고 컴퓨터 사용 능력은 사회적으로 평가를 받지 못하고 있다. 컴퓨터에 대한 테크노 남학생들의 관심은 일반 남학생들에 의해 '여성적인' 의미로 해석되고 있어서 결과적으로 동성애 공포를 통해서 남성성을 단속하는 것으로 되고 있다. 동일하게, 욕망이라는 여학생들의 이성애적인 코드에 있어서 테크노 남학생들은 사회적이며 육체적으로 매력이 없는 것으로 간주되고 있다. 이런 상황에도 불구하고 일반 남학생들은 컴퓨터에 대한 관심과 태도를 보여줄 수 있는 많은 전략들을 전개하면서도 학생들로서 그들의 신분을 강화할 수 있다. 가장 눈에 띄게 그들은 게임을 하고 전통적으로 남성의 관심을 모으고 있는 것을 인터넷에서 탐색(surf)한다. 하이필즈와 스테이션 로우드 학교에 재학 중인 대부분의 여학생들은 다른 방식으로 그들의 기술적인 능력을 관리하고 있다. 교실에서 일반적으로 그들은 스스로에게 거의 주의를 기울이지 않고, 컴퓨터는 전통적으로 여성적인 다른 관심들보다 그들의 인생에 있어서 덜 중요한 것으로 남아 있다. 몇몇 여학생들 사이에서는 컴퓨터 사용 능력이 높음에도 불구하고 그들은 남학생들과 경쟁할 필요없이 컴퓨터를 사용할 수 있는 여학생만의 공간을 지키려는 경향이 있다. 하지만 여성성과 기술 간의 새로운 관계 역시 웨스트포트 학교에서 가장 두드러지게 등장하고 있는 것처럼 보인다. 웨스트포트 학교에서 전자메일의 이용은 여학생들의 컴퓨터 문화 발전에 기여하고 있다.

공유하는 활동, 상호 부조와 경계선 만들기(관습공동체를 지칭한다)를 통해 고유 집단의 긴밀한 유대는 그들이 누구이며 누가 아닌지에 대한 아동의 정체감을 강화시킨다. 전통적으로 남성적인 일을 위해 컴퓨터(Web)를 사용하는 일반 남학생들은 자신들의 정체성을 '일반 남학생들'(lads)로서 강화한다. 반면에 이들은 테크노 남학생들과의 차이점을 스스로와 다른 사람들에게도 명확하게 하고 있다. 동일하게 그들은 여성에 대한 관심을 표시하지만 성적인 농담이나 성희롱을 하는 것과는 차이를 둠으로써 '일반 남학생들'로서의 정체성을 강화하고 있다. 여학생들은 어떤 측면에서 이것에 응하면서 그들이 싫어함에도 불구하고 이 일반 남학생들에게 매력적으로 보이기를 원한다. 또한 여학생들은 남학생들의 행동을 비난함으로써 이것을 거절하면서 본능적으로 더 성숙하다는 것으로 스스로에 대한 의미를 강화시키고 있다. 우리가 성별 정체성의 재생산이란 측면에서 남학생과 여학생 간의 차이점을 논하고 있는 동안에 엡스타인(Epstein 1993, 1997)과 맥 안 가일(1994)이 주목했던 학교들의 조사에서 성적 관심에 대한 침묵은 적절하지 않다는 것은 그와 동시에 분명하다. 다른 남학생들과 여학생들의 성별 정체성은 성별에 관한 생각을 통해서만 형성될 뿐만 아니라, 교실의 이성애적 경제(heterosexual economy)를 통해서도 재생산된다. 이 이성애적 경제는 일반 남학생들이 수업시간에 젊은 여자들을 희롱하도록 할 수 있는 힘이 있다는 것과 젊은 여자들이 때때로 희롱에 대해 이의를 제기하는 남학생들에게 매력적이게 보여야 한다고 생각하는 압박을 느낀다는 것까지 양쪽에서 명백하다. 동일하게 이것은 테크노 남학생들에 대한 여학생들과 일반 남학생들 모두의 태도에 있어서도 명확하다. 이 남학생들에 대한 여학생들의 상호작용은 바람직한 이성애적인 남성성에 대한 여학생들의 이해에 의해 이루어지고 있다. 반면에 일반 남학생 일부는 그들의 눈에 테크노 남학생들은 '진정한' 남학생으로서 행동하고 있지 않기 때문에 테크노 남학생들은 동성애자라는 것을 암시하는 농담을 한다. 교실에서의 상호작용의 유형을 구성하는 데 있어서 이성애적 경제의 중요성이 주어져 있기 때문에 학교에서 성적 관심에 대한 침묵은 이치에 맞지 않는다. 사회적 성과 생물학적 성 정체성 모두 이런 제도적인 공간 내에서 수행되고 논쟁이 되고 있는 중이다.

그런 제도적인 공간 속에서 재생산에 관해 생각하면서 우리 역시 공공제도(시설)를 불확실한 지리학적인 성과물로 생각할 수도 있다는 필로와 파르(Philo and Parr 2000)의 제안을 토대로 하고 싶다. 여성주의 지리학자의 성과를 주시하면서(요약을 위해서는 Laurie *et al.* 1999 참조) 제도적 공간으로서 학교가 일련의 다른 전체 배치를 통해서 (재)

구성되고 있다는 것을 우리는 주장하고 있다. 한 측면에서 다양한 층으로 구성된 제도적 문화의 모든 부분은 영국 사회에 깊숙이 박혀 있는 폭넓은 사고방향에 의해서 알려져 있다. 예를 들자면, 이 사고는 교사는 자격부여 교과과정에 관한 광범위한 교육 담론이라는 전문용어에 의존하고 있고, 학생은 어울리는 남성성과 여성성에 대한 폭넓은 이해에 의존하고 있다. 이런 의미에서 학교는 투과성이 좋은 공간으로서 더 넓은 장소와 서로 맞물리는 더 넓은 사회적인 관계와 연결되어 구성되고, 학교는 이런 사회적 관계 안 깊숙한 곳에 위치한다. 마찬가지로 본장은 학교가 사회적이며 생물학적 성 정체성이 재생산되고 있는 중요한 장소임을 보여주고 있다. 학교의 다층적인 제도적 문화들은 통제라는 사회적이고 물질적인 관계를 통하여 아동과 교사가 전형적으로 성별에 맞는 행동이라고 생각하는 특정한 형태의 행동을 용인한다. 이렇게 해서 문화는 다른 선택의 여지를 좁힌다(Shilling 1991 ; Dixon 1997 참조). 게다가 사회적 성과 생물학적 성에 대한 우리의 문화적 담론에서 장소의 의미를 규정할 수 있다. 예를 들어, 이성애의 표준화는 학교가 탈성적(asexual)인 공간의 특징을 가질 수 있음을 말한다. (물론 이는 이성애자가 훨씬 많다는 사실에서 암묵적으로 가정되고 있다.) 이는 결국 행위에 영향을 미치는데, 예를 들어 교실 상호작용을 구성할 때 성의 중요성을 대부분 교사나 연구자가 무시하는 결과를 초래했다. 이런 식으로 우리는 실제로 기관을 지리학적인 성과물로서 특징지을 수 있다. 왜냐하면 기관은 더넓은 장소 안 깊숙한 곳에 위치한다. 그리고 사회적 성과 성적 정체성 협상에 있어 중요한 현장이다. 또한 공간으로서 이들 기관은 부분적으로 사회적인 성과 생물학적 성에 대한 우리의 개념을 통하여 형성된다. 그러나 이러한 성과물은 불안한데, 이들 기관이 현재의 형태로 영원히 고착화되는 것이 아니기 때문이다. 오히려 이들 기관들은 의도치 않게(예를 들면, 웨스트포트 학교에 전자메일을 소개하는 경우처럼), 그리고 개인들의 일치된 행동들을 통해서(예를 들면, 스테이션 로우드 학교의 여학생들이 그들 자신의 컴퓨터 클럽을 요구했을 때처럼) 변화를 하는 데 개방되어 있다.

이런 이해들에는 우리가 이전 장에서 조사했던 아동이 ICT를 이용하는 것과 연관해서 사회적 포함과 배제라는 문제에 대해 많은 결론을 내포하고 있다. 제2장에서 우리는 영국 정부가 정보통신 정책에 대해서 중점을 두고 있는 것들이 모든 학생들로 하여금 하드웨어나 소프트웨어를 사용하게 해야 한다는 것을 필요로 한다는 것을 보여주었다. (이런 접근은 미국에서도 반영되었다). 하지만 본장의 증거는 기술을 이용할 수 있는 모든 사람들이 그 기술에 종사하는 기회를 차지해서 기술을 사용할 능력을 개발할 것이기 때문에 이것은 고지식한 접근임을 넌지시 알려주고 있다. 차라리 본장에서 제안된 아동의 진술들은 서로 다른 개인들과 사용자 집단에 따라 아주 다르게 나타나고 있음을 보여주고 있다. 모든 연령대의 많은 사용자들은 인터넷과 연결된 개인 컴퓨터를 좋아하고, 익숙해지기 시작하고, 그래서 사용하는 반면, 다른 사람들은 개인 컴퓨터를 두려워하고 컴퓨터가 그들의 삶과 합쳐지는 것을 거부하고 있다. 이런 현상은 현재 ICT를 이용하지만 기술적으로 학식 있는 사람이 될 기회에 저항하거나 거절하는 아동은 이런 기술적인 숙련 없이는 '일상 활동들' (normal activities)에 참여할 수 없을지도 모르기 때문에 미래 정보화 사회에서 사회적으로 배제될 수 있다는 것을 의미한다.

우리가 이 장과 앞의 장(자원의 대규모적인 분배에 관한 것이고, 매일 실행을 통해서 발전되는 어떤 것에 관한 것)에서 발전시켜 온 사회적 배제에 대한 이해는 급진적인 정책과의 밀접한 관계를 제공하는 것이다. 즉, 그것은 정부가 단순히 학교 내에서 컴퓨터 보급에 대한 접근을 준비하는 것으로 충분하지 않다. 차라리 학교상황에서 ICT가 어떻게 소개되어졌는지를 명백하게 설명하는 것 역시 필요하다. 만약 영국과 미국 정부가 정보화 시대 속에서 포괄적인 사회를 장려하려고 진지하게 노력하고자 한다면, 두 정부는 특히 젊은이들 사이에서 기술공포증에 대처할 필요성을 인식하고, 모든 사람에게 하드웨어와 소프트웨어 이용 기회를 제공하기 위해 함께 노력해야 한다. 현재 이미 예측된 미래에 대한 성인의 기술에 대한 두려움은 성인들이 능숙해져야만 하는 어떤 것으로 아동에게 ICT를 제시하고 있다는 것을 뜻한다. 왜냐하면 ICT는 미래 사회에 있어 아동에게 중요하기 때문이다. 그렇게 하면서 성인들은 개인 컴퓨터가 잠재적으로 부정적인 방식으로 아동의 삶에 영향을 줄 것이라는 점도 시사하고 있다. 하지만 아동은 방향이 설정된 미래가 없고 사회의 광범위한 변화에 대한 관심도 없다. 오히려 아동은 현재와 또래집단의 사회적 관계라는 지엽적인 상황을 더 걱정하고 있으며, 이런 관계 내에서 아동은 그들 자신의 정체성을 처리해야만 한다.

아동의 기술공포증은 기계 그 자체에 대한 두려움이 거의 아니라 교실에서 그들의 수행성과를 중심으로 한 두려움이며, 사회학적으로 고도로 성별화되어 있고 생물학적으로도 성별화된 또래집단 문화라는 맥락에서 아동의 사회적 정체성과 관계성을 기술이 어떻게 변화시킬지에 대한 두려움이다. 아동이 ICT를 거부하기보다 이것을 사용해야만 하는 기회를 갖도록 이들에게 용기를 부여하기 위해서 어른들은 아동의 일상생활과 관습공동체라는 사회적 상황과 관련된 방식으로 기술 사용을 조장할 필요가 있다. 예를 들자면 워드프로세서, 스프레드시트와 프로그램을 짜기 위해 ICT의 교육적인 이용을 강조하면서 성인들은 기술이 지루하고 '전문 기술자'와 '기키'로서 간주되는 도구로 등장하는 기술에 공헌을 한다. 대조적으로 아동에게 전자메일과 인터넷을 사용(오프라인 생활과 활동과 관련된 것으로 아동이 이해하는 온라인 활동들)하도록 격려함으로써 어른들은 ICT가 더 많은 아동의 눈에 '근사한' 도구로 나타나도록 돕는 데 기여 할 수 있다. 이런 것은 학생들이 기술을 그들의 사회 정체성에 대한 위협으로 간주하는 것이 아니라, 기술을 오프라인 세계와 관련되어 있고 흥미진진한 어떤 것으로 간주하도록 할 것이다. 그래서 기술과 정체성, 그리고 또래집단 관계가 서로 변화하고 또 서로에 의해 변화한다는 사실은 정체성에 대한 위협보다는 다양한 긍정적 기회의 제공으로 아이들에게 받아들여질 것이다.

다음 두 개의 장에서 우리는 학교에서 가정으로 우리의 초점을 바꾸게 된다. 제4장에서 우리는 가족 내에서 아동의 기술적이고 감정적인 능력을 구성하는 것을 검토함으로써 온라인에서 아동의 안전에 관한 현대의 도덕적인 공황에 역점을 두고 다룰 것이다. 제5장에서 우리는 여러 다른 가정이 어떻게 가정용 PC를 받아들이는지, 이런 과정에 함축되는 복합적임 시 · 공간, 이러한 관행이 '가족'의 일체성에 어떤 결과를 가져오는지, 그리고 아동의 야외 대중공간 사용에 대하여 초점을 맞추어 논의할 것이다.

제4장

온라인 공간에서의 위험요소
능력과 위험의 문제들

우리는 2장과 3장에서 비록 잠재적으로 불협화음을 일으키기는 하지만 전 지구적 규모의 정보 경제에 있어 영국의 미래 경쟁력의 필수요소로서 정부의 ICT 장려정책에 대한 논의에 초점을 맞추어 보았었다. 그렇게 함으로써 우리는 정부의 대중을 위한 ICT 정책에 대해서 뿐만 아니라 이것이 다른 많은 관계자들과 다른 기관들, 사립학교 내에서 어떻게 이해되어지고 변형되며 경험되어지는가에 대해서도 논의의 초점을 맞추어 볼 수 있었다. 이와 같은 다른 수준의 분석들을 조합함으로써 우리는 다른 모든 정책들을 포괄하도록 촉진시키는 전반적인 정책의 중요성과 다른 학습 맥락 속에서 사회적 관계의 특수성에 주의를 기울여야 할 필요성의 중요성을 부각시켰다. 이번 장에서 우리는 지금까지 우리가 분석한 것을 확장시킬 뿐만 아니라 다음과 같은 두 가지 노선에 기초하고 있다. 첫째, 아동의 기술적 능력에 대한 문제점들에 주목하면서 아동의 ICT 활용 환경에 관한 논의들을 심도 있게 확장해 나갈 것이다. 둘째, 우리는 가정(5장에서 계속되는 주제)에 주목함으로써 다른 공간적 맥락에서 바라보게 될 것이다. 이것은 우리들에게 아동의 전반적인 일상생활에 대한 이해를 제공할 뿐만 아니라, 그들의 부모들이 가지고 있는 시각과 교육방법에 대한 생각을 제공해 준다. 지금까지 가정에서 아동의 ICT 활용은 비교적 거의 관심을 끌지 못했다(Livingstone 1977 참조). 특히 학교 교육적 맥락에서 아동과 컴퓨터에 대한 일련의 연구들과 비교해 볼 때 더욱더 그러하다.

이번 장에서 우리는 아동의 ICT 활용에 대한 현재의 대중적 · 정책적 이해가 얼마나 아동과 테크놀로지에 대해 모순된 사고방식을 견지하고 있는지 보여주려 한다. 한편으로 '지지자들'(boosters)은 아동이 테크놀로지를 다루는 능력에 열광적인 찬사를 보내는 반면, '반대자들'(debunkers)은 이 테크놀로지가 아동의 신체적 · 정신적 안녕을 위기에 몰아넣을 것이라는 위기감을 고조시키고 있다. 이러한 담론들을 검증함에 있어 우리는 이와 같은 논의들 속에서 아동에 대한 사고방식이 서구의 사고방식 속에서 상당히 긴 역사를 가진 아동에 대한 이해와 어떻게 공명하는지, 그리고 테크놀로지가 사회에 긍정적 · 부정적 영향을 미치는 것(1장 참조)으로 구성되는 방식 양자 모두에 대해 고려해 볼 것이다. 우리는 이러한 논의들이 아동이라는 범주에 대해 본질적인 문제를 제기함으로써 아동이 가진 능력의 다양성과 사회적 행위자로서 위치를 거부하기 때문에, 그리고 기술적으로는 ICT에 대한 결정론적 이해에 근거하고 있기 때문에 많은 의문점을 내포하고 있다는 논의를 진행시켜 나갈 것이다. 아동에 대한 새로운 사회적 연구와 과학 및 테크놀로지에 대한 사회학적 연구에 따라 기본적인 윤곽을 그려보면 그것은 이 책에서 제시되고 있는 우리의 이론적 관점(1

장 참조), 즉 우리가 제시하고 있는 대안적인 주제에 훨씬 더 많은 정보를 제공하고 있다. 이것은 가정환경 내에서 아동의 기술적 능력 뿐만 아니라 감성적 능력에 대한 문제를 파악하고 이해하는 것으로써 부모와 자녀들에게 나타나는 아동기와 테크놀로지에 대한 서로 다른 이해를 추구해야 할 필요성을 강조한다.

아동과 기술에 대한 모순적인 해석

아동의 ICT 활용에 대한 현대의 대중적·정책적 논의들은 '전통적'인 사고방식을 동원하는가 하면 때로는 아동기와 테크놀로지에 대한 일련의 모순적인 사고방식을 새로운 방식으로 보여주기도 한다(Buckingham, 1998 ; Bingham, 1999 ; Holloway & Valentine 2001a 참조). 또 다른 한편으로 지지자들은 자신들의 미래를 가늠할 기술을 다루는 아동의 능력에 찬사를 보내고 있다. 이러한 찬사는 아동의 과학기술을 익히는 '선천적' 능력에 대한 본질주의적 가정에 기반하며 다음과 같이 묘사되고 있다:

> 현대의 평범한 성인을 컴퓨터 스크린 앞에 앉혀놓고 그/그녀에게 검색을 해보라고 말하면 그 사람은 당신이 아주 어려운 일을 주문하고 있다는 것을 보여줄 것이다. 그러나 어린 아동, 2·3세의 어린 아동을 형형색색의 그래픽으로 가득 찬 컴퓨터 스크린 앞에 앉혀놓으면 아동은 즉시 마우

스를 손에 쥐고 탐색을 시작할 것이다.

(Kornblum 1998 : 1)

N세대 아동은 테크놀로지와 함께 태어나기 때문에 그것들을 흡수해 버린다 … 그들은 그것들을 흡수해 일상적인 것으로 만들어 버린다. 많은 아동에게 새로운 테크놀로지를 사용하는 것은 숨쉬는 것처럼 자연스러운 것이다.

(Tapscott 1998 : 40)

소위 아동의 '선천적' 학습능력의 결과로써 아동이 어른에 비해 덜 발달되어 있고, 약하고, 능력이 부족한 것으로 이해되었던 일련의 '전통적'인 권력구조는 미디어 신봉자들에 따르면 역전되어 버리고 만다.

우리가 알고 있는 일상적인 질서는 붕괴되고 말았다. 내 아내는 컴퓨터에 나오는 것을 이해할 수 없을 때 6살 난 앨리슨에게 묻곤 하는데, 아이는 대부분 알고 있다. 교사들은 학생들에게 인터넷을 배운다. 그리고 관리자들은 테크놀로지에 대해 막 졸업한 신입사원들에게 의뢰한다.

(Maney 1997 : 1-2)

이와 같은 역전현상은 실로 의미심장한 것이다. 왜냐하면 지지자들의 말에 따르면 미래의 사회는 바로 디지털 사회이기 때문이다:

디지털 시대의 아동은 아무 것도 보지 못하고 아무 것도 듣지 못하는 존재가 아니다. 사실 그들은 과거 어느 때보다 더 잘 보고 듣는다. 그들은 새로운 종류의 문화공간을 점유하고 있으며, 또한 그들은 새로운 질서를 가진 시민이며 디지털 국가의 설립자이다.

(Katz 1998 : 1)

다른 한편으로 반대자들은 아동의 그러한 ICT 활용 능력이 그들을 잠재적인 위험에 빠지게 할 것이라고 말하면서 이와 같은 지지자들의 주장들을 반대한다. 몇몇 학자들(Sardar 1995 ; Squire, 1996)은 비교적 혼란스러워 보이는 사이버 공간의 본질에는 성에 관한 노골적인 표현, 소프트코어 및 하드코어 포르노물, 민족적 · 인종적 혐오, 신나치주의 그리고 아동을 성적 대상으로 삼는 사람들(Paedophiles) 등이 존재하기 때문에 일부 도덕주의자들이 '전자 소돔시'(electronic Sod-om)라고 그 공간을 명명한다는 것에 주목할 필요가 있다. 『타임』지의 7월 3호 커버스토리를 장식한 '사이버 포르노' (Elmer-DeWitt 1995) 기사는 뉴스 그룹의 83.5%의 그림이 성적인 것을 묘사하고 있다고 보도했으며,[1] 호주 잡지인 『뉴 우먼스 위클리』(*New Woman's Weekly*)지는 '가상세계의 악몽'이라는 제목으로 같은 주제를 다루었다(Evans and

1) 이 논문이 토대를 두고 있는(Cate 1996과 McMurdo 1997을 참고) 그 보고서(http://TFRN.pgh.pa.us/guest/mrtext.html)의 방법론, 윤리 그리고 진정한 저자표시에 관하여, 그 보고서에 대한 보다 상세한 토론과 그것의 영향이 어떠한지를 위해, 제기된 관심들에 대해 부분적으로 반응한 것들을 모아 나중에 출판할 것이다.

Butkus 1997). 반면에 1996년 8월 25일에 영국의 『옵저버』(*The Observer*) 지는 아동학대에 대한 일련의 연속 기획물을 발간했다. 그 기사는 인터넷상의 아동 포르노물, 아동 섹스 여행 그리고 아동 성학대를 포함한 일련의 문제를 제기함으로써 사람들로 하여금 '아동보호'에 대한 총체적인 공황상태(a single panic)로 몰아넣어 버리고 말았다(Oswell 1998). 비록 이러한 관심들 중 몇몇은 아동이 온라인상에서 초보자이면서 동시에 위험에 빠진 자로 남아 있게 하기보다는 성행위를 보여주는 것이나 이성 모델에 대한 정보에 접근할 수 있는 방법들을 차단함으로써 아동의 '순수함'을 보호하려는 노력을 보였다(Lumby 1997). 이것들은 폭력뿐만 아니라 지식을 갖게 된다는 것에 대한 두려움이기도 한데, 이러한 지식은 아동기와 성인기의 암암리에 일탈하기 쉽고 불안정한 경계에 놓여 있는 것을 알게 된다는 것을 의미한다. 럼비(Lumby)는 다음과 같이 지적하고 있다:

> 아동과 인터넷에 관한 관심은 인터넷이라는 변화하는 세상과 가상생활의 가능성이 아동, 청소년, 성인 간의 경계를 포함하는 전통적인 사회의 위계구조를 변화시키는 방식에 대한 광범위한 문화적 불안을 지적하고 있다… 권력에 접근하는 것은 현대 사회에서 정보에 접근할 수 있느냐에 달려 있다. 아동은 일찍이 이러한 것들을 배운다. 즉 학교에서 학년이 올라간다는 것은 지위와 권력의 사다리에서 위쪽으로 이동하는 것을 의미한다. 아동은 종종 성인들이 자신들이 읽어야 할 책을 선정해 주고 자신들이 생각하기에 '너무 고루한' 게임 혹은 TV 프로그램을 시청하라고 할 때 성가심을 느끼는 것이 바로 이러한 이유이다. 그러나 새로운 미디어 형식의

> 물결은 … 정보를 여과하는 일을 점점 더 어렵게 만들고 있다. 인터넷은 인쇄매체의 단계적이고 위계적인 세계관을 잠식해 들어가는 신화를 보여준다. 정보의 증식은 사회의 골격을 분할하고 정체성을 분열시킴으로써 점차로 불안정하게 만들어 간다.
>
> (Lumby 1997 : 45)

이러한 이유에 대해 윌킨슨(Wilkinson 1995 : 21)은 다음과 같이 말하고 있다:

> 우리는 모두 우리의 아동이 새로운 종류의 위험을 양산해내는 기술과 친숙해져 있다는 사실에 직면하고 있다. 특히 만약 아동이 권력에 접근할 수 있는 도구로써, 그리고 교육의 도구로써 컴퓨터를 완벽하게 활용하고자 한다면 말이다.

반대자들이 보여준 아동과 테크놀로지에 대한 서로 상반되는 미묘한 이해는 인터넷을 규제하는 논의에 증거를 제공해 주었다. 오스웰(Oswell 1988 : 138)은 어떻게 이 두 가지 견해—서구인들의 사상 속에 뿌리 깊은 계통을 가지고 있는 '위험에 빠진 아동'과 '위험한 아동' (1장 참조) (Jenks 1996 ; Valentine 1996a)—가 이러한 논쟁들 속에 관계하고 있는지를 검토하고 있다. 첫 번째 견해는 바로 천사와 같이 착한 아동이라는 생각에 관한 것이다. 이러한 생각은 순진한 존재로서 성인들의 세상 속으로 점차 연루되어 감에 따라 점차로 타락해 가는(1장 참조) 아동에 대한 역사적으로 뿌리 깊은 이미지를 반영한다.

순진한 아동은 유약한 존재라는 관념은 호주, 영국 그리고 미국의 미디어 속에서 발달되어 온 아동과 인터넷에 관한 도덕적 공황상태에 있어 핵심적인 역할을 담당한다. 여기서 순진한 아동이라는 관념은 대화방과 인터넷을 사용하는 위험한 이방인과 아동을 성적 대상을 여기는 사람들(paedophile group)로부터 위험으로 내몰려지고 있다는 생각을 반영한다(McMurdo 1997 ; Evans and Butkus 1997). 루빈스(Rubins 1992 : 271)가 관찰한 것처럼 "성욕을 유발하고자 하는 그 어떠한 술책도 아동을 보호하자는 호소만큼 신뢰할 만한 것이 되지는 못했다." 이것은 또한 몇몇 학자들 사이에서 논쟁의 불씨를 당길 만한 근심거리이기도 하다. 일례로 듀르킨과 브란트(Durkin and Bryant 1995)는 사이버 공간은 아동을 성적 대상으로 생각하는 소아 성도착주의자들로 하여금 자신들의 환상을 채우는 것을 허락하고, 그리고 자신들의 정체성을 확인하는 데 도움을 주며, 자신들과 마음이 맞는 다른 사람들을 끌어 모은다고 주장한다. 그리고 그렇게 함으로써 또한 그들의 환상을 실현시킬 수 있는 기회를 제공하는 데 공헌한다고 주장한다. 반면 청소년들의 온라인 대화방에 몰래 들어갔던 사람들에 대한 램(Lamb)의 연구(1998)는 그러한 사이트를 뒤지는 청소년들은 10 % 미만이었고, 2/3는 성인으로서 아동처럼 가장해 사이버 섹스 환상에 빠져들곤 한다는 것을 보여준다. 이와 같은 아동과 인터넷에 대한 모순된 이해는 위기에 처해 있는 개개의 아동뿐만 아니라 아동 그 자체의 상태를 보여준다.

두 번째 것은 작은 악마(1장 참조)에 관한 사고방식이다. 수동적이고 나약한 모습으로 여겨지는 천사와 같은 착한 아동 사고방식과는 상반되는 '위험한 아동' 사고방식은 아동을 비행에 젖어 있고, 본질적으로 악하며, 통제와 규율에 의해 지배될 필요가 있는 존재로 그리고 있다(Valentine 1996a). 말썽 많은 아동이라는 관점은 아이들이 기술적 기교를 발휘해 고의로 온라인상에서 포르노물을 검색하는 행각이나 보안 데이터베이스에 침입해 해킹을 하는 것과 같은 범죄를 저지르고 있다는 일반적인 고민거리에서 확실히 나타난다. 일례로 미 정부는 "인터넷은 모든 아동에게 네트워크로 연결된 컴퓨터를 통해 전국의 성인 서점이나 비디오 가게에 성인들과 동등한 자격으로 자유롭게 드나들 수 있는 자격을 줌으로써 걱정거리를 안겨주고 있다"는 것에 주목하고 있다(Levendosky 1997, Evans and Butkus 1997에서 인용). 이러한 염려는 다음과 같은 주장을 하는 스펜더(Spender)에게서도 보여진다:

> 부모들은 아동이 펜트하우스나 플레이보이(혹은 더 심한 인쇄된 잡지조차도)를 보았는지에 대해 확인할 수 있고 어떤 TV 프로그램은 못 보게 할 수도 있지만, 그 반면에 그들은 정보 고속도로에서 '적절하게 사용할 수 있는' 어떠한 대응수단도 준비하지 못하고 있다.

비록 이와 같은 두 사례들을 통해 반대자들은 아동은 기술적으로 굉장한 능력을 가졌다는 지지자들의 견해에 찬성하는 반면, 그들은 아동이 감성적으로 미성숙하다(순진한 체하든 도덕적 통제력이 부족하든 그에 상관없이)는 오래된 사고방식을 위의 생각들과 결합시키면서 아동은 그러한 기술로 인해 사이버 공간에서 위험에 내몰리고 있다고 주장한다. 여기서 그들은 가상공간을 우리의 미래의 공간이 아닌 우리 모두의 미래를 위험으로 몰아넣을 수 있는 공간으로 그리고 있다(Holloway and Valentine 2001a).

아동은 우리의 미래인 테크놀로지를 다룰 수 있는 반면, 그들의 감성적 안전은 그들이 테크놀로지를 다룰 줄 아는 능력으로 인해 위험에 내몰리고 있다는 ICT와 아동과의 관계에 대한 이와 같은 상반된 견해는 많은 의문점을 함축하고 있다. 두 가지 견해 모두 아동의 능력은 (혹은 그 부족은) 그들의 생물학적인 특성에 기인한다는 아동기의 본질에 대한 근본적인 이해에 기반을 두고 있다(1장 참조). 예를 들면 두 견해 모두 아동은 선천적으로 테크놀로지를 다룰 수 있는 능력을 가진 것으로 (혹은 최소한 성인들이 새로운 기술을 배우는 것보다는 나은 능력을 가진 것으로) 보고 있다. 반면에 반대자들은 또한 아동의 감성적 능력이 성인보다는 못한 것으로 보고 있다. 이 책의 서두에서 우리가 논한 것처럼 그와 같은 생물학적 본질론(biological essentialism)은 아동과 ICT와의 관계에 대한 논쟁에 있어 새로운 것은 아니다. 그것은 아동에 대한 이해에 있어 계몽주의 이래로 우위를 점하고 있는 근본적인 견해이며, 지지자와 반대자 양자 모두 견지하고 있는 견해인 것이다. 아동이 가지고 있다고 생각되는 '선천적'인 자질들이 시간이 흐르고 장소가 바뀌면서 다양화되기 때문에 이와 같은 이해가 역사적·공간적으로 특수성을 가지고 있다는 것을 보여주는 연구는 '아동'이 생물학적 범주가 아니라 사회적으로 구성된 정체성이라는 점을 보여준다(Ariès, 1962 ; Jenks, 1996 ; Holloway and Valentine 2000a). 실제로 성에 관한 코넬(Connell, 1987 : 78)의 연구에 따르면 나이는 '이상하리만치 부자연스러운' 것이며, 기나긴 역사적 과정 속에서 신체에 새겨진 것에 지나지 않는다는 것이다(Holloway and Valentine 2000a).

아동의 정체성에 대한 다른 많은 본질주의적 연구들(Rutherford 1990 ; W.G.S.G. 1997)처럼 아동과 성인의 차이에 대한 구분은 아동, 예를 들면 모든 면에서 성인과 동등한 능력을 가졌다고 생각되는 아동과 기술 간의 관계, 그리고 아동과 기술 사이에 발생하는 경험이 함축적으로 동일하다는 결과를 가져온다. 아동이라는 범주는 또한 성, 인종, 계급 등과 같은 다른 사회적 차이에 의해 소멸되어 버리기 때문에 이러한 동질성은 우리가 3장에서 보았던 것처럼 실제적인 것으로 나타나는 것은 아니다. 더욱이 아동은 어른들에 의해 사회화의 압력을 통해 형성되어지기 전까지 인간이 되어가는 존재이고, 그들의 행동이 선천적인 경향성에서 비롯된다는 가정은 그들을 사회적 행위자로서 위치지우는 것을 거부한다. 오히려 1장에서 강조했던 바와 같이 우리는 아동이 자신의 사회적 삶과 그들을 둘러싸고 있는 사람들의 삶, 그리고 그들이 살고 있는 사회의 삶에 대한 이해와 결정에 있어 능동적인 존재로 받아들이고 있는 아동기에 대한 사회적 연구를 수행한 연구자들에 동의한다(Prout & James 1990 : 8).

두 번째 문제는 ICT와 아동과의 관계에 대한 이해가 기술적으로 결정론적, 즉 테크놀로지가 단적으로 긍정적으로든 부정적으로든 사회에 영향을 미치고 변화를 주는 안정적인 실체라는 것이다. 다시 1

장에서 간략하게 기술하였던 바와 같이 우리의 연구는 과학과 테크놀로지의 사회학 연구들에 영향을 받았다(Callon 1987 ; Latour 1993 ; Star 1995). 이 영역에 속한 연구자들은 컴퓨터는 일련의 예측 가능한 효과를 가진 고정불변의 실체(invariant object)가 아니라 오히려 다양한 사회적 상황 속에서 사람들을 구성요소화하는 그 어떤 무엇이며, 그럼으로써 그것은 그것들이 사용되는 맥락만큼이나 다양화된다는 것을 보여준다(Law 1994 ; Bingham 2001). 따라서 다음 절에서 우리는 아동의 ICT 능력이 구성되는 서로 다른 방식을 탐색해 봄으로써 아동과 테크놀로지가 서로 다른 세대 속에서 어떻게 융화되는지 검증해 볼 것이다. 이와 같은 방식을 통해 우리들의 경험적인 연구는 ICT와 아동과의 관계에 대한 본질적이고 기술적으로 결정론적인 '이야기들' 에 대한 비판으로부터 나오며, 이러한 논의들은 아동과 성인들에 의해 그들의 일상적인 일과를 통해 동원되고 재생산되는 방식에 대한 분석을 포함하고 있다.

역할이 역전되고 마는가? : 어른들은 멍텅구리(toast), 아동은 N세대

PC를 구입하는 많은 가정, 부모들이 기꺼이 PC를 구입하려 하고 그리고 그럴 만한 능력이 되는 가정에서의 아동의 기술적 능력은 다른 성인 가족구성원들을 능가한다. 이것에 대해 논의하면서 부모들은 일반적으로 아동이 기술을 다루는 능력을 가지고 있는 것이 선천적인 것이라는 생각에 대하여 폭넓게 공감하고 있다. 성인들이 가정하는 것과 같이 아동은 다음의 세 명의 부모들이 묘사하는 것처럼 실험적인 놀이를 통해 자동적으로 기술을 발달시키는 호기심이 많고 두려움이 없는 존재들이다:

로우 : 새로운 것이 나타나면 확실히 아동은 그것에 대해 제일 먼저 알아차립니다(스테이션 로우드).

레이톤 부인 : 아동은 자동적으로 그것들에 다가갑니다. 아동은 그것에 대한 두려움이 없나봐요(하이필즈).

베인즈 씨 : 아동은 본성적으로 (그것에 대한 두려움)을 가지고 있지 않은가 봐요. 그들은 단지 몰두해서 이리저리 실험해 보기만 할 뿐이에요(하이필즈).

그러나 성인들은 이와 같은 기능들을 공유하고 있다고 생각하지 않는다. 이것은 윌콕스(Wilcox)가 자기 아들이 컴퓨터를 다루는 데 있어 자신보다 훨씬 뛰어난 능력을 가지고 있다는 설명에서 드러난다. 그의 설명에 따르면 자기 아들은 컴퓨터를 가지고 놀면서 성장했기 때문에 컴퓨터에 대해 잘 알고 있다는 것이다. 그러나 성인인 윌콕스가 자신이 컴퓨터에 둘러싸여 시간을 보낸다 해도 그것이 반드시 아들과 같은 자동적인 능력개발로 이어질 수 없다는 점도 알고 있다:

윌콕스 씨 : 아시다시피 크리스는 아주 어렸을 때부터 컴퓨터와 함께 자랐습니다. 아마도 그것 때문에 컴퓨터와 친숙한 것 같습니다. 그러나 우리는 아직 집에 있을 때조차도 컴퓨터로부터 눈길을 돌리고 맙니다(스테이션 로우드).

이와 같이 생각하는 대부분의 부모들에게서 그들의 아동이 가지는 기술적 능숙함은 커다란 자부심의 원천이다. 그들은 하나의 추상적인 업적으로서 자신의 아동의 기능에 찬사를 보낸다. 왜냐하면 우리가 2장에서 묘사한 것과 같이 그들은 그것이 자신들 자녀의 미래에 있어서 중요한 것이라고 가정하기 때문이다. 그러면 우리는 가정을 아동이 테크놀로지적 기능을 개발함에 있어 상당히 긍정적인 일상의 실행공간으로 어떻게 자리잡을 수 있는가에 대한 생각들을 가지고 있어야 한다. 그러나 일상적인 생활에 기초해서 보면 그것은 몇몇 부모들이 자신들의 아동과 관심거리를 기꺼이 혹은 만족스럽게 공유하지 못하기 때문에 가정 내에서 컴퓨터를 사용하는 능력에 있어서의 차이, 맨리(Maney 1997)의 용어를 사용하자면 컴퓨터 활용 능력의 분열을 가져올 수 있다:

스티븐슨 부인 : 하지만 제 생각으로는 40세가 넘은 우리 같은 사람들 중에서는 컴퓨터란 단지, 우리에겐 미지의 세계라 해도 과언이 아닙니다. 그야 물론 사람에 따라 다르겠지만 … 확실히 일부 성인들과 나이든 사람들은 사무실에서 거기에서 인터넷을 합니다(집에서는 별로 사용하지 않습니다).

우리 같은 사람들 중 대다수는 컴퓨터란 분야를 정말로 잘 알지 못한다고 생각해요.

리드 부인 : 아동이 사용하는 프로그램인 Baz는 너무도 정교하게 만들어져서 당신은 그 게임에서 완전히 질 게 분명합니다.

리드 부인 : 그리고 당신은 맥이 탁 풀릴 겁니다. 그러고 나서 당신은 당장 컴퓨터 전원을 꺼버리게 되지요. 아들놈이 Baz에 대해 뭐라고 하든 간에 신경 쓰지 않습니다 … 그리고는 '잘했어, Baz' 라고 말합니다(스테이션 로우드).

찰스 스티븐슨 : 엄마는 정말 컴퓨터를 좋아하지 않습니다. 그래서 보통 저는 엄마에게 컴퓨터에 대해 이야기하지 않아요. 하지만 다른 것들은 엄마께 말씀드립니다. 엄마는 보통 엄마 앞에서 제가 컴퓨터나 그에 관련된 얘기를 하는 걸 싫어해요(하이필즈).

그러나 부모들은 자신에게 유리하게 자녀들의 기술적 능력을 사용한다. 일례로 아동에게 자신을 위해 어떤 일을 해달라고 하거나 혹은 자신의 학습에 도움을 달라고 요청을 하는 것이다. 그러나 시빌레이(Sibley 1995)가 우리에게 상기시켜 준 바와 같이 가족은 권력관계의 중심지임에도 불구하고 자신들의 자녀를 가르쳐야 하는 상황에서 그들을 가르치기보다는 오히려 그들로부터 배우는 이와 같은 '역할의 역전' 상황은 가정 내에서의 '전통적인' 권력관계에 대해 재고해 볼 것을 포함하고 있을 수도 있다.

다렌 브라운 : 아동은 … 현재 어른들보다 인터넷과 인터넷 관련 지식에 대해 훨씬 더 많이 알고 있습니다. 비록 인터넷에 떠다니는 것들의 대부분을 성

인들이 디자인했더라도 말입니다.

[조금 후에 동일한 주제로 돌아와서]

다렌 브라운 : 나는 막 아버지에게 단지 몇 가지 기본적인 걸 보여주고 있었습니다.—백과사전과 같은 걸 보여주었고, 원하는 것 찾기 같은 것을 사람들이 기본적으로 어떻게 사용하는지를 보여주었습니다. 그리고 내가 가지고 있는 몇 종류의 스크린 세이버를 보여주었습니다.—아버지는 거기에 꽤 감동받으신 것 같았습니다.

[편집]

면접자: 그러한 것들을 안다는 것에 대해 어떤 느낌이 드니? 다시 말해 네가 분명히 너의 아버지보다 컴퓨터에 대해 훨씬 더 많이 알고 있다는 것에 대해 너는 어떻게 생각하니?

[편집]

다렌 브라운 : 음, 이제 조금 내가 나이가 더 먹었구나, 더 노련해지는구나, 내가 어른이 되었구나라는 생각이 듭니다(웨스트포트).

몇몇 아동은 지식을 가진 자로서의 권력자의 위치를 명백하게 즐기며, 이것으로 자신들의 부모들을 애태우게 하는 데 사용한다. 특히 이와 같은 현상은 자녀들의 도움이 필요하다는 것을 용인할 수 없는 부모들에게서 발생하는 사례이다. 라첼과 헬렌 오츠(Rachel and Helen Oats) 자매는 아버지와의 갈등을 다음과 같이 묘사하고 있다:

라첼 오츠 : 물론 아버지는 우리에게 도움을 요청하지 않습니다. 종종 엄청나게 충격적인 공격(a big panic attack)을 받고 엄청난 스트레스를 느끼고서야 '아, 정말 못하겠다. 멍청한 컴퓨터 같으니라구! 이 컴퓨터 정말 너희들처

럼 멍청하구나' 라고 말씀하십니다. 그러고 나서 '에잇, 꺼버려' 라고 말씀하십니다. 만사가 다 그래요. 아버지는 비록 당신이 할 수 없으실지라도 곧장 우리에게 도움을 청하시지도 않으십니다. 알고 계시듯이 아버지란 모두….

헬렌 오츠 : 아버지는 계속 거기에 앉아 계십니다….

라첼 오츠 : 아버지는 더 이상 컴퓨터로 일을 진전시키지 못할 지경에 이를 때까지 계속 하십니다. 그리고 나서 '좀 도와주렴' 이라고 말씀하시고, 우리는 '뭐라구요?' 라고 하죠. 그러면 아버지는 '도와줘' 하시죠. '뭐라고 말씀하신거죠?' [웃음] 하고 아버지가 죄책감을 느끼게 하고 기분 나쁘게 하죠. 그러면 아버지는 곧 다시 ….

헬렌 오츠 : 그리고 나서 아버지는 '제발 도와줘!' 라고 말씀하십니다.

라첼 오츠 : '난 도움이 필요해, 제발 도와줘.'

헬렌 오츠 : 그러면 우리는 '그래요, 이걸 누르면' … 그러면 아버지는 '나도 알고 있었다. 네가 아는지 시험해 봤을 뿐이야' 라고 말하죠. 그러면 저는 '네에, 그러시겠죠' 라고 (믿지 못하는 말투로) 말하죠(하이필즈).

파페르트(Papert 1997)는 이와 같은 사고방식에 대해 주의를 주려고 노력하고 있으며, 확실히 다른 아동은 프란체스카 레이톤(Francesca Leighton)이 말하는 것과 같이 이런 상황에 처하게 될 때 더 동정적이고 더 조심스럽게 부모를 돕기 위해 자신들의 능력을 드러내지 않으려 한다:

프란체스카 레이톤 : 비밀리에 해야만 해요. 그렇게 하면 어떻게 되는지 알고 있을 때조차도 '아니, 그렇게 하면 어떻게 되지요?' 라고 마치 모르는 체하

며 말해야 하죠(하이필즈).

몇몇 사례들에서 부모들은 단순히 일상적인 사용에서 발생하는 문젯거리들을 해결하는 것보다는 자신들에게 새로운 응용기술을 가르쳐 달라고 하는 것과 같이 자녀들로부터 좀더 체계적인 도움을 받고 싶어한다. 이런 식으로 아동은 자신들의 부모에게 직장에서 변화하는 요구에 부응하도록 돕고, 그렇게 함으로써 전반적인 가정의 사회적·경제적 위치를 개선하는 데 도움을 준다. 비록 몇몇 가정에서 아버지가 아동의 기술적 기능으로부터 많은 혜택을 받는다고 할지라도 이와 같은 도움은 아버지보다는 어머니 쪽에 더 주어진다. 스테이션 로우드(Station Road) 학교에 다니는 앤서니 하비(Anthony Harvey)는 아버지에게 아버지 자신의 직업을 위해 알아둘 필요가 있는 워드프로세서, 컴퓨터 출판, 스프레드시트 등의 사용법을 가르쳐 드렸다.

하비 씨(MR HARVEY) : 나는 지방의회에서 일했었습니다. 그러나 우리는 계약이 만료되어서 현재는 CTD라는 회사에서 일합니다. 컴퓨터는 우리에게 상당히 중요합니다. 그러나 우리가 실제로 지방의회에서 받은 교육은 형편없는 것이었습니다. 그래서 앤서니(Anthony)는 내가 알고 싶은 것을 나에게 가르칠 수 있게 컴퓨터를 배우는 데 많은 시간을 들였습니다. 그러나 몇몇 응용 프로그램은 내 일에 어떻게 사용되는지 그는 알지 못했습니다. 그러나 기본적으로 컴퓨터로 할 수 있는 작업에 대해서는 나를 가르칠 수 있었습니다. 그리고 매주 그에게 아주 많은 컴퓨터 교육을 받기로 되어 있습니다(스테이션 로우드).

이와 같은 경우는 양측 모두에게 이득이 될 수도 그리고 손해가 될 수도 있다. 아동은 종종 자신들의 부모들이 무엇인가를 익히는 데 너무 느리다고 화를 낸다. 그러나 이것은 그들이 부모에게 행사하는 힘으로 인한 우월함과 그것을 즐기려는 감정이 혼합되어 있음을 의미하는 것이다. 하비(Anthony Harvey)는 다음과 같이 말하고 있다 :

앤서니 하비 : 사실 난 어른들보다 훨씬 더 많이 알고 있다는 것을 자랑하려는 마음이 있습니다. 왜냐하면 … 음, 글쎄요 때때로, 잘은 모르지만 … 그냥 … 아시다시피 어른들이 어떤 도움을 필요로 하면 나에게 와서 물어보기 때문에 으쓱해져서 제가 아는 것을 과시하고 싶어서 그런 것 같습니다(스테이션 로우드).

부모들은 때때로 자신의 자녀들이 컴퓨터를 다루는 기능을 잘 가르쳐 주지 않는다고 불평하는 한편, 시행착오를 통한 학습과정이 학습에 필요한 개요와 인내심을 배우는 데 도움이 되지 않는다고 느끼지만 그럼에도 불구하고 일반적으로 자녀들의 도움에 감사하게 생각한다. 이러한 현상은 컴퓨터를 다루는 기능 수준이 향상되는 경험을 할 때나 편지를 타이핑해 올리고 웹에서 정보를 찾는 것과 같은 일을 자녀들이 대신 해주었을 때 모두 그러하다. 뉴턴 부인(Mrs Newton)에게 있어서 그녀의 아이가 주는 도움은 그들의 능력이 향상되고 있으며, 능숙해지고 있다는 증거이기도 하다 :

뉴턴 부인 : 아동이 어른들로부터 받았던 걸 곧 되돌려 줄 수 있다는 사실을 저

는 잘 알고 있습니다. 물론, 아동은 태어났을 때에는 혼자서 아무 것도 할 수 없었죠. 어른들이 아동을 잘 가르치면 마찬가지로 아동도 커서 어른들을 잘 가르칠 수 있다는 겁니다(하이필즈).

이와 비슷하게 자신의 아들에게 기술적인 조언을 얻고 있는 아크람(Akram)은 자신과 아들의 관계가 변화하고 있는 것을 알고 있다. 그는 마치 '야전사령관'이 자신의 부하에게 명령을 내리는 것처럼 다른 아버지들이 문젯거리에 대해 자녀들에게 명령을 내리는 것과 같은 방식으로 자신의 아들에게 명령을 내릴 수 없음을 보여주고 있다. 왜냐하면 자신의 아들은 그렇게 한다면 자신이 의존하고 기술적인 조언을 거부할 것이 틀림없기 때문이다. 그 대신 그는 서로 간에 미묘한 입장 차이가 생기면 협상을 함으로써 그것을 자신의 아들과 좋은 관계를 유지하기 위한 기회로서 생각하고 있다. 이 상황에서 우리는 그가 아버지로서 당연히 자식들보다 더 많이 알고 자식을 통제하는 위치에 있다고 생각하는 성인의 관점에 있기보다는 오히려 상호 간의 존중을 더 선호한다는 것을 예상할 수 있다:

아크람 씨 : 당신들은 서로서로 좋은 관계를 유지하고 있습니다. 그건 아버지와 아들의 관계가 아니라 친구와 친구의 관계이며, 그런 현상은 일이 잘 진행되어 나가는 데 꼭 필요한 겁니다. [편집] 하지만 전 저보다 어린 사람에게 가르침을 받는 걸 꺼려하지 않습니다. 왜냐하면 그 부분에 대해서는 아무리 나이가 어린 사람이라 하더라도 존경받을 가치가 있기 때문입니다

(하이필즈).

그럼에도 불구하고 비록 많은 아동이 자신의 부모들보다 컴퓨터를 다루는 기술적 능력이 뛰어나다고 할지라도 이것은 일반적인 사례는 아니며, 어른들은 '멍텅구리' (toast)이고 아동은 'N세대' 라는 소문과는 다소간 차이가 있다(Maney 1997 : 1). 몇몇 가족에서 볼 수 있듯이 부모와 자녀들의 능력은 서로 다른 영역에 속해 있으며, 가족 간의 긍정적인 학습 분위기에 대한 권고를 상기시키는 파페르트(Papert 1997)의 말은 지식을 공유할 수 있다고 하는 가능성의 여지를 열어둔다:

굴드 씨 : 데이비드는 제게 인터넷에서 원하는 것들을 어떻게 잘라내고 오려붙이는지를 가르쳐 주고 있는 중이었습니다. 전 그에게 표를 하나의 그래프로, 그리고 여러 다른 종류의 그래프로 바꾸는 방법을 보여줍니다(하이필즈).

이와 마찬가지로 몇몇 아동은 자신의 부모들이 이제는 반대로 자신들에게 도움을 줄 수 있을 정도까지 자신의 부모들의 컴퓨터를 다루는 기능을 개발하는 데 일조한다 :

루시 토마스 : 아버지가 필요하실 때 전 아버지를 도와드립니다. 아버지는 말씀하십니다 … '컴퓨터에서 이걸 어떻게 가져올 수 있니?' —아버지가 '컴퓨터에서 이걸 어떻게 가져올 수 있니?' 라고 제게 묻는 건 … 너무 웃

> 겨요 … '난 이걸 좀 다운받고 싶은데 …' 라고 말씀하시면 전 주로 그 부분에서 아버지를 도와드립니다. (그녀가 잠시 후 계속 말한다.) 하지만 지금은 훨씬 나아지셔서 전 아버지께 그렇게 많은 걸 보여드릴 필요가 없어졌습니다 … 그리고 가끔씩 아버지가 저에게 이것저것 보여주셔야 할 때는 기분이 나빠지기도 해요. 이런 느낌이죠 뭐. 제가 아버지보다 훨씬 더 이걸 오랫동안 해왔다구요!' 아버지도 그걸 아시고 많은 것을 공부하셔서 지금은 꽤 컴퓨터를 잘 다루십니다(웨스트포트).

다른 사례에서 부모들의 컴퓨터를 다루는 능력은 자녀들의 능력을 훨씬 넘어서며, 이것은 특히 ICT 활용과 관련된 직업을 가진 부모들에게서 그러하다. 영국에서 높은 수준의 ICT 활용 기능에 대한 금전적인 보상이 주어진다면 이러한 가정은 모두 중산층이다. 부모들은 자신의 자녀들이 기술적인 능력을 개발하기를 바라며, 그렇게 함으로써 비록 그들이 ICT와 관련된 일에 열중하기를 원하지 않을지라도 미래의 업무도구로서 컴퓨터를 사용할 수 있을 것이다. 이것 때문에 부모들은 자녀들에게 가정에 ICT와 관련된 것들을 구입한다(가정문화에서 ICT를 구입하는 것의 중요성에 대한 언급에 대해서는 2장 참조). 일례로 로빈슨은 자신이 ICT 개발에 있어서 첨단 영역(bleeding edge)에서 일하고 있다고 말하면서 자신의 아동에게 컴퓨터를 다루는 기능을 개발할 것을 장려하고 있다고 한다. 그는 자녀들이 학교에 들어가기 이전부터 컴퓨터를 사주고, 교육용 게임을 구입했으며, 필요할 때 기술적 지원을 지속적으로 받는다고 하였다. 그의 이러한 노력은 가정에서 뿐만 아니라 학교에서 그의 딸과 테크놀로지와의 관계를 형성하는 데 중요한 역할을 하였다. 우리가 3장에서 보았듯이 로빈슨의 뛰어난 기술적 능력은 컴퓨터는 단순히 남자 아이의 놀이 도구라는 많은 친구들의 생각에 대한 도전에서 비롯되었다. 그렇게 함으로써 로빈슨 씨는 자신의 아이를 북돋워 경제적으로 가치 있는 기능들을 개발하게끔 하였고, 그렇게 함으로써 미래 중산층의 일원으로서 재생산되게 하였다(Holloway and Valentine 2001a ; 2장 참조).

신뢰와 말썽꾸러기들 : 아동의 감성적 능력에 대한 의문들

그러나 아동이 가정공동체의 기술적인 기능에 적응하는 데는 해결점이 있다. 아동의 감성적 능력과 유약함에 대한 문제는 부모들에게 중요한 것이며, 타락으로 빠져들거나 타인에 대한 비방과 같은 '위험요소들'을 다룰 수 있는 능력은 우리가 이미 다루었듯이(1장 참조) 때로는 아동의 ICT 활용과 연관되어 있다.

고도의 컴퓨터를 다루는 능력을 겸비한 부모들은 자녀들의 ICT 활용에 대해 어떠한 문제도 겪지 않는다. 위에서 논의했듯이 로빈슨(Robinson) 씨는 아마도 테크놀로지의 활용이 아동에게 새로운 위험을 가져다 줄 것이라는 생각과 마주할 때면 아주 소리 높여 반대할 것이다. 그의 주장은 테크놀로지는 낯선 그 어떤 것이라기보다는 평범한 것이라는 생각에 기반하고 있다. 그는 온라인 공간이 가정을 오염시키는 위험한 이방인과 음란물에 다가갈 수 있는 창구를 제공함으로써 하나의 위험요소로 가득 찬 새로운 영역이라고 생각하기보다는 온라인과 오프라인 공간이 동일한 의미를 가지고 있다고 생각한다. 일례로 그는 자신의 아동이 지방 신문판매업자들에게 인쇄된 음란물을 구입할 수 있는 것만큼이나 인터넷에서 그것들을 다운로드 받을 수 있다는 것을 알고 있다. 그는 또한 아동이 온라인 공간에서 시간을 보냄에 따라 '현실'세계로부터 격리되게 되고, 그들을 좀비로 만들어 버린다는 두려움에 대해 거부감을 드러낸다. 그의 사고방식에 따르면 온라인 공간에서의 위험에 대한 두려움은 미디어의 과대광고 때문이다:

로빈슨 씨 : 세상에는 평생 동안 컴퓨터와 함께 일하고 생활하는 사람들이 있습니다. 그렇다고 그들이 좀비와 같은 존재는 아닙니다. 그런 사람들은 당신과 온전히 대화를 할 능력도 가지고 있습니다. 그런 사람들의 입장이란 (컴퓨터가 아동을 괴롭히는 커다란 위협이라고 생각하는) … 음탕한 언론이라 지칭하는 3류 쓰레기 잡지(gutter press)로부터 나온 겁니다 … 그렇지 않습니까? 그런 발상은 전형적인 타블로이드 신문인 《선》(*Sun*)지에서 유래했습니다 … 《선》지란 선정적이고 충격적인 내용을 입수하려는 온라인 소비자를 찾고 있는 대중적인 이야기로 유명한 타블로이드 신문을 가리킵니다(하이필즈).

다른 부모들은 아동의 인터넷 사용에 대해 깊이 생각하지 않은 채 간단히 거부하지 못하는 실정이며, 온라인 공간의 위험을 받아들이고 있다. 그러나 그들은 아동이 총체적으로 위험에 빠져 있다는 것을 인정하면서도 자신의 자녀들이 온라인 공간에서 마주하게 되는 것들을 다룰 수 있는 감성적인 능력을 겸비하고 있기 때문에 위험하지 않을 것이라고 주장한다. 하지만 음란물에 대해서는 이와 같은 아동의 능력에 대한 이해는 두 가지로 나타난다(Holloway and Valentine 2001a). 한편으로 몇몇 부모들은 자신의 아동이 성숙하고 감성적인 역량을 갖추고 있기 때문에 음란물에 다가가기를 원하지 않거나 혹은 적절하지 못한 것들에 접근할 수 있는 기회를 갖고자 하지 않을 것이라고 생각한다. 일례로 컴퓨터를 잘 다루지 못하는 스티븐슨(Stevenson) 부인은 자신의 아들이 부모들을 실망시키지 않기 위해 음란물에 접근하지 않을 것이라고 확신하고 있다. 이 사례에서 아들에 대한 그녀의 믿음은 충분히 근거가 있었다. 왜냐하면 개별적인 인터뷰에서 그는 자신이 방문한 대화방에서 음란물을 제공하겠다는 사람의 컴퓨터를 어떻게 '초토화시켰는지' 에 대해 이야기했기 때문이다. 스티븐슨 부인의 방법은 또한 잭슨 부인과 비슷하다. 그녀의 딸인 테레사(Teresa)의 말을 확인한 바에 따르면 이러한 신뢰는 그녀가 자신의 부모에 대해 가지고 있는 상당한 정도의 존경심 때문이며, 또 그녀가 성인으로서 자신의 위치에 대해 인정하고 있다는 것에 기인한다.

잭슨 부인 : 우리가 너를 대하는 방법에는 두 가지가 있단다. 우리가 너에게 충분한 책임을 넘겨주면 너는 우리에게 그만큼의 책임을 다할 수 있다는 신뢰감을 심어줘야 해. 네가 우리에게 바라는 것이 있다면 뭘 원하는지 잘 생각해 본 다음에 우리에게 알려다오. 그러면 너는 우리가 널 위해 만들어 놓

은 범위 내에서 행동하게 되는거야(웨스트포트).

테레사 잭슨 : 나는 부모님들께서 만들어 놓은 많은 규칙들을 압니다. 나는 그것을 감히 어기고 싶지 않습니다. 난 우리 부모님을 많이 존경하고, 부모님은 내가 사이버 공간에 접속하는 것을 허락하십니다. 그리고 나는 일정한 시간이 되면 사이버 공간에서 빠져나옵니다. 즉 그 시간이면 나는 어김없이 사이버 공간에서 현실로 돌아왔습니다. [편집] 나는 새 아버지인 마이크(Mike)를 사랑하고 많이 존경합니다. 그리고 나는 엄마를 사랑하고 또 존경합니다. 나는 그 두 분이 나보다 더 현명하고 이 땅에서 더 오래 사셨다는 것을 압니다. 나는 그저 그분들을 아주 많이 존경합니다. 부모님 등 뒤에서 인터넷 채팅을 하며 부모님이 정해주신 규율을 어기는 그런 아동의 행동은 옳지 않다고 생각합니다. 제가 규율을 어긴다면 큰 위험에 처할 것이고, 제가 규율을 지킨다면 존중받을 거란 걸 알고 있습니다(웨스트포트).

다른 한편으로 몇몇 부모들은 자신의 자녀들이 온라인 공간상에서 적절하지 못한 자료들과 마주칠 수 있지만 자신의 자녀들이 찾아낸 적절치 못한 것들을 극복할 수 있는 감성적 능력을 가지고 있으며, 어떠한 심각한 문젯거리에 말려들지 않을 만큼의 지각을 갖추고 있을 것이라고 생각한다. 실제로 남자 청소년들에게는 그러한 것들은 조그마한 실험에 불과하며, '자연스러운 것'이라는 생각까지도 한다. 타이미 씨는 이렇게 설명한다.

타이미 씨 : 내 생각에 우리 아이는 아주 정직합니다. 그래서 우리는 그들을 감

시하지 않습니다. 우리는 우리 아이를 믿습니다. 우리는 히스토리 폴더(들렀던 사이트를 모두 기록한 컴퓨터 파일)에 들어가 그들이 온라인상에서 어디를 들렀는가를 확인합니다. 우리는 아동이 원하기만 한다면 그 기록들을 지울 수 있을 만큼 영리하다는 것을 알고 있습니다. 그러나 그렇다 하더라도 그것이 신뢰 아니겠습니까? 내 생각에 최악의 사태는 앤디(Andy)와 그의 친구가 파멜라 앤더슨(미국의 플레이보이지 모델)의 그림 몇 장을 다운로드 받았을 때 일어났어요. 그것이 겨우 13살짜리 아이가 한 일입니다. 우리 모두는 그 광경을 지켜보았습니다.

[편집]

면담자 : 그건 신뢰의 문제 이상의 것이라고 생각합니다.

타이미 씨 : 맞습니다. 솔직히 우리 아동의 감정이 꽤 예민하다는 것은 어떻게 보면 행운이라고 생각합니다. 로나(Lorna)는 지금 그런 것들을 알 나이고, 거기에 대해 너무 많이 고민하지 않을 정도로 충분히 성숙했다고 봅니다. 제가 바라는 것은 아동에게 우리 모두가 할 수 있는 것은 … 좀 솔직해집시다 … 당신 자식을 당신이 원하는 대로 많은 걸 배우게 할 수는 있습니다. 하지만 그것은 단지 당신의 자식이 부모가 원하는 사람으로 되기를 희망한다는 것뿐입니다(웨스트포트).

몇몇 부모들에게 있어서 이와 같은 신뢰감은 온라인 공간이 오프라인 공간에 비해 덜 '현실적'이라는 생각으로 인해 조장된다. 스티븐슨 부부가 아래에서 설명한 바와 같이 이것은 자신들의 아들 찰스가 그에게 말을 걸어오는 낯선 이방인으로부터 떨어져 있기("그 낯선 이방인은 집 안에 없다") 때문이며, 영혼이 제거된 사회적 관계는 면대면의 만남보다는 다소간 실제적이지 않기("그들은 진짜 사람이 아니다") 때문이다. 그들은 또한 폭력과 같은 물리적 행동, 즉 신체와 신체 사이에서 이루어지는 그 어떤 것을 상징적으로 행사할 뿐(기계상에서는 물리적인 행동은 존재하지 않는다) 오히려 그것은 마음과 마음 간에 이루어지는 감성적인 행위에 가깝다.

스티븐슨 부인 : 아직까지 (우리 아이가 낯선 사람과 이메일로 혹은 채팅으로 대화하는 것을) 경험하지 못했습니다. 물론 말썽은 아직 없습니다. 한밤중에 누군가가 전화선상으로 연결되어 있다고 가정해 봅시다. 그렇다고 그 사람이 당신의 집 안에 있는 것도 아니고, 당신의 사생활을 침해하지도 않습니다. 물론 기계상으로는 아무런 육체적인 접촉도 없습니다. 결국 그것에 대한 어떠한 문제도 없습니다.

스티븐슨 씨 : 그런 문제들이 곧잘 발생한다는 얘기를 들을 때도 나는 그들이 실제 사람이 아니기 때문에 그것에 대해서 문제될 게 없다고 생각합니다. 그것은 단지 대화일 뿐입니다. 마치 학교에서 하는 것과 똑같은 대화입니다. [편집, 조금 후에 계속] 즉 찰스는 충분히 성숙했습니다. 만약 어떤 문제가 발생해 그를 옳지 못한 방향으로 이끌어 간다면, 그리고 그와 같은 사람을 실제로 만났다고 한다면 그 아이는 우리에게 말을 할 것입니다.

스티븐슨 부인 : 그렇습니다. 지방 신문의 광고나 '애인구함' 광고 따위에 반응하는 게 오히려 위험하겠죠(하이필즈).

실제로 인터넷에 연결된 PC는 하나의 도구로서 '순진한 아동'을 보호할 수 있으며, '위험한 아동'을 바깥의 공적인 장소에 존재하는 해로운 잠재적 근원요소들로부터 보호할 수 있다. 실내의 컴퓨터 스크린 앞에 아동을 붙잡아 둠으로써 컴퓨터는 실체화된 악의적인 행위로부터 연약한 아동을 보호하며, 덜 성숙하고 신뢰감이 부족한 아동을 인터넷상의 유혹에서 벗어나 길거리에서 벌어지는 시비에 말려드는 유혹에서 벗어나게 한다는 것을 의미한다. (5장에서 온라인과 오프라인 공간의 관계와 실내와 실외의 관계에 대한 문제로 돌아가 논의를 전개할 것이다.) 레이크 양은 집안에서의 PC 사용이 자신의 아들을 말썽거리들로부터 보호하는 역할을 한다고 설명한다.

레이크 : 한편으로, 아동은 집에서 PC를 사용하고 있고, 길거리가 아니라 집 안에 머물러 있다고 봅니다. 그들은 길거리에 없을 뿐만 아니라, 길거리에서 말썽을 부리지도 않습니다. 경찰이 우리 집 앞에 와서 '당신네 아들이 이런저런 일을 저질렀어요' 라고 한 적은 한 번도 없었습니다. 만약 아이가 집 안에서 컴퓨터를 하고 있다면 괜찮은 겁니다. 나는 그리 걱정하지 않습니다(웨스트포트).

레이크 양이 제언한 바와 같이 모든 부모들이 앞서 소개했던 스티븐슨 부인과 타이미 씨가 누리는 것처럼 자신의 자녀들을 신뢰하는 능력을 가진 것은 아니다. 그러나 레이크 양이 오프라인 공간에서보다 온라인 공간에서의 활동이 덜 위험하다고 생각하는 반면, 다른 부모들은 자신들의 자녀들에 대한 신뢰감 부족으로 인해 오프라인 공간에서부터 온라인 공간에 이르기까지 자녀들에 대한 염려로 가득 차 있다:

팀 심프킨 : 지금 아버지는 저를 약간 믿지 못하는 것 같아요. 제가 8살 때 법률

적인 문제로 좀 고생을 했거든요.

면담자 : 그래요, 어떤 종류의 문제였나요?

팀 심프킨 : 나는 물건을 훔치다 체포되었습니다. 그리고 나서 아버지는 나를 전적으로 믿지 못했습니다. 약 1년 동안 저를 외출하지 못하게 하셨습니다. 그리고 아버지는 여전히 내가 그런 일을 할까봐 세심한 주의를 기울이십니다(스테이션 로우드).

자신의 자녀들이 온라인 공간에서 무엇을 해야 하는지 혹은 무엇과 조우하는지에 대해 근심에 쌓여 있는 몇몇 부모들은 자신들의 ICT 기능의 부족함을 한탄하고 있으며, 프라이스(Price) 씨의 말을 빌리면 이것은 곧 그들이 자녀들이 어디를 가는지 혹은 거기서 무엇을 하고 나왔는지에 대해 전혀 모르고 있음을 의미한다. 이런 부류의 근심은 한참 떠오르고 있는 미디어에서 명백하게 가장 잘 드러난다. 부모들은 인터넷에 대한 기술적인 지식을 거의 갖지 못한 채 인터넷은 그들에게 통제를 벗어난 잠재적으로 위험요소를 많이 가지고 있는 기술로서 그 모습을 드러낸다.

잭슨 부인 : 당신은 컴퓨터에 가서 전원을 끌 수도 있고(TV처럼) 방에서 TV를 거실로 옮길 수도 있습니다. 혹은 항상 내 손길이 미치는 곳에 컴퓨터를 둘 수도 있습니다. 내가 걱정하고 있는 것은 그들이 사용할 수 없는 인터넷에 대한 당신의 통제권이 약해질 수도 있다는 것입니다. 아마도 통제하기 더욱 힘들어질 것입니다(웨스트포트).

로우 씨 : 당신은 미국에서 일어난 사건들을 기억하실 겁니다. 그들이 누군가

를 만나러 갔는데 … 결국은 한 어리석은 놈의 소행이었다는 겁니다. 범인은 어린 아동임이 판명되었습니다. (만약 내 아이가 누군가를 만나러 갔더라도) … 당신은 몰랐을 겁니다(스테이션 로우드).

아크람 씨 : 요즘 아동은 세상물정에 아주 밝습니다. 그리고 그들은 성인용 사이트에 접속하는 프로그램에 쉽게 접근할 수 있습니다. Sohail이 얘기했듯이, 그는 그 인터넷 사이트에 가입하고 싶어했고, 간단한 조회절차만 거치면 비용도 많이 들지 않는다고 해도 … 전 조금 망설여지더라구요. 하지만 걱정되는 것은 그에게 노출될 지금 시기에는 좀 위해하다고 생각되는 정보의 양입니다(하이필즈).

잭슨 부인, 로우 씨 그리고 아크람 씨의 사례에서 그들이 가진 근심거리는 인터넷을 없애버려야겠다고 결심하기에 충분하다. 부모들은 단지 온라인 공간에 가는 것을 거부하기만 하면 자신의 자녀들을 가정을 침입해 들어오는 일련의 새로운 위험들로부터 보호할 수 있다고 생각한다. 즉 폭넓은 사회적 담론을 제안하는 이 공간은 아동을 보호할 안전장치를 가지고 있어야만 하며, 바깥세상의 위험으로부터 아동을 보호해야만 한다(Holloway and Valentine 2000a ; Valentine and Holloway 2001a). 파페르트(Papert 1997 : 7)는 이러한 부류의 사람들은 디지털 시대에 자녀들이 어떻게 성장하는가를 설명해 주는 입문서인 『컴퓨터 세대를 위한 스포케(Spoke) 박사의 조언』(*Dr. Spoke for the computer generation*)이 필요하다(〈그림 4.1〉 참조). 이것은 영국 정부에게도 필요한 것이며, 그리고 그것은 ICT 기능 개발을 열렬히 장려하고 부모

〈그림 4.1〉 디지털 시대의 부모들은 자녀들을 잘 키우는 방법에 대한 가이드라인을 필요로 한다.
(*Sheffield Teletraph*지의 허가를 받은 그림)

들을 위한 새로운 지침을 만들어냄으로써 그 본질에 도달하려 한다.

부모들은 이 기술적인 기능에 대한 혜택을 논할 때 온라인 공간에서의 잠재적인 위험이나 혹은 예상되는 위험을 다룰 수 있는 아동의 감성적인 능력에 대해 일치된 견해를 가지고 있지 않다는 것은 이 부분에서 논의되었던 그들의 태도나 행동 측면에서 볼 때 명백해진다. 몇몇 부모들에게 인터넷에 연결된 PC는 위험으로 다가가는 잠재적인 창구로서 부각된다. 다른 일부의 부모들은 자녀들이 어떠한 잠재적인 위험들도 다룰 수 있는 감성적 능력을 가지고 있다고 확신한다. 또 다른 일부의 부모들은 여전히 온라인 환경과 오프라인 환경을 2분법적으로 구분하지 않으며, 앞선 논의들을 전적으로 거부한다. 우리의 연구에서 부모들에게 ICT가 그 정체를 드러내는 양상의 다양성은 몇몇 부모들이 아동을 착한 천사(아폴로적 사고방식)나 혹은 작은 악마(디오니소스적 사고방식)라는 2분법적 사고로 이해하는 것을 인정하는 반면, 다른 부모들은 그러한 생각을 거부한다는 것을 강조했다. 인터넷에 연결된 PC는 가족 내에서 아동에게 반드시 영향을 미치지는 않는다는 것을 보여주었다. 오히려 ICT의 의미는 명백히 다른 가족형태나 교육이 이루어지는 일상생활의 공동체 속에서 아동, 부모 그리고 테크놀로지가 결합된 것으로 이해된다(5장 참조). 명백하게 우리가 제시한 다양한 사례들에서 본 것과 같이 아동의 기술적 능력에 대한 부모들의 이해가 가족 내에서 사회적 관계를 형성할 수 있으며(특히 아동-성인의 관계나 활동영역), 아동의 사회적 능력은 또한 그와 같은 방식으로 형성되며 그리고 그것은 그들의 기술적 능력 개발이 어느 정도까지 허용되느냐에 따라 좌우된다. 다시 말해 사회적 기술적 능력은 동시에 개발되는 것이다. 우리는 다음 논의에서 아동의 온라인 활동을 통제하거나 제한하는 부모들의 시도들을 탐색해 봄으로써 이 점을 강조할 것이다.

온라인상의 시·공간적 경계에 관한 협상

시간적 규제는 오프라인상의 공공장소에서 일부 부모가 아동의 놀이를 제한하는 하나의 수단이 된다(Christensen *et al.* 2000). ICT를 잠재적 위험원으로 여기는 부모나 ICT를 실외 공공장소의 위험과 유혹으로부터 보호해 주는 수단으로 생각하는 부모 양쪽 다 아동의 실제 활동을 조절하는 데 유사한 방법을 사용한다. 이것은 아동이 사이버 공간에서 어디에 있는지 알아야 한다고 말함으로써, 그리고 또 컴퓨터가 꺼져 있어야 할 시간을 정함으로써 아동이 온라인상에 있거나 컴퓨터를 사용하도록 허락되는 시간에 제한을 가하는 형태를 띤다. 이러한 시간-공간상의 경계는 가정에서의 지리적인 감시망(domestic geographies of surveillance)에 의해 보충된다. 여기에서 가정에서의 지리적 감시망이란 아동이 실외의 공간을 독립적으로 이용하는 것을 조절하기 위해 부모들이 사용하는 몇몇 전략과 두드러진 유사성을 가지고 있다. 예를 들면 일부 가정에서는 아동의 인터넷 사용에 대해 푸코적인 시선†을 유지할 수 있도록 고의로 특정한 방에 컴퓨터를 설치한다(5장에서 다시 검토할 주제). 일부 부모들은 자신의 자녀들이 방문하는 인터넷 사이트를 직접 감시하기까지 한다. 이와 같은 감시 전술의 범위는 다음 말들에서 잘 보여진다:

다렌 브라운 : 아빠는 세상에서 가장 엄하신 분은 아닙니다. 하지만 아빠는 제가 따라야 할 규칙들을 만들어 세우고 또 지키도록 노력하시죠.

면담자 : 그런 일이 어떻게 일어나는지 나에게 예를 한 번 들어줄 수 있나요?

† 역자 주-푸코가 말하는 팬옵티콘(panopticon), 즉 원형감옥과 같이 끊임없이 감시하는 것을 의미하는 것이다.

다렌 브라운 : 글쎄요, 저는 항상 밤에는 두 시간 이상 컴퓨터를 할 수 없도록 되어 있어요. 전 아빠가 말씀하신 것을 지키죠(웨스트포트).

찰스 스티븐슨 : 평일에 제가 10시 이후에 TV를 본다든지 컴퓨터 게임 따위를 하는 건 금지되어 있어요. 하지만 주말에는 부모님이 그렇게 많이 간섭을 하시진 않죠. 그렇지만 만약 제가 10시 이후에 여전히 그런 일들을 하고 있다면 부모님은 '지금 당장 하는 걸 멈춰' 라고 말씀하실 거예요. 10시 이후에 컴퓨터 사용에 대한 규칙입니다(하이필즈).

마르틴 존스 : 예, 때때로 아빠는 그럴 때도 있고 안 그럴 때도 있지만 만약 제가 '웹페이지를 방문할 거예요' 라고 말씀드리면 아빠께선 괜찮다고 하십니다. 그리고 저는 아빠께 제가 처음으로 대화방에 들어가는 걸 보여드리고, 그리고 나서 아빠는 금방 나가시죠. 하지만 거의 대부분의 시간에 아버지가 거기에 앉아 계시는데, 그러면 저도 일어나서 자리를 비켜드리고, 아빠께서도 컴퓨터를 한번 하십니다. 저 또한 그냥 아빠께서 컴퓨터 하시는 걸 지켜보죠(웨스트포트).

사이버 공간에서 아동의 활동을 조절하려는 부모의 시·공간적인 전술들은 부모가 공공장소에서 채택하는 실제적인 기술(practice)과 약간의 유사성을 가지기도 하지만, ICT가 구체적인 가정과 부모-아동 간의 관계라는 맥락에서 드러나는 방식 때문에 다소 차이점이 있기도 하다. 주목할 만한 사실은 테크놀로지 자체가 아동 활동의 규제를 가능하게 한다는 점이다. 아크리치(Ackrich 1997 : 205, 206)가 지적하듯이 기술적 대상은 "이질적 요소들 간의 관계를 구체화하는 동시에 평가한다." 즉 "기술적 대상은 행위자가 관계하는 대상과 행위자와 대상의 관계 모두에 대해 행위자를 규제할 수 있다." 예를 들어 특정한 웹사이트의 접근을 제한할 수 있다는 〈그림 4.2〉의 광고에서 보여지듯이 여과 시스템은 방문했던 웹사이트를 컴퓨터화된 기록으로 남겨 아동의 온라인 활동지형을 그려낼 수 있으며, 전화요금 고지서에서 인터넷상에서의 부정행위나 과도한 사용을 파악할 수 있다. 이와 같은 식으로 테크놀로지 그 자체는 규범을 형성하고, 규범을 어기는 사람들을 찾아낼 수 있다(Valentine and Holloway 2001a). 아동의 인터넷 사용에 대한 부모의 규제는 사회적 성격뿐만 아니라 아래에서 보여지듯이 기술적인 성격도 가진다:

그로브스 씨 : 예, 저는 저 자신이 포르노 사이트를 둘러본 적이 있습니다. 그리고 접근된 사이트의 컴퓨터 기록내역도 있습니다. 제가 포르노 사이트를 차단하길 원한다면 그렇게 할 수 있습니다. 그러나 증거를 직접 보기 전까지는 그렇게 하지 않을 것입니다. 만약 피트가 단순한 호기심에서 한 번 뭔가를 보았다면 그냥 내버려뒀을 것입니다. 하지만 항상 피트가 포르노 사이트를 하고 있다는 파일내역이 보인다면 전 포르노 사이트를 차단할 겁니다. 저는 그 아이의 접속내역을 어느 날 불쑥 불시 검문하는 식으로 재차 확인하거나 정도 이상 살펴보지 않으려고 합니다. 그러나 그건 일종의 믿음 같은 거죠 … 부모의 책임감과 신뢰가 균형을 이루어야 한다고 생각합니다. 피트가 어리석은 짓을 하고 있지는 않은지 확실히 해두기 위해 조금씩 저는 그 아이가 접근한 파일 접속내역을 가끔씩 확인하곤 하는데, 제가 보는 것은 보통 때와 다를 바 없이 평범한 BMX용과 산악용 자전거입니다(웨스트포트).

그레이슨 부인 : 전화요금이 나올 때 아이들도 알아요.

면담자 : 그러면 영국에서 시내전화는 유료니까 발각되겠네요.

그레이슨 부인 : 네, 아이들이 한 일이 밝혀질 것이고, 우리는 '니가 이거, 이거, 쓴 돈 내' 라고 말할 것 같진 않구요. 아마 '이제 그만 해. 할 만큼 했잖니' 라고 말하겠죠.

그레이슨 씨 : 제가 인터넷을 많이 쓰지 않기 때문에 PC의 인터넷을 끊어버릴 거예요.

그레이슨 부인 : '너는 인터넷을 지나치게 많이 쓰고, 우리는 그게 필요 없어. 우리한테 필요한 서비스가 아니니까 이제 인터넷을 쓸 수 없을거야' 라고 말할 거예요.

이 과정에서 ICT는 또한 가정 내에서 부모의 역할과 책임을 분배해 주기도 한다. 프링글(Pringle 1989)이 지적한 바와 같이 남자와 여자는 (부모와 자식도 포함하여) 현존하는 권력관계 속으로 자동적 그리고 수동적으로 편입되지 않는다. 오히려 PC의 경우를 예로 들자면, 성별 간 그리고 성인-아동 간의 관계는 가정 내에서 테크놀로지에 대한 조직화와 결합의 과정으로 협의되고, 수용되며, 창조·재창조되어야 한다. 일례로 아버지가 인터넷을 직장에서 사용하고 자신이 기술적으로 어느 정도의 역량을 갖추었다고 여기는 반면, 어머니는 자신이 기술적으로 무능력하고 테크놀로지에 대한 기피증을 가지고 있다고 생각하는 몇몇 가정에서 아이는 아버지가 집에 없을 때, 인터넷에 접속된 PC를 사용하지 못한다. 이와 같은 식으로 기술적 능력의 각기 다른 수준은 어머니, 아버지의 양육역할과 아동과의 개별적 관계를 규정짓는다. 즉 인터넷이 연결된 PC와 인간은 상호 규정 과정 속에 놓여지는데, 이 과정에서 기술은 인터넷 사용에 대한 부모가 만든 사회적 규칙에 의해 규정되고, 부모의 역할과 규제전략은 기술에 의해 규정된다(Ackrich 1997). 심프킨 씨 부부는 집안에서의 규칙과 역할에 대해 다음과 같이 설명한다.

심프킨 부인 : 팀은 아버지가 여기 없을 때 컴퓨터를 사용하지 않아요.

심프킨 씨 : 제가 실제로 집에 없으면 팀은 컴퓨터를 못하게 되어 있습니다.

면담자 : 네.

심프킨 씨 : 아니오. 제가 직장에 있을 때는 사전 허락을 받지 않는 한 팀은 컴퓨터를 사용하지 못합니다.

면담자 : 그렇군요.

심프킨 씨 : 하지만 컴퓨터는 학교 공부에도 중요한걸요. 팀이 인터넷상의 채팅 따위를 하려고 한다면 컴퓨터를 사용할 수 없습니다. 팀도 알고 있습니다. 그걸 하려고 하지도 않죠.

[편집]

면담자 : 그렇다면 그가 컴퓨터를 사용할 때 왜 당신이 집에 있어야 한다는 겁니까?

심프킨 부인 : 왜냐하면 그가 말썽을 일으킬 수 있기 때문입니다. (이 장에서 앞서 팀이 설명했듯이 팀이 물건을 훔치는 문제 때문에 그의 부모는 그를 믿지 않는다.)

면담자 : 네.

[편집]

심프킨 부인 : 하지만 아이의 아버지가 집에 없고 제가 집에 있을 때 팀이 컴퓨

터를 한다면 저는 그 아이가 무엇을 하는지 모릅니다. (왜냐하면 그녀는 PC를 사용하는 방법과 인터넷을 검색하는 방법을 모르기 때문입니다.)

면담자 : 네.

심프킨 부인 : 아마도 말썽을 일으킬 수도 있을 거예요.

〈그림 4.2〉 인터넷 유해정보를 차단하는 Net Nanny 필터링 시스템 화면

심프킨 부부의 노력에도 불구하고 팀은 여전히 그의 온라인 활동을 조절하려는 부모의 시도를 교묘하게 피해간다. 그는 인터넷 사용을 지속할 수 있는 여러 다른 전략들을 가지고 있다. 가장 교묘한 것은 그의 어머니와 아버지의 양육방식의 차이점을 이용한다는 것이다. 대개 엄한 훈육자인 아버지보다는 어머니가 가정 내 규칙에 대해 더 유연하게 생각한다는 경향이 있음을 보여주는 다른 연구를 인용해 볼 때, 팀은 아버지와 자신의 사이버 활동에 대한 (재) 협상을 위해 어머니의 지지를 구한다. 이와 같은 전술이 실패로 돌아가면 팀은 부모가 외출할 때까지 PC에 접근할 기회를 기다리면서 그가 돌아다닌 사이버 공간에서의 발자취를 감추는 기술력을 동원하는 것과 같은 더 간단한 방식을 선택한다:

팀 심프킨 : 제게 어머니는 괜찮습니다. 어머니는 대하기가 쉽거든요. 어머닌 괜찮아요. 저는 항상 어머니와 잘 지냅니다. 자상하고 차분하게 말씀하시고 … 그렇습니다. 제게 아버지는 약간 더 어려운 존재입니다. 아시다시피 단호하시죠. 그래서 저는 항상 아버지께 말씀드리려면 어머니와 함께 가서 시도합니다.

[잠시 후 면접자가 묻길]

면담자 : 그럼 아버지 등 뒤에서 몰래 인터넷을 해본 적이 있나요?

팀 심프킨 : 네, 학교 휴일 같은 때, 그리고 아버지가 오후에 일하러 나가시고 어머니도 일하러 나가셨을 때 때때로 전 인터넷이 연결된 PC에 몰래 숨어들어서 게임을 하곤 해요. 전 제가 접속한 사이트를 확실히 지웁니다.

면담자 : 그런 다음 어떻게 하나요?

팀 심프킨 : 음, 부모님이 보시는 시작 메뉴바의 서류들을 보면서 그것을 지웁니다. 한 번은 큰일날 뻔한 일이 있었습니다. 부모님이 밤교대 근무로 외출했을 때 갑자기 저기서 차소리가 들렸고, 전 컴퓨터 게임을 하고 있었는데 … 세상에! 전 가서 게임 CD를 컴퓨터에 꽂아둔 채로 컴퓨터 전원을 꺼버렸습니다. 저는 잘 처리되었다고 생각하고 앉아 있는데(안도의 숨을 내쉬며) … TV가 꺼져 있군 … TV를 켰죠. 휙(CD가 컴퓨터 밖으로 나온다.) 그리고 부모님이 막 들어오셔서 저는 가서 '다녀오셨어요' 라고 말했습니다(스테이션 로우드).

팀의 이야기가 보여주듯이, 아동의 위치가 성인에 비해 약하다 할지라도 아동은 부모의 규칙을 수동적으로 따르지만은 않는다(Solberg 1990). 오히려 아동은 종종 저항하고, 반대하며, 성인의 규제에 허점을 찾아내기도 한다. 지리학적 연구(Katz 1991 ; Valentine 1997b ; Breitbart 1998)는 공공장소가 생기는 것과 그 사용을 둘러싼 규칙을 반대하고 저항하는 청소년들의 능력에 주목하고 있다. 이 연구는 특히 부모들이 청소년들에게 부과한 공간상의 규제를 확장하려는 것에 대항해 승리를 쟁취한 청소년들의 능력과 주변 환경에 대한 적극적 행동주의를 실천에 옮겨 성인 중심의 도시공간에 대항하여 거둔 청소년들의 성공을 강조한다. 훈육규칙에 대한 유사한 노력은 ICT 사용에 따라 가정 내에서도 일어난다. 프란체스카 레이톤(Francesca Leighton)과 앤드류 노블(Andrew Noble)은 젊은이들이 언제, 얼마나 오랫동안 컴퓨터를 이용할 수 있는지에 관한 규제사항을 피하려고 사용하는 몇몇 방법을 제시한다 :

면담자 : 그렇다면 부모님의 규제를 피할 수 있는 방법을 가지고 있나요?

프란체스카 레이튼 : 음, 그냥요, 계속 머무르면서 보통 부모님께 말씀을 안 드리는 겁니다. 제 말은요 … 부모님에게 목록으로 만들어진 청구서 같은 것은 없다는 얘기입니다 … 부모님은 단지 청구서를 받으면 요금은 팩스 모뎀 때문이겠거니 생각하면서 … 아버지는 일 때문에 컴퓨터로 전화를 사용하시기 때문에 통화 시간이 아버지가 사용하신 것 때문인지, 아니면 제가 사용한 것 때문인지를 구별하실 수 없습니다. 부모님은 전혀 알지 못하십니다.

앤드류 노블 : 어머니는 제 목소리만 들으면 잔소리만 하세요. 어머니는 주무실 때 아주 얕은 잠을 자기 때문에 저는 매우 조용히 있어야 합니다. 그리고 이처럼(소음을 내지 않으려고 노력하는 모습을 보여주려는 행동을 취하면서) 정말 가볍게 키보드를 두드려야 합니다. 그리고 단지 저는 엄마를 깨우지 않도록 확인을 해야 합니다(하이필즈).

아동은 ICT 사용에 대한 시간 규제를 피하기 위하여 몰두하고 고민할 뿐만 아니라 금지된 사이트에 가기도 한다. 앤드류 노블(Andrew Noble)과 앤디 가드너(Andy Gardner)는 그들이 방문했던 웹페이지를 설명한다:

앤드류 노블 : 제가 한 웹페이지에 갔었는데요 … 그것은 '무정부주의자의 요리책' 이라고 되어 있었습니다. 그건 기본적으로 단지 단순한 문서 도면이지 그 이상의 것이 되면 안 되는 것이었습니다. 전 막 그 웹페이지 안에 무

엇이 있나 보게 되었습니다. 당신이 알진 모르겠지만, 강철과 강철제품을 통해 태울 수 있는(용접할 때 쓰는) 따위의 것을 어떻게 만드는지에 관한 모든 절차가 나와 있었습니다.

면담자 : 세상에나, 꽤나 치명적으로 들리는데요.

앤드류 노블 : 그럼요. 이런 것들도 있어요. '당신이 정말 좋은 연기폭탄을 만들려고 노력하고 그걸 좋아해야 한다' 라구요. 나쁠 건 없습니다. 음, 원한다면 그 웹페이지를 찾아서 보세요. 다이너마이트 장비나 폭발물, 폭발물 완제품을 어떻게 만드는지 나와 있을 겁니다(하이필즈).

면담자 : 의도하지 않았던 웹페이지로 가본 적이 있었나요?

앤디 가드너 : [웃으면서] 네.

면담자 : 그게 무엇이었나요? 어떤 종류의 것이었나요?

앤디 가드너 : [웃는다]

면담자 : 걱정 말아요. 학생은 … 하지 않을거에요.

앤디 가드너 : 포르노 사이트에 가본 적이 있었습니다.(매우 당황한 웃음)

면담자 : 너의 친구 집에서였나요?

앤디 가드너 : 네.

면담자 : 찾기가 쉬웠나요?

앤디 가드너 : 아니오. 꽤나 어려웠습니다. 웹페이지에 '18세입니까?' 라는 문구가 계속 뜨는 바람에 ….

면담자 : 그 웹페이지에 있었을 때 느낌이 어땠나요?

앤디 가드너 : 글쎄요, 진짜 웃겼습니다(웨스트포트).

이런 행동은 언제든 발생 가능하다. 많은 소년들은 부적절한 웹사이트(특히 포르노 사이트)를 찾아다니는 것을 자랑한다. 3장에서 제시한 바와 같이 이와 같은 식으로 테크놀로지를 사용하는 것은 일부 소년들에게 동료 집단과 사회적 관계가 중요한 이성애자 조직 내에서 그들의 남성성을 드러내는 중요한 방식이다(Holloway *et al.* 2000). 어떤 소녀도 부적절한 자료에 접근하는 데 인터넷을 사용하는 것을 인정하지 않는다. 오히려 소녀들은 그들의 남자 형제와 남자 동료들의 온라인 활동을 '본능적인' 것으로(타이미 씨가 위에서 지적한 것과 마찬가지로) 또는 남자들이 미성숙하다는 증거로 표현한다. 대신에 소녀들은 대부분 낯선 사람에게 말을 겂으로써 부모들이 만들어 놓은 규칙들을 어기는데, 이는 소녀들이 의사소통을 하는 데 컴퓨터 기술을 사용하는 것을 좋아한다는 사실을 반영한다(3장 참조).

소녀들은—비록 소수의 소년들도 있기는 하지만—사이버 공간에서 잠재적인 이방인들에 대한 위험에 대해 주의해야 할 필요가 있음을 인식하고 있다. 여기서 소녀들은 자주 온라인 공간의 '더러운 나이든 남자들'이라고 특징짓는 사람들과 마주치게 될 가능성에 대해서 알고 있으면서도 자기네들이 낯선 사람과 이야기할 때, 신중한 예방책을 가지고 있을 만큼 충분히 능력을 가지고 있고 성숙하기 때문에 위험하지 않다고 이야기한다(위 말들 중에서 일부 부모가 가지고 있는 견해). 소녀들은 심리학 연구에서 주장하는 자기 통제력이나 자아 효능감의 산물로 제시되고 있는 강력한 불침해성을 가지고 있다(Perloff 1983). 여기서 소녀들은 자주 다른 사람의 지지를 이끌어낸다. 실제로 몇몇 아동은 부모들에게 자신에 대한 순수한 믿음을 유지하고 걱정을 끼치지 않기 위해 잠재적으로 '위험한' 경험들을 숨기려고 한다.

또한 그와 같은 숨기기 전술은 부모가 자신의 딸이 온·오프라인상에서 마주치는 사람들의 범위를 안다면 그들의 온라인 활동에 대해 좀더 더 강한 규제를 하게 될 것이라는 인식에서 비롯되었는지도 모른다. 이런 소녀들은 그들 자신의 안정을 유지하는 능력을 보인다. 한나 캠벨(Hannah Campbell)과 그녀의 친구들이 사이버 공간에 현명하게 적응하기 위한 일련의 주의사항을 설명하는 반면에, 캐롤린 메이슨(Caroline Mason)과 그녀의 친구들은 온라인상으로 알고 지내는 사람을 직접 만나기를 원하는 또 다른 친구 제니(Jenny)를 보호하는 데 있어 자신들의 역할을 규정하고 있다. 그리고 프란체스카 레이톤(Francesca Leighton)은 원치 않는 온라인상의 타인으로부터의 관심을 다루는 데 사용되는 자아 자기 효능에 대해 이야기한다.

한나 캠벨 : 내가 생각하기에 넌 네가 누구에게 이야기하고 있는지 몰라. 넌 강간범과 같은 사람이나 네가 잘 알지 못하는 사람에게 이야기하고 있을 수도 있어. 만약 네가 그를 만난다면 넌 자신을 위험에 몰아넣을 수도 있겠지. 이름을 모른 채 (인터넷)이나 전화상으로 그에게 이야기하는 건 괜찮아.

로티 케니슨 : 단지 그에게 인적사항 같은 건 얘기하지 마.

줄리 제임스 : 응.

로티 케니슨 : 그에게 주소 같은 건 얘기하면 안 돼(하이필즈).

캐서린 메이슨 : 제니 … 그 애는 대화방에서 누군가를 알게 되서 포츠마우스에서 근래에 그들을 만났답니다.

면담자 : 정말인가요?

캐서린 메이슨 : 그리고 제니는 그와 데이트하기 시작했어요.

레베카 스텔레스 : 그는 정말 재미있어요.

루시 호프웰 : 우리 모두는 그가 잔인한 살인자일 경우에 대비해 제니가 그와 처음 만날 때 같이 나갔어요. 우리는 다같이 가서 그를 겁주는 편이 좋겠다고 생각했습니다.

캐서린 메이슨 : 그래서 우리 모두 나가서 그를 만났어요.

면담자 : 그는 괜찮은 사람이었나요? 그가 말하길 자기는 어떤 사람이라고 했나요?

루시 호프웰 : 네, 그는 평범한 사람이었습니다.

면담자 : 그는 포츠마우스에 살고 있고, 포츠마우스에 있는 학교에 다녔나요?

캐서린 메이슨 : 아니오. 그는 노르윅에 살았지만 포츠마우스에 있는 친구들과 함께 지내는 것 같았어요(웨스트포트).

프란체스카 레이톤 : 네. 그건 더 나빠요(오프라인의 바나 레스토랑에 가는 것보다). 왜냐하면 사람들이 그냥 한 번 시도해 보는 거라 더 나빠요. 그러니까 그건 그들이 계속해서 그런 사이트에 계속 접속한다는 겁니다. 음란물 페이지와 같은 걸 찾는 그런 사람들 말입니다. 때때로 그들은 이렇게 생각합니다. '내가 대화방에 들어가서 누군가를 골라 너희들과 함께 인터넷도 같이 하고 야한 농담도 하는 거야' 라구요. 하지만 평범하게 당신이 그들에게 꺼져버리라고 말한다면 그들은 그렇게 할 것이고, 그러면 끝나는 겁니다(하이필즈).

우리가 위에서 약술한 바와 같이 일부 부모들은 온라인과 오프라인 공간을 두 개의 별개의 세계로 인식한다. 여기에서 오프라인 세계

—특히 가정에서—란 아동이 음란물이나 다른 형태의 성적인 지식에 접근할 수 없도록 되어 있는 아동의 순수성을 간직한 공간이라고 생각된다. 실제로 성적 행위는 어른에게만 허용되는, 그리고 아동기 때에는 금지되는 잠재적으로 위험성을 내포한 활동으로 이해된다(Jackson and Scott 1999). 어느 정도 음란물과 같은 자료들은 가상세계에 담겨져 있는 것으로 받아들여진다. 일부 학자들과 부모들은(우리가 위에서 언급했던 것처럼 전부는 아니지만) 성적으로 상세하게 묘사된 영상들과 '위험한 정보'가 가정을 침범하고 오염시킴으로써 소위 '실제세계'를 타락시킬 수 있다는 위협에 고심하고 있으며, 이것이 바로 이 세상의 현실이다. 그러나 그것은 '아동기'를 아동이 순진하고 아직 제 자리를 잡지 못한 존재로 가정함으로써 발생하는 온라인-오프라인에 대한 가정이다. 아래 말들이 보여주는 것처럼 몇몇 아동은 자신들이 성적인 것에 대해 잘 알고 있다는 점을 지적하면서 자신들의 순수함에 대한 부모들의 생각에 반기를 든다. 이와 같은 아동은 온라인 공간의 타락과 가정이라는 성역을 인공적으로 구별하려 하기보다는 음란물 잡지에서 보지 못했던 것들, TV나 비디오에서 보지 못했던 것들, 그리고 자신의 또래집단 내에서 이야기되지 않았던 것들은 온라인 공간에서 또한 찾아볼 수 없다는 것을 주장한다. 일부 부모들이 자신들의 아동을 순진하고 성인의 세계로부터 보호받을 필요가 있는 존재로 그리고 있는 것과 마찬가지로 많은 아동은 성인을 묘사하는 데 있어 순진무구함이라는 유사한 용어를 사용한다. 아동은 자신들이 성에 관한 지식을 가지고 있다는 것과 성적으로 상세

하게 묘사된 자료들이 그들의 온라인 세계뿐만 아니라 오프라인 세계의 일부분이라는 것을 인정하려 하지 않는 부모들의 태도에 대하여 부정적이다.

조나단 칼로우 : 우리 나이 때 당신은 아마도 모든 것을 보았을 거라고 전 생각해요.
면담자 : 글쎄, 그렇게까지는 아니라고 보는데 ….
댄 아브라함 : 과학에서, 그리고 원초적 본능과 같은 영화가 있잖아요. 그냥 그런 걸 보면서 … 배우잖아요 ….
면담자 : 그럼 나가서 그걸 찾는 게 어렵지 않은 일이라는 말인가요?
일동 : 네.
댄 아브라함 : 부모님이, 그리고 학교가 우리를 항상 그들의 날개 아래 보호해 줄 수는 없다고 생각해요. 친구들과 어울리다 보면 집에 스카이 TV를 설치해 놓은 애가 있고, 그러다 보면 포르노를 보게 되는 거지요….
[편집]
조나단 칼로우 : 어쨌든 요즘은 TV에서 많은 걸(야한 걸) 보게 되잖아요(웨스트포트).

저스틴 룽 : 제 생각에는요, 친구랑 같이 있을 때 말이죠, (남자 형제에게) 말해봐. 그러니까 그들이 그리 질이 좋지 않은 웹페이지에 가면요(부적절한 자료가 있는 페이지를 언급하면서)… 그들은 (그녀의 남자 형제와 그의 친구들) 어쨌든 다른 곳에서 그걸 찾아낼 수 있어요. 거기가 그걸 구할 수 있는 유일한 장소는 아니라는거죠(웨스트포트).

다시 말해 이 단락에서 제시하는 예들과 같이 아동은 실제로 일부 성인들이 생각하는 것 이상으로 그들 자신의 생활을 영위해 나가는 데 더 많은 지식을 가지고 있으며, 더 많은 역량을 갖추고 있다(특히 잠재적으로 위험한 상황에서는). 소위 성인의 특징이라 할 수 있는 성숙함, 이성, 사회적 능력, 지식 등은 성인과 마찬가지로 아동에게 이미 충분히 그 역할을 수행할 수 있을 만큼 준비가 되어 있다. 게다가 성인은 때때로 보통 아동에게만 속하는 것으로 생각되는 순진무구함, 잘 속음, 다른 이성적으로 부족한 반응들을 보일 수도 있다. 그러므로 감정적·사회적 능력은 특정한 시기에 나타나는 안정된 속성이 아니라, 오히려 아동과 성인에게 똑같이 단계적으로 나타날 수 있는 유연하고 상황에 따라 변할 수 있는 행위라고 볼 수 있다(Valentine 1997b).

이 장에서 결론을 내리자면, 우리는 서두에서 논한 바와 같이 지지자들과 반대자들의 주장을 평가하기 위한 성인과 아동의 능력에 대한 협상, 위험들, 경계들에 대한 논의들을 이끌어내 보았다.

지지자와 반대자의 주장에 대한 문제 제기

최근의 대중적·정책적 토론은 상당히 긍정적인 혹은 아주 부정적인 용어로 아동과 ICT와의 관계를 설명하려는 경향이 있다. 이와 같은 방식의 이해들은 모두 문제의 소지가 다분하다. 왜냐하면 이 두 방식은 아동에 대해 본질주의적 사고와 명백한 기술결정론적 사고 방식에 의지하고 있기 때문이다(1장 참조). 대신 우리는 아동기에 대한 새로운 사회적 연구(Prout and James 1990 ; Brannen and O'Brien 1995 ; James 1998)와 과학과 테크놀로지의 사회학적 연구(Law 1994 ; Wenger 1998) 내에서 연구를 진행시켜 나갔다. 그리고 우리는 이번 장에서 아동, 부모 그리고 컴퓨터가 다양한 교육기관 내에서 결합될 때 어떤 현상이 발생하는가를 검토해 보려고 시도했다. 특히 가정환경에 초점을 맞춤으로써 우리는 아동의 ICT 수행능력에 대한 공간성과 아동과 성인이 영향을 미치는 방식, 그리고 이러한 수행성에 반응하는 양식을 추적해 왔다. 그렇게 함으로써 우리는 아동이 이 사회 · 공간적인 환경 속에서 서로 다른 방식으로 능력을 발휘한다는 것을 강조함과 동시에 일상생활에서 이 공간이 서로 연결된 지형을 통해 구성되는 방식을 탐구해 왔다(Holloway and Valentine 2000a).

우리의 경험적 연구는 서로 다른 교육기관들이 서로 다른 방식의 오프라인 공간 속에서 발전한다는 것을 보여준다(Wenger 1998). 가정에서 일반적으로 부모와 아동은 아동의 기술적 능력에 대해 매우 긍정적이다. 비록 사회경제적 차이로 인하여 모든 아동이 가정에서 ICT에 접근할 수 있는 것은 아닐지라도 유능한 부모가 있는 가정에서는 자녀들의 기술적 능력을 개발하도록 격려하고, 아동은 사회적으로 안정된 환경 속에서 개방적으로 이러한 기능들을 자유롭게 구사할 수 있음을 체감한다.

이러한 교육방식은 학교에서 컴퓨터를 사용하는 많은 아동의 경험과 전적으로 대비되는 양상을 보여준다. 우리가 3장에서 보았듯이 많은 아동은 부정적인 용어로 기술적 능력을 이해하는 학교 환경 속에서 테크놀로지에 대한 여성-남성 간의 차이에 따른 견해차를 이끌어낸다. 그와 같은 모든 아동은 자신들이 구사하는 기술적 역량이나 또래들에 의해 위험을 감소키는 방법 등에 대해 주의를 기울인다. 아동의 감성적 능력을 평가하는 부모들의 사고방식은 상당히 복합적이다. 일부 부모들은 기술이 새로운 위험을 불러온다는 생각에 반대하는 반면 다른 부모들은 아동의 감성적 능력을 강조하기도 하며, 극소수의 부모들은 사이버 공간에서 아동의 안전에 대해 근심하기도 한다(Holloway and Valentine 2001a).

한눈에 보아도 외부의 공공장소에서 아동의 안전과 순수함을 궁지에 몰아넣을 수 있는 위협에 대한 도덕적 공황상태(moral panics)는 교묘하게 사이버 공간에 투영된 것으로 보이지만, 좀더 자세히 살펴보면 부모들이 오프라인 공간에 대해 가지는 근심거리들은 완전히 온라인 공간으로 전사된 것은 아니다. 오히려 ICT는 서로 다른 수준의 테크놀로지와 감성적 역량, 그리고 오프라인과 온라인 공간에 대한 개념적 이해에 기반하고 있는 서로 다른 많은 가정에 다양한 방식으로 나타난다. 이와 같은 식으로 부모, 아동, 인터넷이 연결된 PC는 상호 간에 존재를 확인하고 서로 간의 질서를 구성해 나간다. 개인과 인터넷에 연결된 PC와 같은 사물이 실제 생활에서 융합될 때 개인과 사물은 총체적인 변화를 경험하게 된다. 예를 들면 부모의 역할과 책임, 아동이 성숙된 혹은 사회적으로 역량을 갖춘 존재로 인정되는 것 등은 가정에서 PC와의 융합에 의해 변형된다. 마찬가지로 인터넷에 연결된 PC의 속성은 상호작용 속에서 변환될 수 있다는 점이다(위험한 도구에서부터 오락의 도구, 가족관계에서 갈등의 원인이나 중재인에 이르기까지).

아동과 성인이 테크놀로지를 가지고 발전시켜 나가야 할 다양한 관계들은 아동의 인터넷 사용에 대한 현대의 대중적이고 정책적인 논의와 매우 흥미롭게 연관되어 있다. 이와 같은 현대적 논의들은 모두 본질주의적이고 기술적으로 결정론적이며, 그리고 그것들은 아동과 ICT와의 관계에 대해 만족할 만한 이해를 제공해 주지 못하고 있다. 그럼에도 불구하고 우리는 쉽게 아동과 기술에 관한 이러한 '논의들'을 우리 손에서 떨쳐버릴 수가 없다. 왜냐하면 이러한 논의들은 실제로 상당한 힘을 계속 발휘할 것이고, 때때로 성인과 아동의 일상생활을 통해 재구성될 것이기 때문이다. 우선 유년기부터 살펴보면, 아동의 타고난 기술적 능력에 대해 본질주의 사고는 많은 부모들이 집에서의 아동의 능력을 이해하는 데 토대가 되고 있음을 우리는 알 수 있다. (아동은 학교에서 집에서와 다른 사유양식을 채택하며, 그 대신에 그들 스스로 기술과의 다양한 관계를 가진 역동적인 사회집단으로 그들 자신을 구성해 나간다는 것은 흥미로운 일이 아닐 수 없다.) 이와는 대조적으로, 전부는 아니더라도 일부 부모들은 일상의 위험들을 다룰 수 있는 아동의 능력을 강조하면서 아동이 감성적으로 무력하다는 전통적 이해를 수정해 나가고 있다.

유사하게 이와 같은 다양한 실생활에서 나타나는 테크놀로지의 의미를 볼 때, 재구성된 시간과 공간뿐만 아니라 강력한 기술결정론적 논의들과 연관되어 있음을 알 수 있다. 일례로 ICT가 사회를 긍정적으로 변화시키는 영향력을 가지고 있다는 생각은 가정에서 아동과 부모들의 ICT 기능 개발에 대한 열정에 기초한 미래 사회를 가지게 될 것이다. 그러나 사이버 공간은 본질적으로 위험한 장소라는 생각을 가진 반대자들이 채택하고 있는 기술결정론은 온라인 공간과 오프라인 공간 간의 유사성을 강조하며, 평범한 방식으로 테크놀로지를 이해하고 있는 몇몇 부모들에 의해 거부된다. 이러한 분석이 제시하고 있는 것은 우선 대중적 · 정책적 토론상에서 아동의 테크놀로지 사용을 둘러싼 논의들을 해체해야 할 필요가 있다는 것이고(Buckingham 1998 ; Bingham *et al.* 2000), 두 번째로 이러한 논의들이 서로 다른 일상의 공동체 속에서 아동과 성인들에 의해 동원되고 때때로 재구성되기 때문에 그것들이 있는 지속적인 힘과 변화하는 힘을 추적할 수 있는 경험적 연구가 필요하다는 것이다(Holloway and Valentine 2001a).

마지막으로 이번 장은 또한 다양한 오프라인 공간에서 이와 같은 생활공동체가 어떻게 발전해 왔는가를 탐구하려는 지리학적 분석의 필요성도 제시해 준다. 동일한 수준에서 학교(3장 참조)와 가정(이 장 참조)에서 아동이 벌이는 기술적 역량에 대한 협상 간의 차이를 대조해 봄으로써 그것이 오프라인 공간의 문제도 중요하다는 것을 상기시켜 주었다.

온라인 공간의 사회 · 공간적 관계 연구가 필수적(예를 들어, Turkle 1995 ; Stone 1992, 6장 참조)이라고 하더라도 오프라인 공간의 실생활 영역을 탐색하는 분석 또한 필수적이다. 왜냐하면 아주 단순하지만 종종 간과한다는 점에서 온라인 세계는 오프라인 세계에서부터 그 접근이 시작되기 때문이다. 이와는 다른 차원에서 그와 같은 지리학적 분석은 우리들에게 이러한 공간적 사고방식과 수행방식이 단순히 특별한 공간에 뿌리를 두고 있는 것이 아니라, 가정과 학교라는 오프라인 공간을 형성하는 사회 · 공간적 관계를 통해 구성된다는 것을 보여준다.

일례로 가정과 학교는 부분적으로 폭넓은 사회적 과정을 통해 형성된다. 이것은 국가 정부와 경제적 이익-교육적 이득과 ICT가 갖는 미래의 경제적 중요성(2장 참조)에 의하여 유포된 사고방식의 영향 속에서 보여지며, 가정에서 부모들이 ICT 기능에 가치를 부여하는 정도와 사회 · 경제적 격차가 가정용 PC의 소유 여부를 결정하는 효과 속에서도 나타난다. 마찬가지로 학교에서 다른 아동을 괴롭히려고 ICT를 사용하는 컴퓨터만 아는 녀석들의 생각은 이 나라에서 사용하는 소형 컴퓨터—처음에 그것은 취미생활자의 영역이었다—의 폭넓은 발전을 반영한다(Murdock *et al.* 1992). 게다가 이와 같은 오프라인 환경은 타인들에 의해, 그리고 개별적인 행위자들이 서로 다른 공간을 넘나들면서 형성된 것이다. 일례로 몇몇 아동은 학교에서 발전시킨 아주 뛰어난 ICT 기능을 사용함으로써 가정 내에서 권력관계를 재조정한다.

동시에 이러한 오프라인 환경은 또한 아동과 성인들이 다양한 공간에서 각기 다른 사회적 행위자들에게 적당한 행동방식에 대해 생각하게 함으로써 형성된다(그리고 재구성된다). 일례로 고도의 기술적 능력을 지닌 소년들의 가정과 학교에서의 경험은 이러한 공간들에서 적절히 규정된 성역할에 따른 행동에 대한 다양한 생각을 반영한다.

많은 부모들이 가정에서 소녀들에게 기술적인 능력을 신장하라고 격려하더라도 성구별에 따른 규제적 지침들은 '좋지 않다' 고 생각되는 그런 행동이 존재하는 학교라는 공간에서 그들의 또래들 사이에서는 다르게 받아들여진다. 이러한 소녀들이 집과 학교에서 각기 다른 행동으로 기술적인 능력을 유지하려고 노력하는 것은 사회적 행위자로서 자신의 능력과 자신들의 일상생활을 유지하려는 세련된 행위양식을 보여준다. 그들은 서로 다른 환경의 사회적 구조 내에서 공부하고 일하는 능력을 개발하는 것뿐만 아니라, 몇몇 사례에서 보듯 이러한 규칙들을 바꾸기 위해 자신들의 능력을 축소하는 것과 같은 방식으로 자신들의 능력을 분산시킨다(Alanen 1990 ; Mayall, 1994). 이와 동시에 아동기를 위한 공간에 대한 생각이 다양한 오프라인 환경의 의미와 활용을 형성한다는 사고방식이 중요하다. 일례로 몇몇 부모들에 의해 가정에서 온라인 공간의 접근을 차단함으로써 아동을 보호하려는 노력은 가정은 하나의 안식처라는 추론적인 사고방식에 기인한다.

요약하면 이번 장에서 보여준 것은 기술적·감성적 ICT 능력에 대한 아동과 성인들의 이해와 행위방식이 근본적으로 공간화되어 있으며, 그리고 일상생활에서 서로 다른 장소들의 생산에 연관된 사회·공간적 관계에 의해 형성(되고 재형성)된다는 것이다. 이것은 우리가 아동의 ICT 활용을 이해하고자 한다면 온라인 공간뿐만 아니라 오프라인의 실제 생활공간에 대한 연구 또한 중요하다는 것을 보여준다. 게다가 이러한 오프라인의 실제 생활공간의 역학을 완전하게 파악하는 것은 사회 내에서 아동기와 ICT에 관한 중요한 논지의 변화를 고려해야 할 필요성과 아동과 테크놀로지가 융합된 오프라인 공간을 형성해가는 사회 · 공간적 원리를 분석할 필요가 있음을 명백하게 해준다. 그러므로 우리는 다음 장에서 가정에서 가족들이 사용하는 PC의 역할에 좀더 세부적으로 초점을 맞추어 봄으로써 이 문제가 각기 다른 가정에서 어떻게 받아들여지는지를 집중적으로 다루어 볼 것이다.

제5장

스크린을 둘러싼 삶

가정에서의 ICT의 위치

1장에서 주장한 바와 같이 인간은 직립자세, 두뇌의 크기, 언어 사용과 엄지의 자유로운 활용뿐만 아니라 다양한 기자재를 창조하고, 사용하고, 그것들과 함께 살아가기 때문에 다른 동물과는 별도의 위치를 지닌다(Dant 1999 : 1).

우리가 삶을 공유하는 일련의 대상들은 인간의 주관성을 창조할 뿐만 아니라 의미를 만들고 변화시키는 힘을 가진다(Callon 1991 ; Latour 1993). 3장에서는 과학기술, 교실적용, 학생들의 정체성과 동료 그룹 문화가 어떻게 형성되고 서로에 의해 변화되는지 보여주기 위하여 학교 환경에서의 아동과 컴퓨터의 관계를 알아보았다. 이 장에서도 아동, 부모 그리고 컴퓨터가 집안 환경에 함께 있을 때 무슨 일이 발생할지 알아보기 위하여 비슷한 접근법을 사용할 것이다. 전장에서 부모와 아동이 가정적 환경에서 어떻게 상호 교섭하고 아동의 기술 · 감정적 능력을 이해하는지에 초점을 맞추었다면, 이 장에서는 PC가 온전히 가족으로 합류되는 방법으로까지 관심을 넓힐 것이다. 4장에서는 온라인에서의 아동 안전에 관한 도덕적 문제를 다루어 보았다. 이 장에서는 그것을 바탕으로 아동의 집안 PC에 관한 잠재적 중독에 대한 현대인들의 대중적인 공포를 조사를 통해 알아볼 것이며, 이러한 중독이 가족 간의 시간과 일체감, 아동의 집 밖 공동체 공간 사용에 미치는 결과에 대해서도 알아볼 것이다.

이 장은 4개의 부분으로 구성되어 있다. 우선 사람들이 어떤 대상을 가족으로 받아들이는지 확인했던 4가지 분류방법을 전장의 조사 내용으로써 개괄하고 있다. 다음으로 이러한 유형화가 실제 상호 관련되어 구성된 과정을 인위적으로 분리하고 있다는 것을 주장하기 위해 그동안의 연구 증거를 제시할 것이다. 특히 PC가 시간과 공간을 흡수하고 집안의 시간과 공간을 변형시키는 복잡한 방법을 관찰한다. 세 번째 부분에서는 가정을 보다 더 넓은 범위인 지역사회에 연결한다. 여기서 우리는 아동의 공개적인 옥외공간의 사용에 대한—집안의 기술—가정용 PC의 인식된 영향에 관한 대중적 문제를 평가한다. 이 장의 마지막 부분에서는 일상적인 컴퓨터의 사용에 관한 개념에 대하여 생각해 보고, 또한 ICT가 다른 가족들에 대하여 출현한 방법을 형성하는 데 있어 컴퓨터의 역할에 대하여도 생각해 볼 것이다.

5번째 가족인 PC : 가정생활에서의 ICT

가정용 PC시장은 1970년대 후반에 등장했다. 이 시기에 'assemble-yourself micros'는 가정용 PC 사용자의 미숙함에 대처하기 위하여 기술적 능력을 가진 취미가들을 목표로 했다(Murdock *et al.* 1992). 머독(Murdock)은 컴퓨터를 사용하는 즐거움은 당신이 컴퓨터를 사용하고 활용하는 것 이상으로 컴퓨터를 작동시키고 기술적 문제를 해결하는 도전에 놓이게 한다는 점에서 '자기준거적'(self-referring)이라고 주장한다. 1980-1990년대에 모든 교실에 한 대의 컴퓨터를 설치하겠다는 정부 정책이 수반된 정보화 시대의 여명기에 관한 담화는 컴퓨터 회사들이 가정 소비자 시장을 활성화시키도록 하는 데 동기를 부여했다. 성인을 주 대상으로 하는 광고 캠페인은 가정용 PC의 교육적 가치를 강조함으로써 부모들은 자녀들이 인생에 있어서 더 나은 출발을 할 수 있도록 모든 기회를 제공해야 한다는 식의 책임감을 갖도록 했다. 동시에 그들은 전통적인 교육방법보다 새롭고 재미있는 학습방법으로써 Net의 창조적인 가능성들을 강조했다. 그리고 이면에는 당신의 학창시절에는 즐기지 못했다 할지라도 이제는 즐길 수 있을 것이라는 의미도 숨겨져 있었다. 반대로, 아이들을 대상으로 하는 광고는 컴퓨터가 근본적으로 장난감으로 작용하는 기능을 부각시켰다. 실제로 토이저러스(Toys R Us) 장난감 가게와 같은 많은 도매업자들은 다양한 미디어 컴퓨터 센터를 가지고 있다. 디지털 시대로의 전환을 기도하는 경험 없는 사람들을 위한 "부모와 컴퓨터, 그리고 가족의 PC"와 같은 제목을 가진 새로운 장르의 잡지나 책들이 책꽂이 선반에 나타나기 시작하였다. 이러한 마케팅 전략의 공통점은 가족의 한 부분으로서 컴퓨터를 제시하는 것이다. 그 속에서 PC는 가구, 책 그리고 장난감과 같은 자연스러운 가정용 품목의 하나로 집안에 자리하게 되었다(ibid.).

가정에서 컴퓨터와 같은 물건들을 구입할 때, 컴퓨터는 디자인되고 만들어지고 가정에 보급되는 공공의 세계로부터의 경계선을 가로질러 가족의 삶 안으로 흡수된다(Silverstone *et al.* 1992). 가족구성원의 일상적인 사용을 통하여 그들과 관련된 공적인 의미는 재고되고 변형되어 개인적 세계의 의미의 한 부분이 된다. 4장에서 우리가 언급했던 것과 같이 물건은 집안의 사회적 관계를 변화시킬 잠재력을 가진다. 사람과 물건들 사이의 이런 복잡하고도 상호 관련된 연속적인 관계는 정적이기보다는 시간의 흐름에 따라 변화한다. 예를 들어, 하나의 물건이 집안에 처음 들어올때는 새롭게 느껴지지만 곧 당연한 것으로 여겨진다. 실버스톤(Silverstone *et al.* 1992) 등은 과학기술이 가정에 보편화되어지는 4개의 특징적인 과정이 있다고 주장하는데 전유(專有), 구체화, 편입, 수렴(appropriation, objectification, incorporation, conversion)이 그것이다.

개인이나 가족구성원이 하나의 물건을 소유할 때 그는 그것을 온전히 자신의 것으로 만든다. 이 과정을 통해 그 물건은 소유자의 흔적과 함께 권한 등을 갖게 되고, 자서전적 의미를 부여받는다. 카피토프(Kopytoff)의 용어를 사용하면 효과적으로 '탈상품화'(decommodified) 된다. 물건들은 개인과 가족구성원을 정의하고 구분하는 데 사용될 수 있다(Silverstone *et al.* 1992). 다시 말해서 니페르트-엥(Nippert-Eng 1996)은 하나의 물건이 자신의 것이 되었을 때 그것은 보다 더 넓은 공간으로의 자아 확장이라고 주장했다.

구체화의 과정은 하나의 물건이 가정 내에서 사용되고 전시되는 방법을 언급한다. 여기서 초점은 가정 공간이 이 물건을 사용하기 위해 구성되고 배열되는 방법에 있고, 물건이 특별한 개인의 소유로서 공간을 표시하거나 보다 편안한 사회적 환경을 만들기 위해 사용되는 방법에 있다(Nippert-Eng 1996).

구체화가 공간화에 관한 것이라면 편입의 과정은 가정 내의 시간의 일시성(temporalities)과 관련이 있다. 이것은 어떤 물건이 가족의 일상생활 안으로 편입되고 일상적인 삶의 시간표를 짜는 과정을 통한 것이다. 컴퓨터를 사용하는 데 있어서의 다른 패턴은 시간 절약, 시간 이동 혹은 가족구성원들의 생활리듬의 유지에 있어서 초래된 결과이다.

마지막으로 수렴은 어떤 물건이 이용되고 대화의 주체가 되는 과정을 통해 이뤄진다. 사물에 대해 이야기함으로써 우리는 컴퓨터에 관한 우리의 지식을 사회 · 문화적 자본으로 변화시킬 수 있다(이미 3장에서 학교에서 아동의 컴퓨터 사용과 관련하여 확인했던 점은 6장에서 다시 볼 것이다). 다시 말해, 물건들은 복합된 개인들과 보다 넓은 환경 속에 있는 가족구성원들 속에서 하나의 역할을 수행한다.

물건들이 4가지 특징적인 과정을 통하여 가정에 익숙하게 되는 방법의 분류는 많은 소비연구에 대한 귀중한 토대가 되었다. 컴퓨터가 아동과 함께 가족구성원들에게 흡수되는 방법에 대한 조사는 이러한 분류가 복잡하게 얽혀 있는 과정을 인위적으로 분리시키려 한다고 주장한다. 예를 들어, 다음의 부분에서 보게 될 가정 내 PC의 공간적 조직은 누구에 의해 어떻게 컴퓨터가 전유되는지의 논거와 함께 나타난다. 이것은 반대로 수렴의 문제와 상호 관련되어 있다. 그러나 구체화와 편입의 구분은 인위적으로 일시성으로부터 공간성을 분리한 것이다. 그것은 공통된 실수이다. 메이와 트리프트(May and Thrift 2001)는 지리학적 조사는 시간과 공간의 우선권 사이에서 그것을 저울질하게 한다고 주장했다. 마세이(Massey 1994)의 경우, 이러한 양면성은 공간과 장소의 지리학적 이해에 제한을 가한다고 생각했지만, 메이와 트리프트(2001)는 시간에 관한 사회학 이론은 사회생활의 시간적 유형이 공간으로부터 분리되어진 방법을 간과했다는 데에 책임이 있다고 지적했다. 그들은 우리가 살고 있는 다양한 시간과 공간을 상상할 수 있는 방법에 대하여 생각해 볼 필요가 있다고 주장했다.

따라서 다음 부분에서는 PC가 가정에 흡수되고 변형되는 복잡한 방법을 알아볼 것이다. 그것을 위해 아동의 영향력에 초점을 둘 것이다. 실버스톤(Silverstone *et al.* 1992) 등은 가족구성원들은 각기 다른 방법으로 PC를 전유(專有) · 구체화 · 편입 · 수렴의 과정에 개입한다는 것을 말하면서, 그럼에도 가정 내 아동의 목소리는 미미하고 그들의 주장을 상세히 설명할 수 없다고 지적한다. 우리가 과학기술에 대해 갖는 공포(3장 참조), 과학기술 능력의 수준 차이(4장 참조)와 함께 이 장에서는 몇몇 개인이 컴퓨터의 가족화(domestification)에 저항하는 방법에 대해서도 살펴볼 것이다. 비록 실버스톤 등이 각 가족구성원들과 가정 내 기술을 동일시하는 과정이 다르다고 보았을지라도(Silverstone *et al.* 1992) 그들은 사람과 사물 사이에 긍정적 관계, 특히 사람들이 기술을 익히는 방법과 이를 체화하는 방법에 대해 죄책감을 느낄 것이다. 이렇게 함으로써 그들은 ICT를 가정으로부터 배척하고 그것의 영향력을 줄이려 노력한 사람들이 지닌 기계에 대한 공포가 두려움의 대상으로서 가정용 PC를 간주할 수 있다는 것을 파악하지 못하였다.

대상물과의 생활 : 가정에서의 시 · 공간

2장에서 논의된 것처럼 미래의 취업전망을 위해 자녀들의 교육적 기회를 향상시키려고 하는 것은 부모들이 가정용 PC를 구입하는 이유 가운데 하나이다. 같은 이유로 부모들은 자녀들에게 공부할 수 있는 적절한 공간을 제공하기 위하여 자녀들의 침실에 투자를 한다. 딕슨과 알라트(Dixon and Allatt 2001)는 젊은이들이 무엇을 공부하느냐보다는 어디서 공부하느냐가 독립적인 학습결과에 더 중요하다고 지적한다. 이와 같이 가정용 컴퓨터를 사용하는 데 많은 시간을 쓴다는 사실을 고려해 보면 컴퓨터는 어른들보다는 아동에 의해 집중적으로 사용된다는 것을 알 수 있다. 즉, 이런 컴퓨터 기술이 아동 침실에 자리한다는 것은 놀라운 일이 아니다.

그러나 이를 위한 가족의 능력은 보다 넓은 사회 · 경제적 과정에 의해 형성된다. 전 유럽을 대상으로 한 아동의 미디어 사용에 관한 예비 연구자료에 따르면 소녀보다 소년이, 보다 낮은 사회 · 경제적 지위에 있는 아동보다 상위 수준의 사회·경제적 지위에 있는 아동이 그들의 침실에서 PC에 쉽게 접근할 수 있다(Livingstone *et al.* 1997 ; Johnsson-Smaragdi *et al.* 1998 ; van der Voort *et al.* 1998). 많은 중산층 가정들은 컴퓨터를 여러 대 소유하여 부모의 일이나 일반적 사용을 위한 것과 아동이 쉽게 접근할 수 있는 것을 분리하고 있다. 과학기술의 집안으로의 확산은 종종 과학기술의 발전속도에 비례하여 기계를 업그레이드시키는 가족들 덕분이다. 시대에 뒤떨어진 기계들은 우선적으로 가장 나이 많은 자녀로부터 차례로 넘겨진다. 이런 경우 아동은 경제적 차원에서 돈을 지불하고 PC를 구입하였다는 의미에서, 또한 그것을 앞으로도 계속 사용하게 될 것이라는 의미에서 컴퓨터를 '소유'하게 된다. 이러한 관계는 아동의 침실이라는 제한된 공간에서 컴퓨터의 위치를 통해 이루어진다. 아동은 차례대로 자기 방 컴퓨터의 소유자로써 개인적 공간에 대한 통제권을 갖게 되었기 때문에 그들은 다른 가족구성원들이 언제, 얼마나 오랫동안 그들의 컴퓨터를 사용할 수 있는가에 대해 시간을 제한할 수 있다. 다시 말해서 전유와 편입의 과정이 동시에 일어난다.

로빈슨 씨 : 클로에는 자기 방에 컴퓨터 한 대를 가지고 있습니다 … 애슐리 역시 자기 방에 컴퓨터 하나를 가지고 있지요. 이 컴퓨터들은 다소 시대에 뒤쳐졌고, 제 것은 최신형이에요. 내 컴퓨터는 22,233메가헤르츠 팬티엄이고… 클로에의 컴퓨터는 166메가헤르츠 팬티엄으로 약간 오래된 제품이고, 애슐리는 보다 오래 된 것으로 90메가헤르츠 팬티엄이죠. 그러나 모두

32메가 기억용량을 가지고 있습니다. 제건 64메가 기억용량이지요. 하드 디스크에 있어서도 점점 퇴보되지요. 내 것은 4기가 하드 디스크, 클로에는 1기가 하드 디스크, 애슐리는 아마도 지금은 1기가를 가지고 있을 겁니다. 전에는 이것의 절반이었지요(하이필즈).

밥 하이젠스 : 만약에 말(그의 형)이 오랜 시간 컴퓨터를 한다면 난 약간 짜증스러울 거예요. 나는 그에게 그만 하라고 말할 겁니다. 나는 그가 오랜 시간 컴퓨터를 하는 것을 좋아하지 않아요. 그것은 약간의 마찰을 일으킬 수 있고, 전에도 이런 경험이 있었어요(하이필즈).

기술광(techno-enthusiast, 3장에서는 techno boys) 소년들은 거의 대부분 자기 침실에 컴퓨터를 가지고 있다. 이러한 아동은 재정적으로 컴퓨터를 구입하기 위해 집안 허드렛일을 도와주고, 규칙적으로 그들의 컴퓨터를 업그레이드하기 위해 신문배달과 같이 집 밖의 일도 하게 된다. 이러한 방법으로 그들은 로빈슨 남매(The Robinsons) 같은 아이들보다 전통적인 방법으로 컴퓨터를 소유한다. 예를 들어 알렉스 뉴턴(Alex Newton)은 자기 혼자만의 컴퓨터를 가지기 위해서 적극적으로 엄마를 설득했고, 살 때 돈을 보탰다.

리빙스턴(Livingstone *et al.* 1997) 등은 아동의 침실에서 미디어 사용 가능성이 증가한 것은 텔레비전이나 비디오, PC, 컴퓨터 게임이 침실문화 발달의 한 부분이기 때문이라고 주장한다. 몇몇 시사문제 해설가들은 아동 침실에 미디어가 늘어나는 것은 (시 · 공간적으로) 가족 구성원들을 멀어지게 하고, 따라서 가족으로의 삶을 포기할지 모른다는 두려움을 증가시킨다고 말한다. 집안에서 ICT의 사용과 위치에 관한 이러한 문제는 또한 일반적인 가정 붕괴에 관한 걱정과도 연관된다. 가정은 가족이 아닌 구성원들을 제외하고, 구성원들이 함께 시간을 보내는 장소로써 여겨진다. 함께 하는 가족식사와 같은 특별한 시 · 공간 방식은 함께하는 순간을 만들고 가족의 관계를 유지시키는데 전통적으로 중요한 역할을 했다.

그러나 몇몇 사람들은 20세기 말 21세기 초 가족과 함께 하는 시간이 부족해지면서 가족의 삶이 위협받고 있다고 말한다. 이러한 시간의 부족은 다음과 같은 요소들의 결과이다. 맞벌이 부부의 증가, 근무시간 연장, 보다 더 유연한 직업형태의 등장, 그리고 재택근무. 이러한 모든 요소들은 작업시간과 집안에서의 시간으로 나누어진 시 · 공간을 만들고 유지하는 가족구성원의 능력을 파괴한다고 주장한다. 예를 들어, 데이비스 씨(Mr Davies)는 어떻게 가정용 PC가 그의 집안에서의 삶과 일터에서의 삶 사이에 경계를 만들었는지 묘사했다 :

데이비스 씨 : 실제로 여기 있는 컴퓨터는 회사의 소유로 난 회사와 함께 이 컴퓨터를 구입했습니다. 컴퓨터를 샀고 접속할 수 있게 되었지요. 우리는 다른 시간대에 많은 일을 하고 있어요. 당신은 우리가 오스트레일리아나 미국에서 일하고 있는 순간에까지 깨어 있기를 원치 않지요. 새벽에 일어나 회사에 가기를 원치 않고 밤늦게까지 회사에 남아 있거나 일상적인 날에도 일 하기를 원하지 않습니다. 때문에 사람들은 어디에 있든 집과 같은 느낌을 갖게 됩니다(웨스트포트).

중산층 아동의 삶은 방과후 클럽, 스포츠, 음악 레슨과 같이 어른들에 의해 조직된 형식적인 활동들에 의해 점점시간을 많이 소비하게 된다는 점에서 보다 더 제도화되고 있다(Valentine & McKendrick 1997 ; Smith Barker 2000). 이러한 경향은 개별화된 세계에서 현대의 부모들이 자신의 자녀가 보다 더 감정적 · 교육적 · 미적으로 충분히 잠재력을 발휘하도록 하는 데 책임을 가지고 있음을 반영한다(Beck & Beck-Gersheim 1995). 이러한 과정의 결과로서 길리스(Gillis 1996 : 4)는 시간성(우리가 시 · 공간이라고 정의한다 할지라도)은 가족구성원끼리도 같지 않고 표준화되지 않는다고 말한다. 그녀는 다음과 같이 밝히고 있다 :

> 가족들은 서로 만나지 못하는 시간 동안 경쟁에서 낙오자가 되어가고 있다. 비록 미국인들이 가정 일에 소비하는 시간이 전 세기에 비해 꾸준히 증가한 후 1970년에 떨어지기 시작했다 할지라도 부모들은 서로를 위한 시간은 물론이고 그들 자녀들을 위한 충분한 시간을 갖지 못한다고 불평한다. 아침과 점심은 오래 전부터 학교와 일터를 위해 희생했고, 밤 역시 맞벌이 가정에 있는 부부들은 집에 늦게 돌아오고 그들의 자녀가 침대에 들어가기 전 단지 몇 분만을 함께 지낼 수 있음으로써 위협받고 있다.

이러한 현상은 영국에서 어린 자녀를 가지고 있는 아버지들의 1/4이 주당 50시간을 근무한다는 한 조사에 의해서 뒷받침된다. 부모와 자녀가 집에서 함께 시간을 보내는 데 중요한 의미를 두는 사람들은 함께 식사를 하지 않는 가족들은 진정한 가족이 아니라고 말한다.

우리의 연구에서 볼 수 있는 바와 같이 자신의 침실에서 컴퓨터를 혼자 사용하고 있는 소수의 아동은 가족과 시간을 덜 보낸다는 것을 의미한다. 예를 들어 컴퓨터의 사용에 대한 앤서니(Anthony)의 묘사는 컴퓨터의 사용이 그들의 가족 안에서 가족과 아동을 분리시킬 수 있다는 두려움을 확인시켜 준다. 그는 대부분의 시간을 거실에 놓여 있는 다른 컴퓨터보다 자신의 침실에 있는 PC를 사용하는 데 사용한다고 말한다. 그 이유는 다른 가족구성원의 출현과 TV가 그의 집중력을 방해하기 때문이다. 그의 방에서는 가족들로 인한 주의산만을 벗어나 보다 많은 시간을 컴퓨터 앞에서 보낼 수 있다. 앤서니(Anthony)가 더러 숙제를 위해 PC를 사용한다 할지라도 그에게 컴퓨터는 주로 여가활용을 위한 도구이다. 그는 숙제를 컴퓨터의 끊임없는 가능성들을 탐구하기 위해 전에 해치워야 하는 것쯤으로 생각한다. 컴퓨터에서 여가시간을 보내는 데에 대한 앤서니(Anthony)의 열정은 여동생 브론과 테레사, 잭슨 그리고 형 폴과 도우그 브레디 같은 다른 기술 중독자(techno-addicts)들에 의해 형성되었다.

테레사 잭슨 : 컴퓨터를 시작한 게 1시 반인데 끝낸 시간이 7시 반이에요. '아! 등이야,' '아! 아파' 부모님은 제가 바닥에 쓰러질 때까지 컴퓨터를 계속할 거란 걸 아시기 때문에 시간을 통제하시죠.

브론 잭슨 : 저는 제 방에 스테레오와 TV를 가지고 있어요. 중요한 것 대부분은 위층에 있죠. 저는 예술가적 기질이 있어요. 많은 시를 쓰고, 머리 속에 계속해서 뭔가가 떠오르죠. 그 모든 것을 받아쓰고 바로 컴퓨터에 옮겨야

해요. 저는 이야기를 디자인하고, 이야기를 꾸미고 온종일 작업을 해요. 이로부터 벗어날 수 없어요.

면담자 : 어떤 시간대에 컴퓨터를 사용하죠?

폴 브레디 : 전화요금이 싼 주말에 인터넷을 사용하고 그렇지 않으면 주로 방과후에요. 아마 오후 4 : 30부터 10: 00까지일 거예요. 눈이 아플 때까지 그렇게 오래 사용하지는 않아요.

[편집]

도우그 브레디 : 거의 매일밤 축구 게임을 해요.

면담자 : 그래요

도우그 브레디 : 컴퓨터에 축구 게임 한 리그를 가지고 있다고 하면, 한 리그에 48개에서50개의 게임이 있으니까…. 만일 하루에 한 게임씩 한다면 50일을 계속해야 할 거예요(하이필즈).

위에서 보여준 예와 같이 ICT는 집에서의 시간 사용과 이해를 구성한다. 컴퓨터를 할 때 시간을 잊어버린다는 잭슨(Jackson) 자매의 말은 재택근무에 대한 연구결과들이 뒷받침하고, 이것은 컴퓨터 사용자가 일상적인 시간의 틀을 구성하고 그들이 일하는 날에 한계를 두는 것이 얼마나 어려운지 말해준다. 리와 리베나우(Lee and Liebenau 2000)는 인터넷이 연결된 PC는 우리의 생활 리듬과 일상생활에 있어서 중요한 시간적 기준을 빼앗아 간다고 말한다. 왜냐하면 전통적으로 학교나 업무 시간에만 가능했던 여가나 사회생활, 정보를 찾거나 일을 하는 것, 가게나 도서관 등의 개/폐점시간 등이 낮이든 밤이든 매우 자유스러워졌기 때문이다. 리와 리베나우(Lee & Liebenau)는 일주일에 7일, 그리고 현재의 형식화된 하루는 인터넷에 의해 개념이 약해지고 있다고 말한다. 이와 같이 개인이 다른 가족구성원과 함께 시간을 보내는 대신에 컴퓨터와 시간을 보내는 것을 우선시하는 경향은 가족 붕괴의 원인이 된다(Failla & Bagnara 1992, Steward 2000).

루이스 랑턴 : 어머니는 아버지가 하루 종일 PC 하는 것에 항상 불평을 하지만 저는 별로 불평하지 않아요. 엄마는 아빠가 엄마와 잘 이야기하지 않는다고 불평하시죠(스테이션 로우드).

펠프스 부인 : 때때로 나는 데이비드가 자기 방에서 컴퓨터를 사용한다면 그럴 수 있다고 생각해요. 제가 외출을 한다면 모임이 있어서죠. 우리가 함께 저녁을 하고 혹은 어떤 다른 것을 함께 한다면 그것이 전부예요. 우리는 데이비드가 자기 전에 10분 정도 이야기하고 그는 다음날 아침 일어나 학교에 가죠. 우리는 결코 함께 시간을 보낼 수 없어요.

여자는 전통적으로 가족을 위해 시간을 내고 가족을 위해 시간을 보낸다. 반대로 남자들의 시간은 그들 자신을 위한 것이고, 그들은 가족과 함께 시간을 보내는 대신에 가족을 부양하고 유지하는 데 시간을 보낸다. 여자들은 또한 모든 연령대에 걸쳐 ICT를 사용하지 않는 가장 큰 비율을 차지한다. 따라서 가족의 삶을 방해하는 요소로써 컴퓨터에 대해 다소 적대감을 가지고 있는 사람이 엄마들이라는 것은 놀라운 일이 아니다. 이러한 관점에서 그들의 두려움은 TV에 대한 전 세대의 태도와 같다. 스피겔(Spiegel 1992 ; 47)은 1950년대에 어떻게 TV가 가족활동 참여 대신 아동을 유혹해서 가정을 파괴하는 괴물로서 인식되는지를 보여준다. 나무상자에 문을 가진 TV(TV의 외관묘사)는 가구의 한 품목으로 감추어졌다.

PC에 대한 두려움이나 증오와 비슷한 표현은 몇몇 여자들 사이에 명백하게 나타난다(3장의 학교에서 기계에 대한 공포를 느끼는 아동의 토론에서 보았다). 사람들은 종종 그들이 물체와 감정적 관계를 가지는 것을 부인하지만 물체에 대하여 생각하고 이야기하는 방법이 아래의 인용문이 제시하는 것처럼 우리 모두가 실제로는 물체를 의인화한다는 사실을 드러낸다.

면담자 : 아버지는 당신의 PC가 어느 순간 고장났을 때 그뿐만 아니라 당신 역시 꽤 좌절스러울 거라고 말했어요. 자기 삶에서 얼마나 컴퓨터가 중요하다고 생각하죠?

다렌 브라운 : 중요하죠. 왜냐하면 컴퓨터가 고장났을 때 제가 컴퓨터를 필요로 하기 때문이예요. 컴퓨터는 제가 필요로 하는 거거든요.

토드 가렛 : 컴퓨터가 고장나면 정말 괴로울 거예요.

카렌 가레 : 작업 중간에 ….

토드 가렛 : 네, 어떤 자료도 저장되어 있지 않다면 … 정말 화가 나겠죠. 제가 축구 게임을 하고 있을 때에도 게임에서 지게 되면 화가 나죠. 하지만 그건 컴퓨터의 잘못은 아니잖아요(하이필즈).

칼렌(Callen 1991: 137)은 신체를 통해 조작되는 물체는 인간의 감정과 도덕을 반영한다는 것을 밝혔다. 우리의 감정에 영향을 끼치는 사물들의 영향은 결국 대부분 소비광고의 기본이며, 그것이 오랫동안 우리가 물체를 기억하고 간직하는 이유이다. 그러나 인공 컴퓨터는 종종 즐거움이 아니라 공포, 불안 좌절, 분노 무기력이다. 교사와 관련한 2장과 부모와 관련한 4장에서 관찰하였듯이 어른들은 종종 아동에 비해 기술을 다루는 능력이 부족하다. 몇몇은 PC 다루는 일을 두려워하고 이러한 기술 부족의 결과 학생과 아동에 대한 그들의 권위, 어른으로서의 지위나 그들의 정체성에 대하여 걱정하게 된다. 그들은 또한 컴퓨터가 부정적인 방법으로 가족구성원들 간의 관계를 변화시키는 힘을 가졌다고 본다. 이러한 느낌은 종종 기계에 대한 공포(techno-phobia)라는 용어로 표현된다. PC에 대한 두려움, PC가 가족의 시 · 공간을 파괴한다는 사고방식은 공통적으로 가족생활의 중심적인 시 · 공간으로부터 컴퓨터를 추방하려는 욕망에서 만들어진다. 이러한 감정은 아래의 인용문에서 명백하다 :

테레사 잭슨 : 엄마는 컴퓨터가 자기를 놀래킨다고 말씀하시죠(웨스트포트).

브라운 씨 : 우리는 PC를 거실에 놓는 것에 대해 생각하고 있습니다. 컴퓨터를 놓기에 꽤 멋진 작은 방이 있어요. 그러나 우리가 컴퓨터를 하는 데 사용하는 시간의 양을 고려해 볼 때 사회적인 공간에 있어야 한다고 생각해요(웨스트포트).

가렛 부인 : 난 거실에 컴퓨터를 놓으면 안 된다고 생각했어요. 나는 컴퓨터를

보고 싶지 않아요. (후에 같은 주제로 다시 돌아왔다 : 그녀는 ICT를 좋아하지 않는다). 컴퓨터는 사교적이지 않아요. 즉, 컴퓨터는 항상 사용 가능하기 때문에 하고자 하면 언제나 일을 할 수 있다는 얘기지요. 난 ICT를 좋아하지 않아요. 난 당신이 컴퓨터를 쉬어가면서 사용할 필요가 있다고 생각해요. 컴퓨터는 대화의 기술을 완전하게 죽인다고 생각해요(하이필즈).

탑스콧(Tapscott)은 아동의 컴퓨터 중독에 관한 이야기와 컴퓨터가 가족의 삶에 관여하는 위협은 과학기술에 대한 반대를 표현하는 편견의 증거라고 말한다. 그는 사람들이 '책 중독'이라고 하기보다는 취미로 책을 읽는 이들을 표현하기 위하여 '매우 열심히 하는 독자'와 같은 긍정적인 용어를 사용한다는 것을 지적했다. 길리스(Gillis)는 또한 가족의 시간을 위협하는 너무 많은 기계 환경에 대하여도 경고하고 있다. 그녀는 시간 기근에 대한 도덕적 공포는 컴퓨터 이전에도 오랫동안 있어 왔는데, 가족들이 실제 사실과는 서로 공유한 시간이 많다고 과장하여 이야기하고 있음을 언급했다.

그러나 다른 아동의 경우, 그들 침실에 있는 컴퓨터는 꽤 다른 어떤 것을 의미하며, 가정 내 가족의 삶으로부터 벗어나도록 하지도 않는다. 예를 들어, 로빈슨(Chloë Robison)은 그녀의 컴퓨터와 보다 더 많은 도구적 관계를 가진다. 그녀는 숙제의 발표를 향상시키고 공부를 하기 위해 컴퓨터를 사용하고자 할 때 방으로 가면 되기 때문에 PC를 가지는 것에 긍정적으로 반응한다. 그러나 그녀는 재미를 위해서 거의 사용하지 않으며, 여유시간에는 춤 수업을 받으러 가고 젊은 이들의 모임에 나가는 것을 더욱 좋아한다. 클로에(Chloë)와 같은 경우에 컴퓨터는 여가를 위한 도구가 아니라 교육적 도구로서 쓰인다. 아동이 공부 대신 놀이를 위해 그들 침실에서 컴퓨터를 하며 혼자 보내는 시간이 항상 부정적이지 않다는 것은 기억해야 할 중요한 점이다. 아동은 주중에 대부분의 시간을 매우 규율에 얽힌 환경 속에서 보낸다. 출발부터 등록, 수업, 먹고 노는 것까지 그들의 모든 활동은 매일 매일의 시간표에 의해 통제되고, 학교 안에서 학생들의 움직임은 신호를 가진다. 젊은 사람들은 주로 학교와 여가 추구에서 무엇이든 잘 해야 한다는 많은 압력 아래서 지낸다. 성인과 마찬가지로 그들 역시 많은 여유시간을 가지지 못한다고 느낀다.

예를 들어, 노르웨이 사람인 솔버그(Solberg)의 연구는 아동은 그들 자신을 위한 시간으로 그들의 부모가 일터로부터 돌아오기 전까지 방과 후 집에서 보내는 시간이 소중하다고 생각하고 있음을 발견했다. 그들 침실과 같은 사적인 공간에서 컴퓨터의 사용은 사소한 충돌, 하찮은 일로 자매들과 싸우는 일, 끊임없이 잔소리하는 부모, 집안의 사소한 일과 같은 집안의 부정적인 측면으로부터 벗어나기 위한 시·공간을 만드는 또 다른 방법이다.

학술적이고 대중적인 자료들은 온라인 속의 삶은 소위 현실세계의 사회적 행동에 대한 부족한 대체물로 나타낸다. 아동의 오프라인 삶이 항상 긍정적인 사회환경은 아니다. 어떤 점에서 서로 다른 개인은 종종 따돌림을 당하고 그들의 동료로부터 배척된다. 정말 다음 장에서 보게 될 것처럼 온라인 PC는 아동에게 보다 넓은 사회적 관계를 발전시킬 수도 있다. 리차드슨 부인(Mrs Richardson)은 오프라인에서 사회적으로 고립되었던 그녀의 아들에게 컴퓨터가 어떻게 해결책을 제공하였는지 설명한다.

리차드슨 부인 : 그는 항상 자기 구역에서 혼자 있었어요. 다른 애들은 뛰어노는데 그 아인 항상 운동장 구석에 앉아 있었죠. 컴퓨터를 할 때는 그렇게 외롭지 않았어요. 벤이 어른들과 함께 있을 때, 그는 자신이 어른의 성향을 지닌 아동이라는 것을 알게 되었어요. 그는 어른 사회를 더 좋아하고 그가 어른이 되었을 때 보다 많은 쉬운 것을 찾게 될 겁니다. 컴퓨터는 단지 그에게 해야 할 어떤 것을 부여하고 그의 마음을 차지하고 있는 사물들로부터 분리해 그를 억압하지 않을 거예요. 컴퓨터는 그가 그렇게 많이 소외되었다고 느끼지 않게 할 겁니다.

컴퓨터에 있어 미세한 위치는 다른 생각을 나타내고 컴퓨터가 거실, 부엌, 식당, 서재와 같은 가족공간에 위치해 있는 집은 일에 사용되어진다.[1] 가난한 집에서 가족공간에 컴퓨터를 놓게 하는 결정은 아동이나 부모의 침실에 책상이 들어갈 공간이 부족한 것을 반영한다. 그러나 똑같이 중요한 것은 모두가 접근할 수 있는 공간에 컴퓨터를 놓을 필요가 있다는 것이다. 성인과 아동에 의해 전유되고 경계지어지는 침실은 컴퓨터를 두기에 적당하지 않은 장소가 되는데, 아래

1) 소수의 가정에서는 PC를 부모의 침실에 두고 있다. 그 이유는 PC를 다른 데에 둘 공간이 부족해서 그럴 수도 있고, 친척들이 왔을 때 아이들이 PC를 과도하게 사용하여 기계가 파손되는 것을 막기 위해서 그렇게 하는 경우도 있다.

인용문이 나타내는 것처럼 컴퓨터는 모든 가족의 접근과 사용을 위해 소유하는 것이라고 간주되기 때문이다:

테레사 잭슨 : 나와 브론(그녀의 여동생)은 서로 좋아하지 않기 때문에 어느 누구의 침실에도 컴퓨터를 놓을 수 없어요. 이층은 거의 전쟁지역이에요. 엄마과 마이크(그의 의붓 아버지) 역시 누구의 방에도 컴퓨터를 놓을 수 없어요.

[편집]

면담자 : 그렇다면 컴퓨터는 누구의 방에 놓여야 한다고 생각하지요?

[편집]

테레사 잭슨 : 만약 브론이 내 방을 지나가면 그곳은 거의 폭탄지역과 같아요. 우리의 서로의 방에 다른 사람이 있는 것을 참을 수 없거든요(웨스트포트).

면담자 : PC를 살 계획이 있다면 어디에 놓아야 할까요?

스티브 레이크 : 부엌에 놓아야 해요.

면담자 : 부엌?

스티브 레이크 : 네, 엄마 역시 다른 일을 하면서도 컴퓨터를 사용할 수 있어야 해요.

면담자 : 다른 사람이 컴퓨터를 사용할 수 있는 장소가 중요하다고 생각하나요?

스티브 레이크 : 예.

면담자 : 당신은 당신의 방에 컴퓨터를 가지고 싶지 않나요?

스티브 레이크 : 그건 불공평해요. 그렇게 되면 우리 부모님을 컴퓨터를 사용할 수 없게 될 거니까요(웨스트포트).

토마스 : 컴퓨터는 많은 공간을 차지하기 때문에 실제로 어디에 놓느냐는 문제예요. 많은 사람이 컴퓨터를 사용하기 때문에 개인의 침실에 그것을 놓을 수는 없지요. 만약 컴퓨터가 우리의 침실에 있을 때, 나는 아베와 루시의 친구들이 우리의 침실에서 컴퓨터를 가지고 노는 것을 원하지 않아요. 아동은 자신의 방을 소유하려 들지요. 그렇지 않나요? 루시는 아베가 그의 방에 있는 것을 좋아하지 않고, 아베도 루시가 그의 방에 있는 것을 좋아하지 않아요. 그래서 모든 사람이 사용 할 수 있는 공간이어야 해요.

실제로 개별화된 시 · 공간의 침실보다 공유할 수 있는 가족공간에 PC를 위치시키면 컴퓨터는 가족구성원들을 모으는 역할을 하게 된다. 길리스(Gillis 1996)는 가족식사나 일요일의 드라이브와 같이 함께 하는 활동이 19세기 동안 가족을 존속시키는 데 가장 중요했다고 말한다. 가족구성원들이 가족구성원들의 삶의 공간과는 별개의 학교나 직장과 같은 시 · 공간의 출현으로 남자는 여자와 구분되고 어른은 아동과 구분되어져 서로 분리되어져서 살기 시작한 것은 산업사회부터이다. 집이 친밀한 사람들을 위한 공간으로서 기능하지 못한 것도 이때부터이다. 그녀는 이렇게 적고 있다 :

> 가족은 이전의 일상적인 가족의 삶이었던 작업관계를 대신해 주는 일련의 행위들을 반영하면서 문화를 생산하게 됐었다고 말할 수 있다.
>
> (Gillis 1996 : 131)

〈그림 5.1〉 아동의 침실문화 발전을 함축하는 PC의 배치

〈그림 5.2〉 가족들이 공동으로 이용하는 공간에 가족의 일원으로 PC가 자리잡은 모습

위의 사진에서 볼 수 있듯이 가정의 물품들은 가족으로서 모일 뿐만 아니라 그들 스스로를 한 가족으로 생각한다. 근대의 TV와 같이 지금의 컴퓨터는 가족을 함께 묶는 중요한 부분이 되었다. 미첼

(Mitchell)은 다음과 같이 서술하고 있다 :

> 보여주는 장치에 집착할 때 난로와 같은 가전제품은 열 대신에 정보를 발산한다. 굴뚝과 선반을 가진 벽난로와 같은 것은 전통적인 거실의 중심이었고, 후에 구겐하임 미술관을 지은 유명한 건축가인 프랭크 로이드 라이트의 상자형 공간분할 저택 계획에 있어 중요한 점이 되었으며, 그래서 정보, 새로움, 오락의 근원이라고 할 수 있는 전시효과는 지금 집안공간과 활동의 가장 중요한 조직자가 되었다. 대부분의 방에서 벽난로는 대부분의 사람들이 많은 시간을 보내는 것이다.

정말로 PC는 저녁에는 함께 사용할 뿐만 아니라 주말에는 공평하게 사용한다는 점에서 심프킨(Simpkin)의 가족에게 있어 가족 삶의 일부분과 같다.

팀 심프킨 : 우리는 컴퓨터를 해안으로 옮길 계획을 하고 있어요. 트레일러가 적당할 것입니다. 엄마는 우리(그와 그의 아빠)를 바라볼 것이고 … 엄마는 PC를 하러 가는 대신에 우리를 바라볼 거예요. 때때로 내가 밖에서 강아지와 함께 놀고 있을 때, 엄마는 나를 바라보고 아빠는 인터넷을 계속해요. 엄마는 무엇이 갑자기 좋아졌는지 알지 못하지만 아빠가 엄마를 위해 노력하고 있다는 것을 알게 될 거예요.

면담자 : 주말에 컴퓨터하는 것을 원합니까?

팀 심프킨 : 네, 비가 오고 밖에 나갈 수 없을 때 단지 해야 할 일이 있다면 그것은 TV를 보는 거예요. 아빠는 내가 밖에 있을 때 하루 종일 컴퓨터를 하시죠. 난 그를 알아요. 난 같이 나갈 친구가 있기 때문에 밖에 나가는 것을 좋

아해요.

지젝 부인 : PC를 함께 사용하는 것은 그들과 그의 아버지 세 사람 모두를 즐겁게 해요. 그들 모두 그것을 좋아하기 때문에 나로부터 분리될 수 있어요. 그래서 좋아요.

[편집]

지젝 부인 : 아들이 두 명 있는데 그들은 성격이 너무 달라요. 한 명은 이론적이고 다른 한 명은 응용적이에요. 그래서 컴퓨터를 통한 상호작용은 그들을 공통점으로 묶어주고, 그들은 그것을 좋아해요. PC는 의사소통을 통해 서로를 이해하게 하고, 사람들이 각기 다른 방법으로 학습한다는 것을 알게 해주거든요. 이처럼 우리는 다른 방법, 다른 수준의 사람들과 연결고리를 갖게 되지요.

아버지와 자신의 ICT 사용과 그의 어머니와의 관계를 말했던 팀 심프킨(Tim Simpkin)의 예는 가족이 함께 있기 위해 컴퓨터를 같이 사용할 필요는 없다는 것을 암시한다. 크리스텐슨(Christensen) 등(2001)의 연구에서 보면 10-12세의 아동들은 집에서 다른 가족과 함께 있는 것을 양질(quality)의 시간이라고 정의한다. 이것은 게임을 하고 함께 공원을 가는것 같이 함께 있을 기회를 증대시키기 위하여 계획된 일련의 활동으로서 시간의 질을 이해하는 어른들과는 반대이다. 아동의 용어로 컴퓨터와 같은 방에 있는 것은 컴퓨터 관련 활동을 하는 것과 같이 가족의 성분을 이룬다. 세바스찬(Sebastian)은 스크린 주위의 가족의 삶의 중요성을 기술한다 :

세바스찬 바커 : 부엌에 PC가 있고 누군가가 거기에서 요리를 하고 있다면 당신은 그들과 이야기를 할 수 있죠. [가족의 상호작용을 방해하는 텔레비전과 비교해] 컴퓨터는 중간에 멈출 수 있죠. 하지만 TV가 보고 싶다면 컴퓨터는 잠시 멈출 수 있는 반면 TV는 잠시 멈출 수 없어요(웨스트포트).

이제까지 부모들은 적극적으로 컴퓨터 사용과 가족 간의 관계를 향상시키기 위하여 가족 활동공간의 중심에 컴퓨터를 배치해 왔다. 예를 들어, 오츠(Oats) 부부는 딸이 컴퓨터를 보다 자주, 오랫동안 사용할 수 있도록 하기 위해 컴퓨터를 이층 다용도실에서 식당으로 옮겼다. 컴퓨터에 있어 딸의 흥미는 학습 게임이나 자료 구매를 통한 교육적 도구로 제한되었다. 그렇다고는 하지만 소녀들이 컴퓨터를 인터넷에 연결하여 여가도구로 전환할 가능성이 있다 해도 그들의 부모가 자녀들의 소망을 꺾지는 않을 것이다. 그럼에도 불구하고 다용도실보다 식당에서의 컴퓨터의 위치는 컴퓨터를 보다 사교적 도구로 만들고 소녀들은 컴퓨터를 더 많이 사용하게 되었다. 사람들은 전자제품과 함께 작은 방에 혼자 멍하니 앉아 있는 느낌보다 그들은 가족공간에서 컴퓨터를 사용하는 것을 덜 개별화되고 보다 사교적인 것으로 본다. 컴퓨터 역시 영향력을 가진다. 가족들이 컴퓨터를 갖게 되는 그 자체로도 소녀들은 컴퓨터 사용을 권장받는다. 다시 한 번 전유, 대상화, 결합의 상호 구성과정을 증명한다.

라첼 오츠 : 컴퓨터가 있는 방이 바로 내 옆방인데도 나는 다소 떨어져 있기 때문에 자주 가지 않아요. 난 문을 닫고 컴퓨터하는 것을 원하지 않아요. 그리고 나는 해야 할 다른 일이 있어라고 말할 수도 있어요. 하지만 아래층에 있을 때는….

헬렌 오츠 : 컴퓨터가 나를 뚫어지게 쳐다보며

라첼 오츠 : 컴퓨터가 당신을 불러요. '오라' 고.

헬렌 오츠 : 너도 컴퓨터하고 싶은 거 알고 있잖아 하고 컴퓨터가 말하는 것 같아요.

헬렌 오츠 : 하지만 일을 해야 할 경우에는 더 쉬워져요. 예를 들어서 엄마는 보통 부엌이나 아래층에 있기 때문에 단지 '이것은 어떻게 하지' 라고 외치기만 하면 되지요. 컴퓨터의 재료뿐만 아니라 철자와 같은 것도(하이필즈).

가정용 PC의 적절한 사용에 있어서 오츠 부부와 딸의 태도의 차이는 시간의 이해에 대한 어른과 아동의 공통된 차이를 반영한다. 결국 시간은 일직선 혹은 순환적이지 않고, 물리적이지도 보편적이지도 않으며, 다소 복잡한 사회적 · 생물학적 · 물리적 의미가 될 수 있다. 부모세대에 있어 그들의 삶은 시간경제에 의해 지배되고, 시간세계는 종종 계획되고 분배되며 팔리고 통제되는 자원으로 간주된다. 그들은 컴퓨터를 하며 보내는 시간이 게임이나 채팅에 낭비되는 것보다 교육적 추구 속에서 생산적으로 사용되어야 한다고 말한다. 다시 말해 시간은 여가시간이 일하는 시간에 종속되어 위계적으로 순서지워져 있다. 여기서 기술과 낭비에 관한 부모의 걱정이 젊은 남성들의 하위문화에 관한 다른 도덕적 공포와 함께 되풀이된다. 인터넷에 있어 타이미 부인(Mrs Thyme)의 태도는 다른 활동으로 컴퓨터 사용을 보충함으로써 컴퓨터에 사용하는 시간을 정당화할 필요가 있다고 하는 다렌 브라운(Darren Brown)의 걱정 속에서 다시 나타났다.

타이미 씨 : 그러니까 나는 그저 빠져든거였죠. 결국 셸라(그의 부인)가 인터넷을 설치하지 못하게 한 데 대해 할 말이 많았어요.
타이미 부인 : 예, 난 인터넷 설치에 동의하지 않았어요.
면접자 : 왜 그런가요?
타이미 부인 : 왜냐하면 아이들이 인터넷을 하는 데 몇 시간씩 보내기 때문이죠. 난 그것이 시간 낭비라고 생각해요.

면접자 : 당신의 아빠가 말하길 당신은 TV를 보면서도 컴퓨터를 한다고 하던데 사실인가요?
다렌 브라운 : 그래요. PC를 할 때는 시간이 정말 빨리 가는 것 같아요. 나는 TV 채널을 돌리면서 시간 보내는 것을 좋아해요. 그러면 PC로 무엇인가를 하면서도 무슨 일이 일어나고 있는지 들을 수 있거든요(웨스트포트).

확실히 아동은 성공과 미래의 보상을 위해 지금의 즐거움을 미루는 것을 배워야 한다. 현실로서의 미래도 아동에게는 먼 미래일 뿐이다(2장과 6장 참고). 많은 아동은 교육적 도구로서 컴퓨터를 사용하는 것보다도 장난삼아 가지고 노는 것을 더 좋아한다. 이것은 아래 인용문에서 보듯이 시간을 죽이거나 메우는 데 있어 좋은 방법이다 :

로나 타이미 : 당신이 방영될 TV 프로그램이나 다른 무엇인가를 기다리고 있다면 앉아서 간단한 게임을 하세요.

콜린 보우니스 : … 할 것이 하나도 없다면 컴퓨터로 게임을 하세요(웨스트포트).

머독(Murdock)은 다음과 같이 언급한다 :

> 우리는 컴퓨터는 사용할수록 그것이 견고한 본질을 지닌 기술 상품이라는 것을 알 수 있다. 이것과 대비하여 컴퓨터가 공공시설의 운영에 의해 퍼지는 것인지 교육 시스템이나 오락산업에 의해 퍼지는 것인지는 논란거리가 된다. 이러한 논란은 기계의 적절한 사용에 대한 부모와 자식 간의 갈등에 영향을 미친다.

4장에서 언급한 것처럼 몇몇 부모들은 아직 그들의 자녀가 자신의 시간을 관리하는 데 대하여 책임을 질 정도로 충분한 능력이 있다고 생각하지 않기 때문에 온라인 활동을 제한하고 감시한다. 가족공간에 컴퓨터를 배치하는 것은 또한 자녀들의 부적절한 컴퓨터 사용에 대한 위험과 온라인에서 다른 사람들의 행위에 있어서의 위험을 줄이는 데 사용된다. 리빙스턴(Livingston *et al.* 1997) 등의 견해와 반대로 외부의 위험에 대한 부모들의 두려움은 밖에서보다 실내에서 여가시간을 보내는 아동들의 침실문화 발달을 이끌지 못한다. 몇몇 부모들은 침실을 인터넷에 의해 넓은 세계와 연결될 수 있는 잠재적 위험공간으로 보며, 따라서 가족공간에서 컴퓨터 사용을 촉진시키려 노력한다. 위에서 논의된 다른 부모들과는 반대로 이들 부모들은 일상의 위험을 처리하기 위한 그들 자녀의 능력에 보다 덜 자신감을 가지고 있고, 자주 자녀들을 보호하고 영향을 주기 위해 끼어든다.

면접자 : 당신은 때때로 집에서 인터넷을 사용하나요?
세바스찬 바커 : 네, 엄마와 아빠는 항상 내가 너무 많은 시간을 컴퓨터에 소비하지 않는지 나를 감시하세요. 전 드럼회사나 음악적 공간 같은 몇 개의 웹사이트를 방문해요. 그것은 대개 음악에 관련된 것이죠. 그러나 학교 숙제나 다른 일들을 위해 인터넷을 하기도 해요.
[편집]
면접자: 인터넷을 할 때 제한을 받는다고 느끼나요?
세바스찬 바커 : 부모님이 계시지 않는다면 난 인터넷을 하곤 해요. 그러면 아빠는 컴퓨터를 끄라고 하거나 내가 다른 일을 하고 싶게 만드시죠. 그래서 가끔 내가 제한받는다고 느껴요. 하지만 난 잘못된 것을 하지도 않고 너무 많은 시간을 허비하지도 않아요.

랜던 씨 : 우리는 거실에 PC를 가지고 있기 때문에 아이들이 거실에 있으면 무엇을 하는지 우리는 볼 수 있어요. 그러나 컴퓨터가 침실에 있다면 걔네들이 무엇을 하는지 알 수 없잖아요.
면접자 : 아니. 그래서 ….
랜던 씨 : 그들은 어떤 것이든 할 수 있어요. 그렇지 않겠어요? 컴퓨터에 있어서 어떤 것.
면접자 : 예, 그래서 당신이 그들이 하는 것에 대해서 통제권을 가지고 있는 게 낫겠다는 말이죠?

랜던 씨 : 네. 그냥 '너 거기서 뭐하고 있니?' 이렇게 묻고서도 그들이 뭐하고 있는지를 볼 수 있어요.

우리가 이 토론에서 만든 주요한 구분이 아동의 침실에 컴퓨터가 있는 가정과 가족공간에 컴퓨터가 있는 가정 사이에 있다면 몇몇 가정은 두 유형에서 분리된다. 예를 들어, 찰스 스티븐슨(Charles Stevenson)은 그의 침실과 거실에 PC가 있어 사용할 수 있다. 시빌레이(Sibley 1995 : 134)도 언급했듯이 찰스와 같은 중산층의 아동은 그들의 침실에서 어느 정도 자율성을 가진다 :

찰스 스티븐슨 : 만약 엄마와 아빠가 거실에서 책을 읽거나 태피스트리 등을 한다면, 내가 게임을 하기 원해도 그들이 내가 게임할 공간을 주는 것을 원치 않기 때문에 거실에서 컴퓨터를 사용 할 수 없을 거예요. 난 내 침실에 있는 PC로 게임을 해요. 그러나 엄마와 아빠가 외출하거나 침실에 있거나 다른 것을 하고 있다면 난 거실로 와서 게임을 하죠. 주말에 엄마와 아빠가 외출했을 때에도 난 보통 거실에 있는 컴퓨터를 사용해요. 그러나 공부를 하는 것이면 나는 언제든지 거실에 있는 컴퓨터를 사용할 수 있어요. 학교 숙제가 있다면 아빠는 자리를 비켜주셔요. 그러나 게임을 하려 한다면 아빠는 아빠가 컴퓨터를 사용해야 하기 때문에 내 컴퓨터로 게임하라고 말하세요(하이필즈).

컴퓨터를 가족 내 다양한 공간에서 사용할 수 있다는 예는 가족 내의 사용에 있어 힘의 관계를 나타낸다. 가정이 사람들의 자신의 시·공간에 대하여 제어할 수 있는 힘을 가진 공간으로 생각되어진다 할지라도 실제로 시·공간은 우리가 통제권을 가질 수 있는 자원이 아니며, 그래서 개인의 다른 시·공간에 있어서의 요구조건은 서로 이리저리 바꾸어지고 조화가 이루어진다. 찰스 스티븐슨의 인용문이 나타내는 것처럼 이런 배치가 항상 똑같은 것은 아니다. 모든 가족구성원이 가족공간을 똑같이 사용하는 것은 아니다. 어린이들의 학습이 어떤 위험한 상황에 있지 않다면 어른들의 사용이 아동보다 우선시된다. 예에서 본 것처럼 찰스의 교육이 우선시되어야만 그는 가족공간을 통제할 수 있다.

찰스는 자매나 형제가 없기 때문에 언제 어디서 컴퓨터를 사용할 것인지 합의할 때 단지 그의 부모와만 다투면 된다. 그러나 대가족에서는 아동들도 매일 특별한 시간과 공간으로서의 컴퓨터 사용에 대한 협상에 참여할 수 있다. 문제가 되는 것은 종종 누가, 언제, 얼마나 오랫동안 컴퓨터 사용에 권리를 가지느냐 하는 것뿐만 아니라, 다른 가족구성원들의 방해 없이 개인적으로 컴퓨터 사용을 위한 공간을 가질 권리를 가질 수 있느냐 하는 것이다.

부모들, 보통 엄마들은 컴퓨터를 교육적 목적으로 우선 사용하고 순번을 정해서 가족구성원들이 시·공간에 접근하는 것을 요구한다. 비록 가족 시간대가 잘 지켜진다 하더라도 실제로는 스트레스를 받게 되고 가끔은 싸움이 일어날 수 있으며, 여기에는 분명하게 성차별이 존재한다. 길리스(Gillis 1996 : 14)은 현대 가족시간을 가족구성원들이 똑같이 나눈다 해도 일관성이 없어 논쟁거리가 될 것이라는 것을 관

찰했다. 아동은 가족구성원의 관계를 깨뜨리는 여러 논쟁거리를 제시한다 :

리사 웹 : 만약 내 여동생이 숙제를 한다면 나 역시 무엇인가를 해야 할 필요가 있어요. 우리는 항상 컴퓨터 사용에 대하여 싸워요. 어떤 사람이 항상 그것을 차지하는 것은 공평하지 않아요.

카렌 가렛 : 내 남동생 토드는 가족들의 순번이 정해졌음에도 불구하고 모든 시간을 그가 차지해요. 그는 게임을 하면서도 숙제를 해야 한다고 말하곤 하죠. 엄마가 숙제를 손으로 직접 쓰라고 말하면 놀래요. 그리고는 숙제가 게임보다 더 중요하다고 했던 엄마 말을 읊조리며 숙제를 하겠다고 해요. 때때로 우리는(그녀와 그의 어린 남동생 제이슨) 심지어 컴퓨터를 할 수도 없어요. 토드는 일부러 보이스카웃 원두막과 같은 게임을 걸어두거나 축구 게임을 컴퓨터를 켜 두어 어떤 누구도 컴퓨터를 할 수 없게 만들어요. 왜냐하면 그 프로그램은 끝나지 않으면 닫을 수 없기 때문이예요. 그것을 닫을 수 있는 사람은 토드 밖에 없어요. 토드는 고의적으로 그런 짓을 해요.

면접자 : 집안 어디에 PC를 두어야 할까요?
마이크 킹 : 부엌에요.
[편집]
리키 킹 : 내 동생 필은 부엌에 컴퓨터가 있는 것을 싫어해요. 자기가 숙제를 하고 있을 때 사람들이 그의 작업을 바라보는 것을 몹시 싫어하거든요. 그래서 그는 모두에게 가라고 소리치곤 해요(스테이션 로우드).

때때로 긴장되는 적이 있다 할지라도 가족 내에서 컴퓨터 사용에 대한 시·공간에 대한 논쟁들은 아동이 가족을 이해하고 컴퓨터에 대한 그들의 공헌이 현실화되는 중요한 방법이다. 가족은 이미 만들어져 있는 구조가 아니라 매일의 일들을 통해 만들어지는 구조이다. 다시 말해 위에서 말한 것과 같은 타협들은 가정 내에서의 컴퓨터의 효과가 아니라 가족의 본질적 내용이다.

요약해 보면 전유, 구체화, 편입의 모습은 사용공동체로서 가족들이 컴퓨터를 가정에 익숙하게 생각하고 있다는 점에서 명확하게 나타난다. 그러나 실버스톤 등(Silverstone *et al.*)과는 반대로 우리는 이러한 과정들을 완전히 다르거나 완전히 동일한 과정으로 보지도 않는다. 이런 조사의 증거는 소유나 가족의 공간성 · 시간성이 실제로는 상호 간의 구성요소라는 점이다. 예를 들어 PC의 소유는 항상 누가 그것을 구입하는 데 재정적으로 공헌했느냐로 결정되지 않는다. 그것보다 차지한 공간과 시간을 통해서 결정된다. 이와 같이 PC가 설치될 장소는(예를 들어 침실이나 가족공간이냐) 개개인에 의해 사용될 것인지 공동으로 사용될 것인지, 얼마나 오랫동안 얼마나 자주 사용되어질 것인지, 누가 컴퓨터를 소유하는 것으로 인정할 것인지에 따라 달라진다. 마지막으로 가족구성원들이 서로 다른 목적을 위해 컴퓨터를 사용하는 데 소비하는 시간은 그것이 가족을 위한 도구, 개인을 위한 도구, 교육용, 작업용, 게임용인지에 따라서 나타나며, 그에 따라 가장 적절한 위치를 정하게 된다. 이렇듯 시 · 공간에 대한 가족들의 협의가 PC의 의미를 변화시킬 수 있고, PC 그 자체도 다른 시 · 공간의 의미를 만들어낼 수 있다는 것이 명백해진다. 예를 들어, PC는 공유된 가족의 시·공간을 만들어낼 수도 있고, 개인적·사적인 시·공간을 경계지을 수도 있으며, 시·공간의 위계도를 다시 만들어낼 수도 있다.

가정 내부와 외부의 세계

우리는 페미니스트와 다른 연구결과들로부터 힌트를 얻어 집 밖에 대하여 우리가 가지고 있는 개념을 확대할 필요가 있다(Hanson and Pratt 1998 ; Moss 1997). 집에서 아동의 ICT의 사용에 대한 두 번째 우리의 주제는 이웃 사회에서의 집의 위치에 대한 조사로부터 나온다. 초기 ICT에 대한 학술적이고 대중적인 설명은 "가족은 인터넷을 통해 보다 더 넓은 세계와 직접적으로 연결 되어질 수 있기 때문에 그 구성원들은 그들의 지역적 공동체와 함께 참여할 필요를 느끼지 않으며 집안 중심적이 되어가고 있다"는 것이었다(Graham and Mavin 1996 : 206). 차례로 이러한 과정은 오프라인의 성격을 공공적 공간으로 결정짓는다. 검페르트와 듀커(Gumpert and Drucker 1998 : 429)는 화목한 가정 속에서 우리는 보다 더 넓은 장소까지 의사소통할 수 있는 능력을 확대하지만 동시에 우리를 둘러싸고 있는 환경과는 분리되어지고 있다는 것을 관찰했다. 맥켈란(McCellan 1994 : 10)은 다음과 같이 예견하였다 :

> 실제 공동체는 공공적 영역이 무너지는 데 대한 대처법을 제공하기보다는 그것을 쇠퇴시키는 데 공헌하고 있다. 컴퓨터는 사람들을 집에 머무르게 하고 거리로부터는 사라지게 한다. TV가 소파에서 TV를 보는 사람만을 만들어내는 것 같이 온라인 문화는 실제 삶으로부터 숨어 사이버 공간에서 빈둥거리는 데 삶을 소비하는 사람들을 만들어낸다.

몇몇 논평가들은 온라인의 동시성이 면대면 관계(face to face)를 약화시켜 그것을 매우 귀중하고 드문 일이 되게 하였다고 제안하였다. 이런 걱정은 한때 비인간적인 접촉의 형태로서 보여졌으나 지금은 면대면 관계나 함께 지내는 것을 유지시키는 중요한 도구로 여겨지는 전화기 같은 이전 시기의 새로운 기술에 관한 공포를 반영한다.

이러한 걱정들은 아동과 관련해서는 공적인 옥외공간의 사용에 대한 컴퓨터의 잠재적 영향력에 관한 걱정으로서 명확하게 드러난다. 그전의 TV처럼 실내에 앉아서만 할 수 있는 PC는 아동이 밖에서 운동하는 데 쓰는 시간을 빼앗아간다고 비난했다. 결과적으로 기술은 어른들이 그들의 유년시절을 회상하게 하는 다소 상상적인 옥외활동을 즐길 능력을 그들로부터 빼앗아갈 뿐만 아니라, 지역사회 내에서 아동의 신체적 건강과 우정이 서서히 약화되는 데 대하여 비난을 받는다. 아동의 하루 일과표(〈표 5.3〉 참조)는 그들이 학교에서의 시간을 제외한 54%의 시간을 집에서 보낸다는 것을 보여준다. 컴퓨터 사용은 이 안에서도 적은 부분을 차지한다. 인터뷰한 대부분의 아동은 거리의 이곳저곳이나 가게, 영화관 등을 돌아다니기, 혹은 집안에서 컴퓨터를 하는 대신 스포츠 하기 등 밖에서 노는 것을 더 좋아한다고 말했다. PC의 사용은 날씨나 낮시간의 정도에 크게 영향을 받는다. 어두운 겨울밤 아동은 실내에 머물러 춥고 눅눅한 날씨에 관계없이 다른 가족구성원들로부터 벗어나 친구들과 의사소통하게 하는 인터넷의 자유를 즐기기를 좋아한다. 따뜻한 좋은 날씨에 대부분의 아동은—대부분 광적인 PC 사용자를 제외하고—대개 그들 친구들과 함께 공공장소에서 논다.

폴 브레디 : 난 항상 스포츠를 즐겨요. 집에 농구 골대가 있기 때문에 농구나 축구하는 것을 특히 좋아하죠. 컴퓨터로 게임을 하는 것보다는 직접 농구를 하고, 축구나 테니스를 하러 공원에 가요(스테이션 로우드).

콜린 보우니스 : 여름 동안에는 컴퓨터를 그렇게 많이 사용하지 않아요. 난 항상 밖에 있어요. 그러나 겨울에는 날씨가 좋지 않기 때문에 집에 들어와 컴퓨터를 켜거나 비디오를 봐요.

면접자 : 당신이 하는 것은 ….

콜린 보우니스 : 해야 할 그 밖의 것, 여름에는 항상 해변에 가요. TV나 PC 앞에서보다 해변에서 시간을 보내는 것이 더 좋아요(웨스트포트).

면접자 : 실제 삶에서 하는 것과 컴퓨터나 인터넷을 통해 하는 일들은 어떻게 다른가요? 그것으로부터 어떤 즐거움을 얻나요?

알렉스 뉴턴 : 만약에 내가 온라인에서 어떤 친구와 이야기하고 있을 때 오프라인에서 친구가 전화를 해서 영화관에 가자고 한다면 난 영화관에 갈 거예요. 컴퓨터의 삶이 우선시되지는 않아요(하이필즈).

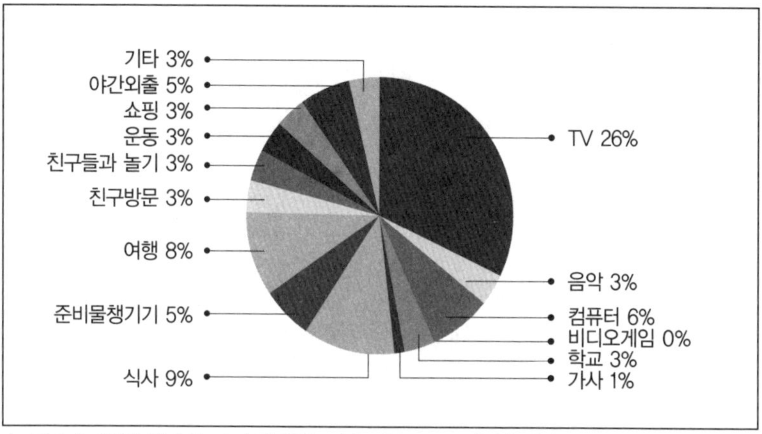

〈그림 5.3〉 아동의 일과 중 PC가 차지하는 비율: 웨스트포트 방과후 시간표

아동의 컴퓨터 사용은 오프라인 취미에 관한 정보를 찾기 위해서이며, 이것은 온라인 활동을 더욱 촉진시킨다. 따라서 카렌 가레트(Karen Garrett)는 그의 남동생 토드(Todd)가 편협된 삶을 산다고 생각할 수도 있지만 이것은 온라인에서의 그의 흥미가 오프라인 세계에서의 그의 관심을 대체하기보다도 반복하기 때문이다.

카렌 가렛 : 지겨운 삶이야. 네 삶은 못 쓰게 되었어.
토드 가렛 : 나도 ….
카렌 가렛 : 2가지밖에 없잖아. 컴퓨터 축구 게임과 진짜 축구 게임.
토드 가렛 : 나도 누나가 싫어. 누나가 친구들과 전화로 통화하는 것, 입고 사고 하는 것 등 모든 것이 마음에 들지 않아(하이필즈).

아이러니하게도 우리가 발견한 예들 중 하나는 기계의 적절한 교육적 사용이라는 이전 활동으로부터 왔다. 이미 백과사전 CD가 장착되고 인터넷 접근이 가능한 가정용 컴퓨터의 구입은 가족생활의 일부분이 되었고, 아동이 지역 도서관을 방문하는 것도 필요 없는 일이 되었다. 집안에서 PC의 존재는 이웃 사회자원의 사용 기회를 줄이면서 가족활동을 생각하게 했다. 부모들은 PC가 가족들의 활동을 변화시키지 않는다고 언급한다. 컴퓨터는 여전히 자녀들의 숙제를 돕고 있으며, 변화된 것은 단지 자료 제공원이다.

도일 씨 : 나는 컴퓨터가 가족의 움직임을 특별히 변화시켰다고 생각하지 않는다. 책을 찾거나 도서관에 가는 것 대신에 컴퓨터를 보는 것은 또 다른 가능성의 하나일 뿐이다. 단지 다른 기술이지 그것이 가족의 움직임을 바꾸었다고 생각하지는 않는다.

아동이 컴퓨터를 하며 보내는 시간을 적게 만드는 것은 실외활동이 아니라 TV를 보는 실내활동이었다. TV시청에 관한 쥬피터 사(Jupiter Communications and kidsCom Company)의 조사는 그들의 응답자의 40%가 TV를 시청하는 데 소비한 시간이 인터넷 사용 때문에 감소했다고 주장하고 있음을 발견했다. 이와 마찬가지로 사이버상의 대화 방식으로 실시된 미국 인터넷 사용자 조사(American Internet User Survey)는 가정 내 인터넷 사용자의 1/3이 TV시청을 한다는 점을 발견했다. 우리 연구의 몇몇 아동은 컴퓨터가 그들의 TV시청을 감소시킨다고 주장하는 반면, 일반적으로 다른 실내활동을 대치하는 것 같아 보이지는 않는 것 같다. 다른 조사결과를 반영하는 이 결과물은 새로운 기술을 사용하는 사람들은 미디어 사용이나 다른 기술들을 더 많이 사용한다는 사실을 제시했다. 라디오, 스테레오, 심지어 TV가 주로 ICT의 사용에 대한 부산물로서 사용되어지는 반면에 책, 잡지, 전화가 컴퓨터와 협력해서도 종종 사용되어지기 때문이다.

브라운 씨 : 그는 동시에 TV도 보면서 하곤 하죠. 스포츠 경기를 틀어놓고는 왔다갔다 하는 거예요. 동시에 두세 가지 일을 하는거죠(웨스트포트).

면접자 : 인터넷 사용이 잡지의 사용을 대신한다고 생각하나요?(질문은 폴이 잡지에 나오기를 기다리는 대신에 온라인에서 야구경기 점수나 논평을 찾아본다는 폴의 대답에 이어진 것이었다.)

폴 브레디 : 난 잡지에서 사진을 찢어 벽에 붙이는 것을 좋아하기 때문에 둘 다 사용해요. 왜냐하면 꽤 큰 사진들은 컴퓨터에서 프린트하기에 많은 시간이 걸리기 때문이에요.

면접자 : 거기에 큰 장점이 있지는 않나요?

폴 브레디 : 많은 그래픽이 있는 좋은 웹페이지에 접속하는 것은 느려요. 그래도 난 잡지보다 인터넷을 더 좋아해요. 왜냐하면 다섯 가지 잡지를 사는 대신에 다섯 개의 사이트를 방문하면 되기 때문이죠(스테이션 로우드).

어떤 아동은 아무 것도 하지 않을 때나 다른 활동들 사이에 시간이 남을 때 ICT를 사용하기 때문에 그들의 PC가 어떠한 규칙적인 활동도 대치하지 않는다고 말한다. 테레사 잭슨(Teresa Jackson)과 피트 그로브스(Pete Groves)는 컴퓨터가 이미 존재하는 개인 시간표에 딱 맞을 수 있는 방법을 기술했다.

테레사 잭슨 : … 난 어떤 다른 것을 하기 위해 텔레비전 프로그램을 놓칠 수 없기 때문에 컴퓨터를 할 때에도 남는 시간을 찾아요. 난 TV를 보면서도 빈 시간을 찾으려 하죠. 난 TV를 보는 데 내 모든 시간을 소비하지 않고 반 정도만 할애하구요. 그리고는 학교 혹은 집에서 공부를 하거나 아니면 음악을 듣거나 잠을 자요(웨스트포트).

피트 그로브스 : 우리는 외출하고 축구하는 것을 좋아해요. 잠깐의 티타임 시간인 6시 정도에 TV를 보거나 컴퓨터를 조금 하고 8시 정도에는 다시 외출하거나 다른 일을 하죠(웨스트포트).

대체로 대부분의 아동은 균형잡힌 방법으로 ICT를 사용한다. 이러한 기술은 다른 활동을 대체한다기보다는 그들의 삶에 적당하게 맞추어졌다. 이와 같이 컴퓨터의 사용은 아동을 집안에 가두는 것도 아니고 집 밖의 활동에 피해를 주지도 않는다. 그보다 컴퓨터의 사용은 일상생활의 눈에 띄지 않는 하나의 부분으로 당연시되어지고 있다. 예를 들어 카츠와 애스프덴(Katz and Aspden 2000)은 공동체에 있어서 인터넷을 사용하는 사람과 인터넷을 사용하지 않는 사람들 사이의 동료애는 통계적으로 별 차이가 없다는 것을 발견했다. 프란체스카 레이톤(Franscesca Leighton)과 그로브스는 적절함과 균형의 개념을 기술하고 있다 :

프란체스카 레이톤 : 나는 컴퓨터가 어떤 다른 것을 하는 데 방해가 된다고 생각

하지 않아요. 사람들은 컴퓨터가 삶을 간섭한다고 보고 모든 것을 해체시킨다고 생각하지만, 컴퓨터 사용은 내가 스노우 보드를 타거나 드럼을 연주하는 것, 뭐 그런 거 같은거죠(하이필즈).

그로브스 씨 : 그건 말이죠, 우리 어릴 적에 TV의 존재와 같은거죠. 어른들은 우리 세대에게 'TV를 너무 많이 보는구나' 라고 말하곤 했어요. 글쎄요, 제 생각에는 누구나 한동안은 TV에 빠지게 되는 기간이 있는 것 같아요. 그러고 어느 날 일어나 TV를 끄고 축구하러 가야 겠다는 생각을 하게 되죠. 우리 아이들은 신체적으로 활동적이죠. 요는 균형이란 말이죠. 나는 균형을 맞추는 삶에 만족을 느껴요(웨스트포트).

아동의 가정 내에서의 ICT 사용은 꽤 사회적인 활동이기 때문에 컴퓨터로 연결된 상태는 아동에게 있어 중요하다. 이것은 전 장에서 우리가 살펴본 다른 가족구성원들과 함께 컴퓨터를 사용하는 것뿐만 아니라, 친구나 지역사회의 이웃들과 함께 컴퓨터를 사용하는 것에 있어서도 마찬가지이다. 자신의 침실에 PC를 가진 대부분의 '기술광' 들도 컴퓨터로 연결된 친구들과의 활동에 있어서는 전형적인 방법을 따라야 한다. 이전에 살펴보았던 앤서니 하비(Anthony Harvey)는 이전보다 PC로 작업하는 데에는 많은 시간을 할애하고 가족과 보내는 시간은 줄었다. 그에게는 대부분 주중의 저녁에 친구들을 오라고 하고, 그때 그들은 PC를 함께 사용한다 :

앤서니 하비 : 친구는 거의 매일 날 찾아와요. 그는 방과후 갑자기 나타나고, 우

> 리는 보통 집으로 걸어오는데, 학교에서 그랬던 것처럼 역시 컴퓨터에 대해 이야기해요. 만약 우리가 다른 어떤 것에 대해 이야기하기를 시도한다면 그것은 주로 소프트웨어에 관한 것이죠(스테이션 로우드).

집안에 아동을 고립시키는 대신에 컴퓨터는 친구를 만들 수 있는 연결선으로서 중요한 역할을 한다. 이전에 집안에 고립되어 컴퓨터를 통해 흥미를 찾았던 몇몇 아동은 그들의 사회적 고립을 줄이고 다른 사람들과 연결되는 방법을 찾게 된다. 예를 들어, 알렉스 뉴턴(Alex Newton)은 전에 다소 고립되어진 아동이었고, 공유되지 않는 그의 흥미 때문에 동료들과도 잘 지낼 수 없었다. 그러나 지금은 컴퓨터가 흥미가 있어 게임을 함께 하고 놀기 위해 방문하는 몇몇 친구들이 있다. 알렉스 같은 아동은 컴퓨터를 여가 도구로 사용한다. 또한 PC는 아동의 유년기를 형성하는 데 중요한 역할을 하기도 한다. 알렉스의 경우에 사회 주변인으로 남아 있던 아동이 같은 흥미를 가진 친구들과 함께 네트워크를 만들면 그들은 보다 더 사교적인 아동이 된다. 대부분의 경우에 이러한 친구관계는 오프라인 환경에서도 실행된다. 그러나 인터넷에 접근할 수 있는 장소에서 아동은 서로 이메일을 보내고, 같은 채팅방을 방문하며, 그들이 각자의 방에 있는 동안에도 함께 컴퓨터 게임을 함으로써 온라인에서 관계가 더욱 강화된다. 아동의 기술 사용이 지역사회 네트워크에 포함되어 있는 이와 같은 공동체는 설사 있다 해도 공동체의 가상공간에 관한 연구의 초점이 되는 경우는 드물다. 그러나 키친(Kitchin)이 다른 상황에서 주장했던 것처럼 온라인에서의 삶은 가상공간으로부터 분리되는 것이 아니고 그 안에 위치해 있는 것이다. 눈에 띄지는 않지만 인터넷의 일상적인 사용은 온라인 공간에서만 작용하는 가상공동체만큼이나 중요해 보인다.

컴퓨터는 기술광인 소수의 사용자보다 대부분 아동의 삶에서 덜 중요한 역할을 한다. 그럼에도 불구하고 '까다로운' 아동의 컴퓨터 사용은 종종 사회적 네트워크를 통해서 이루어진다. 개인용 PC에 접근하는 데 덜 영향력을 가진 아동은 학교 친구들에게 특별한 숙제를 하기 위해 컴퓨터 사용에 대한 특권을 부여한다고 설명한다. 이러한 방법으로 그들은 단순히 사회적 활동으로써 뿐만 아니라 사회적 도구로써 컴퓨터를 사용 하고 있다. 비슷하게 다양한 아동은 그들의 친구들이 방문했을 때 작업뿐만 아니라 여가를 즐기는 도구로 컴퓨터를 사용한다.

재이슨 보우니스 : 친구들과 온라인 채팅방에서 채팅하는 것은 재미있어요. 그러나 혼자 있을 때는 꽤 지루할 것 같아요. 그러나 다른 친구들과 함께 이야기하는 것은 재미있어요(웨스트포트).

사라 퍼듀 : 우리는 학교 프로젝트나 어떤 과제를 수행할 때 참고자료로서 온라인 사전인 엔카르타(*Encarta*)를 사용해요. 그러나 사실 우리는 음악을 들으면서 하는 경향이 있죠(웨스트포트).

온라인에서는 다른 사람들과 연결되어 있으나 오프라인에서는 다른 사람들과 분리되어 있는 반사회적 디지털 쓰레기 정보(digital junkies)에 관한 두려움은 우리가 관찰했던 것과는 거리가 있다. 아동의 컴퓨터 사용은 대부분이 지역 사회와의 네트워크를 통해 이루어지기 때문에 매우 사회적이고 지역적이다. 그러나 이것이 아동 경험에 있어서 동일성을 의미하지는 않는다. 기술과 사회의 상호 결합은 컴퓨터가 다른 사용 환경에 있어서는 다른 도구로 나타난다는 것을 의미한다. 어떤 아동은 컴퓨터를 교육적 도구로 보고 또 다른 아동은 여가를 위한 도구로 본다. 게다가 아동의 사회적 네트워크에서 PC의 위치는 다양하다. 때때로 아동과 친구가 되기도 하고, 때로는 이미 존재하는 관계 속에 부수적인 역할을 하기도 한다.

집안에서의 ICT 사용이 단순히 가정을 지역사회로부터 고립시키고 사용자를 오프라인 친구관계에서 고립시킨다는 생각에 대해 인터넷에 의해 보다 더 넓은 세계와 만나는 아동이 이 기술을 집에서 사용하는 것과는 관계가 없다는 것을 말하고 싶지는 않다. 다음 장에서는 계속하여 아동의 온라인 정체성과 사회적 관계에 대하여 알아볼 것이다.

일상에서의 실천

이 장에서 우리는 ICT의 사용과 스크린 주위의 가족들의 삶 사이의 복잡한 관계를 살펴보았다. 논의된 전유, 구체화, 편입의 과정은 이전의 연구들과는 반대로 기술이 가족 내에서 친숙해지는 것이 특별하지 않다는 것을 말해준다. 우리는 이런 요소들이 상호 협력관계에서 보다 더욱 잘 구성되는 것을 보았다. 특히 가정 내 시간과 공간을 위한 PC 사용에 대하여 알아보면서 우리는 시간과 공간이 이분화되어지는 방법을 다른 관점에서 이해하게 되었다.

또한 우리는 이 장에서 기계 결정주의에 대한 우리 비판을 더욱 강화하였다(특히 1장 참조). ICT가 일상생활에서 이해되어지는 다양한 방법을 보여줌으로써 우리는 컴퓨터 사용이 미리 정의된 논리도 아니고 디자이너, 제조자, 그리고 도매업자들에 의해 미리 정해진 개념도 아니라는 것을 증명했다. 예를 들어 컴퓨터는 특별한 방법으로 가정 내 생활에 영향력을 발휘하지도 않고, 아동의 옥외공간에서의 활동을 감소시키지도 않으며, 가족 간의 관계를 약화시키지도 않는다. 이 장에서는 '반복과 발명'을 위해서라고 정의하면서 다른 가족구성원들에게서 나타난 컴퓨터의 다양한 방법을 만들어냄으로써 일상생활에서 컴퓨터 사용의 중요성을 강조하고 있다. 이러한 과정은 컴퓨터가 가족의 시간과 공간의 개념을 재구성하고 있다는 점에서 상대적이다(예를 들어, 제한된 개인의 시·공간 혹은 집단적인 시·공간을 만들어내고 집이 외부의 위협으로부터 피난처가 되어주거나 혹은 외부 위험의 침투로부터 보호되어질 필요가 있는 공간으로 이해되어지는 것을 통해서). 또한 시·공간에 대한 가족구성원들의 정의는 변화될 수 있고, 기술의 의미 역시 재정의 될 수 있다(예를 들어, 일을 위한 도구에서부터 사회적 도구로까지).

이 장에서 우리는 또한 아동의 집 안에서의 삶과 집 밖 공간에서의 ICT의 주장된 영향력에 관한 대중적인 담론을 논박했다. 우리는 온라인 활동이 오프라인에서의 활동을 대치하지 않으며, 가정은 지역사회로부터 분리되어지지 않고 컴퓨터 사용자는 좁은 의미에서 더욱 가정중심적이 된다는 사실을 보여주었다. 온라인에서의 아동 활동이 증가함에 따라 그들은 오프라인에서 자신의 흥미를 보충하고 강화한다. ICT의 사용은 그들의 삶이 배어 있는 지역사회의 네트워크 안에서 생각되어진다. 그리고 그들의 컴퓨터 활동은 그들의 규칙적인 시 · 공간 활동을 대치한다기보다는 일치한다. 한번에 한 가지 활동이라는 단일시간 개념이 증가하는 대신에 젊은 사람들의 컴퓨터 사용은 다른 사람들과 이야기하면서 다른 일을 한다든가, TV를 본다든가, 라디오를 듣고, 다른 가족구성원과 함께 이야기를 할 수 있다는 점에서 복합 시간의 개념을 만들어낸다.

다음 장에서 우리는 보다 더 상세하게 아동의 온라인 활동을 생각해 보기 위해 가정 내 오프라인 공간의 개념으로 우리의 관심을 옮겨갈 것이다.

제6장

사이버 지리학

아동의 눈으로 본 온라인 세계

앞장에서는 외부에서 발생한 것들에, 즉 아동의 오프라인 생활에 초점을 맞추었다. 이 장에서는 아동의 온라인 활동에 관심을 돌리고자 한다. 첫 번째 부분에서는 아동이 주변 정보에 접근하기 위해 웹을 사용함으로써 어떻게 그들 지식의 범위를 확장하는가 하는 것과 그들 삶에 깊이 간직된 지역적인 문화에 있어서 이것이 의미하는 바가 무엇인지에 관해 관찰할 것이다. 두 번째 부분에서는 아동이 온라인과 오프라인 양쪽 모두에서 친구 또는 아는 사람과 의사소통하기 위해서 ICT를 사용하는 방법에 관하여 탐구하고, 아동들이 그 과정에서 내적으로 형성된 정체성을 표출하는 과정에 관하여 살펴볼 것이다. 세 번째 부분에서는 이러한 연결이 아동으로 하여금 세계 속에서 공간에 관한 감각을 어떻게 형성시켜 주는가 하는 것과, 공간 자체가 없는데도 일반적으로 사회적 공간이라고 표현되는 사이버 공간에 대한 질문을 시도할 것이다. 이 장의 결론 부분에서는 아동의 온라인 활동에 명백하게 영향을 미치는 사이버 지리에 관하여 돌아보고, 아동에게 있어 온라인 세계와 오프라인 세계가 상호 구성하고 있는 범위에 관하여 강조하게 될 것이다.

정보화 시대 : 더 넓은 세계에 대한 접속

자넬(Janelle 1973)은 사람들이 '거리'라는 물리적 · 절대적인 한계를 극복하기 위해서 운송과 의사소통 기술을 사용하는 방법을 측정하기 위해서 연장성의 개념을 사용하였다. 월드 와이드 웹(WWW)은 그들이 살고 있는 장소의 경계를 뛰어넘어서 지식을 획득하고 감각적 접근의 범위를 확장시키기 위해서 학생들에게 그러한 능력을 부여하는 기술 가운데 하나이다. 이러한 확장의 형태는 시골지역의 학생들이 그들의 교육적 잠재성에 도달할 수 있도록 도와주는 중요한 방법으로 웨스트포트(Westport)의 부모들과 선생님들을 최선으로 여겼다. 질 좋은 도서관 자료가 부족한 시골지역의 아동들은 도시지역 또래들보다 오프라인의 넓은 정보로부터 더 고립된다. 타이미 씨(Mr Thyme)는 인터넷이 그들 자녀의 학업을 어떻게 도와주는지 묘사했다. 비록 로나 타이미(Lorna Thyme)의 경우에 이러한 이점이 그녀 아버지의 온라인 활동을 통해 대신 성취된 것으로 나타났지만 말이다.

타이미 씨 : 우리가 인터넷이 연결된 PC를 구입한 이유는 정보를 얻기 위해서예요. 로나는 학교에서 스트라톤(Stratton)에 대한 역사 프로젝트를 했어요. 나는 정보를 얻기 위해 인터넷을 하며 시간을 보냈구요. 이런 작은 장소에서 정보를 얻는다는 것을 믿을 수 없겠지만 내가 무슨 말을 하는지 알거예요. 나는 스트라톤(Stratton)의 의지에 대해 언급한 인용문을 발견할

> 수 없었기 때문에 알프레드(Alfred) 왕에 관한 책 작업을 하고 있는 사람에게 이메일을 보냈지요. 그리고는 내 딸의 프로젝트를 도울 수 있는 스트라톤을 언급한 책의 인용문을 이메일로 받을 수 있었습니다(웨스트포트).

실제로, 몇몇 부모들은 인터넷은 아동의 지식을 확장시키는 것뿐만 아니라 사회적 행위자로서 개인적인 지평을 확대시키기 위한 기회를 제공해 주기 때문에 중요하다고 주장한다. 또한 이것은 웨스트포트에서 특히 중요한 것으로 간주된다. 왜냐하면 시골지역이기 때문이다. 사람들은 시골 환경이 가족이 살아가는 데 있어 이상적인 장소라고 생각하곤 한다. 시골지역은 아동을 키우기에 도시지역보다 더 안전하고 도시지역의 또래들보다 독립적이고 자유로움을 가질 수 있는 공간이다. 시골지역은 부모들에게 더욱 매력적인 곳이다. 왜냐하면 도시지역의 마약, 미성년자의 성행위, 괴롭힘, 폭력범죄와 같은 활동에 가담하라는 동료 그룹의 압력이나 패션 산업의 광고 압력으로부터 피할 수 있다는 장점이 있기 때문이다. 이렇게 시골지역에서는 도시지역에서보다 더 순수한 아동기의 경험과 덜 세속적인 경험을 가질 수 있다. 그러나 몇몇 웨스트포트 부모님들은 이렇게 자란 아동이 성인이 되었을 때 이런 장점이 급격하게 단점이 될 수 있다고 한다. 특히 시골지역 사회의 특정한 특성은 아동을 외향적이기보다 내향적으로 만들 수 있다. 이것은 교육의 가능성에 대한 인식과 다른 지역의 취업과 여행의 기회가 결핍되어 있고 그들 자신의 개인적 시야 또한 좁게 만들기 때문이다. 인터넷은 시골지역의 아동이 제약을 극복하고 시간과 공간에서 그들의 시야를 넓힐 수 있게 해준다.

가드너 부인 : 인터넷이 전 세계에서 발생하는 것이 무엇이든지 그것을 통해 아동 자신의 시야를 넓힐 수 있게 해준다면 그것은 좋은 일이죠. 이렇게 좁은 곳에서의 삶은 좋지만은 않아요. 인터넷은 아동에게 경제적 제약이 있을 때 다른 곳의 사람들이 살아가는 다양한 방법을 보여줄 수 있고, 간접 여행을 가능하게 해주죠(웨스트포트).

그로브스 씨 : 내 생각에 인터넷은 매우 긍정적이에요. 웨스트포트에 있는 사람들은 30마일 정도 떨어진 곳에서 무슨 일이 발생하는지 모른죠. 인터넷을 사용하는 아동은 우리가 살아온 것보다 더 나은 삶을 위한 다양한 방법을 온라인에서 얻을 수 있어요(웨스트포트).

위에서 잠깐 보았던 타이미(Thyme)의 인용문을 통해 아동은 부모에 의한 교육적 계발 추구보다는 인터넷을 통한 사회적인 활동과 지식범위 확장을 더 선호한다는 것을 알 수 있다. 세 학교의 아동들은 모두 취미와 여가활동에 대한 정보를 얻거나 디자이너의 상표와 패션에 대해서 발견하기 위해서 쇼핑 사이트를 사용하는 것, 음악이나 스포츠, 영화에 대한 정보를 얻기 위해 인터넷을 하는 것을 좋아한다. 예를 들어 사라 굴드(Sarah Gould)는 넷볼 하는 것을 좋아한다. 그녀는 영국 넷볼협회(AENA)의 소식과 국제경기 결과, 또 세계 순위를 보기 위해 인터넷을 사용한다. 그녀가 속한 지역의 팀 역시 온라인으로부터 작전에 관한 많은 정보를 얻었다. 그들은 경쟁 팀과 서신을 교환하기 위해 에나(AENA)를 상징하는 마크를 복사해 편지지 위에 인쇄문구로 사용했다. 아래에 있는 세바스찬 바커(Sebastian Baker)의 설명처럼 이런 방법으로 온라인을 통해 정보를 얻는 것은 아동이 오프라인에서 사회적인 신분을 강화시킬 수 있는 사회적 자본으로서 사용할 수 있다. (이 장의 세 번째 부분에서 언급하고 있다.) 이 관점에서 아동의 시야는 그들과 동시대에 있는 동료 그룹과의 사회적 관계 내에서 그들의 현재 위치를 결정짓는다. 그들의 부모, 선생님의 전망과는 대조적인 관점이다.

세바스찬 바커 : 사람들은 PC게임에 대해 많은 이야기를 나누죠. 우리는 서로 정보를 교환해요. 만약 내가 정보를 얻을 수 있다면 기타 연주나 다른 것을 좋아하는 사람에게 그것과 관련되는 몇몇 사이트를 알려주죠(웨스트포트).

팝스타, 영화배우, 국제적인 미식축구와 같은 정보자원은 순전히 그들이 사는 장소에서 얻어낸 것이 아니다. 오히려 그들은 세계 젊은 문화의 한 부분이다. 패트릭 레드우드(Patrick Redwood)는 오프라인에서의 그의 관심에 따라 온라인에서도 오아시스(Oasis) 홈페이지를 방문한다. 그는 인터넷을 통해 세계적 활동과 국제적 발표에 대해, 그리고 다가오는 순회공연 날짜에 대해서 알 수 있고, 역시 지역 개최지에서 그들을 보기 위한 티켓도 얻을 수 있다 :

패트릭 레이우드 : 나는 공연 날짜, 앨범발매 등과 같은 것을 알기 위해 오아시

> 스 홈페이지에 가죠. 왜냐하면 그들은 일본을 제외하고는 「Stand By Me」를 싱글곡으로 발매할 것이라고 말해주지 않기 때문이에요. 자선목적 발매였나 봐요. 나는 그것을 통해 콘서트 사진을 얻고 순회공연 날짜를 아는 것을 좋아해요. 왜냐하면 그것은 내가 이용하는 것이기 때문이죠. 나는 오아시스가 지방에 왔을 때 그들을 보러 갔다 왔어요(하이필즈).

다시 말하면 아동의 온라인 활동은 "그들 세계의 의미가 세계적인 동시에 지역적이다"라는 것을 명백히 입증한다. 온라인 활동은 그들을 더 넓은 세계의 젊은이 문화와 연결시켜 준다는 면에서 세계적이다. 그러나 이러한 세계적인 문화는 지역사회 관계의 렌즈를 통해서 해석되고, 문화는 이 과정에서 다시 만들어진다.

우리는 아동이 온라인을 통해 다른 사람과 의사소통하고 일상의 오프라인 삶을 통해 세계적인 관계를 이해할 수 있게 해주는 방식을 언급하는 다음의 부분에서 이것의 증거를 발견할 수 있다.

관계 맺기 : 온라인에서의 정체성, 사회성, 그리고 우정

ICT를 사용하는 주된 요인 중 하나가 의사소통임에도 불구하고 이러한 기술은 종종 반사회적인 것으로 생각된다. 이것은 참으로 모순적이라고 할 수 있다. 컴퓨터는 종종 고독한 사람이나 괴짜의 피난처로 비웃음을 당하곤 한다. 하지만 5장에서 보았듯 온라인 활동은

ICT 사용을 공유하여 오프라인에서 지역 사용자들을 함께 묶어주는 만큼 사회적이고 대중적이다. 이러한 사회성은 온라인에서 분명하게 나타난다. 커티스(Curtis)는 다음과 같이 말했다:

> 만약 어떤 사람이 수천 마일 떨어진 사람과 사귀는 데 그들 시간의 많은 부분을 사용한다면 당신은 그들이 내향적이라고 말할 수 없다. 그들은 사회를 멀리하지 않는다. 그들은 활동적으로 노력하는 것이다. 그들은 어떤 면에서 주위의 어떤 다른 사람들보다도 더 활동적일 수 있다.

ICT에 관해 가장 많이 알려진 것 중의 하나는 우리가 시간과 공간을 가로질러 세계의 다른 여러 사람들과 연결될 수 있는 기회를 제공한다는 것이다. 전화나 우편 서비스도 유사한 가능성을 제공하지만 ICT는 전화기보다 더 싸다는 이점을 가지고 있다. 그리고 편지를 쓰는 것보다 다른 사람과 접촉하는 수단으로 비격식적이고 더 빠르다는 장점이 있다. 더 나아가 텔레비전과 라디오, 비디오는 한 사람에 여러 의사소통 매체를 연결하는 반면에, 인터넷은 여러 사람과 여러 매체를 한번에 연결시킬 수 있다는 점에서 대조적이다. 즉 인터넷은 세계적 연계망을 통해 4억이 넘는 사람들을 연결시킬 수 있다. 그리고 인터넷은 대인관계와 대중매체의 경계를 흐리게 한다. 홀더니스(Holderness)는 같은 시간에 온라인을 사용하는 사람들은 지역적으로나 세계적으로 온라인의 비용과 편리함이 거의 차이가 없기 때문에 그들은 같은 장소에서 큰 효율을 얻을 수 있다고 주장한다.

예를 들어 우리 연구에서 아동은 먼 거리에 있는 친척과 연락하기 위해서 이메일을 사용한다. 이렇듯 ICT는 떨어져 있는 가족을 묶는 중요한 수단이 된다.

루이스 뉴슨 : 나는 아빠에게 이메일을 많이 보내요. 왜냐하면 아빠가 케터링에 있기 때문이예요. 그런데 아빠가 집을 옮겨 주로 워릭셔에서 사는데요, 나는 아빠의 전화번호도 몰라요.

면접자 : 그래도 당신은 무언가 알죠.

루이스 뉴슨 : 아빠의 이메일 주소요.

면접자 : 그러면 직장에서?

루이스 뉴슨 : 아빠는 직장에서 이메일 받는 것을 무척 좋아해요. 이게 무척 재미있다고 생각하시죠(웨스트포트).

앞장에서 중요하게 언급되었던 것처럼 PC 통신망은 젊은이들에게 있어 지역의 친구들을 연결시켜 주는 중요한 수단이다. 많은 경우 전화를 대신할 수 있고 사람들을 함께 할 수 있도록 하는 데 사용된다. 베어미시(Beamish)는 이런 아동들에게 온라인상의 인간관계가 방법면에서 오프라인의 사회적 관계를 나타내는 데 효과적이기 때문에 ICT가 사용되었을지도 모른다고 말한다. 웨스트포트의 아동들은 다른 교실의 친구나 같은 교실의 반대편에 앉은 친구와 접촉하는데도 이메일을 사용한다. 어떤 소녀는 너무 수줍어서 면대면(face to face)으로 다가갈 수 없는 학교의 소년들에게 말을 하는 데 이메일이 아주 유용한 방법이라는 것을 알게 되었다. 스티브 레이크(Steve Lake)와 그의 친구들은 학교의 불량배가 다른 아동을 괴롭히는 것을 막으려고 메시지를 보내기 위해 익명의 이메일을 사용한다.

면접자 : 왜 사람들에게 직접 가는 것보다 메시지를 보내는 게 쉽다고 생각하나요?
레이첼 보닝턴 : 그들이 메시지를 읽을 때 난 거기에 없기 때문이죠.
루이스 뉴슨 : 당신이 어떻게 느끼는지 그들에게 더 말할 수 있어요.
면접자 : 그런 사람은 당신을 잘 알고 있거나 더 알기를 원하나요?
루이스 뉴슨 : 네.
캐롤린 듀란트 : 둘 다예요.
루이스 뉴슨 : 만약 어떤 사람과 친해지고 싶다면 이메일을 보내세요. 그리고 답장이 오면 만나는 거죠(웨스트포트).

테레사 잭슨 : 내 절친한 친구 제이슨은 나에게 많은 메시지를 보냈어요. 왜냐하면 나는 프랑스 쪽에 있고 그는 스페인 쪽에 있기 때문이죠. 나는 초등학교에서의 모든 생활을 그와 함께 보냈어요. 그후 우리는 원치 않게 웨스트포트에서 헤어졌는데 우리는 가능한 많은 의사소통을 하려고 노력해요.
콜린 보우니스 : 당신은 웨스트포트에 있는 다른 사람이나 세계의 다른 부분에 관한 정보를 얻을 수 있어요. 만약에 당신이 그들의 이메일 주소를 알고 있다면 당신은 당신의 주위, 웨스트포트의 주위에 있는 사람들에게 이메일을 보낼 수 있죠. 그것은 매우 좋은 방법이죠(웨스트포트).

ICT는 몇몇 아동들에게 있어 지역의 오프라인-사회적 연계망을 촉진하거나 확장시켜 주는 도구가 된다. 그리고 다른 사람들은 새로운 사회적 관계나 온라인 관계 형성을 발전시키기 위해 채팅과 이메일 같은 의사소통 미디어를 사용한다. 인터넷은 먼 거리에 있는 사람들의 사회적인 활동을 확대시키는 기술 중의 하나이다. 폴(Paul)과 도우그 그레디(Doug Grady) 형제의 친구는 이탈리아 미식축구 팀을 지지한다. 이 소년들은 클럽을 받들고 그들의 발전을 보기 위해 종종 웹을 사용한다. 폴(Paul)은 그의 친구들이 어떻게 ICT를 사용해 다른 미식축구 팬들과 새로운 국제적 관계를 발전시켜 나가는지 설명한다. 마찬가지로 열성적인 바다의 서퍼인 알란(Alan)은 서핑 기술을 교환할 수 있는 미국 서퍼와 친구가 되었다. 프란체스카(Francesca) 역시 오프라인 취미와 드럼에 대한 이야기를 통해서 면대면으로 만나는 새로운 온라인 친구를 만들었다.

폴 브레디 : 삼파도리아(Sampadoria) 팀의 운동선수 중 한 명은 스페인 팀에서 왔죠. 삼파도리아 팀을 지지하는 어떤 사람이 스포츠 팬을 위한 채팅룸에서 스페인 팀을 지지하는 사람을 만났어요. 그들은 이 선수가 얼마나 좋은 선수인가에 대해 논쟁했어요. 스페인 팀을 지지하는 사람은 그 선수가 스페인 클럽을 떠났기 때문에 그를 별로 좋아하지 않았죠. 하지만 내 친구는 그가 삼파도리아에 가입했기 때문에 그를 좋아해요. 만약 사람들이 공통의 주제를 가지고 있다면 그들은 더 좋은 대화를 할 수 있어요(스테이션 로우드).

ICT는 물리적으로 멀리 떨어져 있는 사람에게 사회적 거리를 가깝게 할 수 있는 기회를 제공할 수 있다. 콜린 보우니스(Colin Bowness)의

동생 제이슨(Jason)과 테레사 잭슨(Teresa Jackson)은 그들의 우상과 접촉하기 위해 이메일을 사용한다.

콜린 보우니스 : 제이슨은 필 미첼과 이야기를 해요. 그는 프로 바디 보더인데, 그들은 약 네 달째 이야기를 하고 있어요.

면접자 : 그들이 실제로 답변하나요?

콜린 보우니스 : 네, 그는 세계의 최고의 바디 보더로서 대답해요. 그리고 몇몇 다른 사람도 바디 보딩에 대한 조언을 그에게 해줘요.

면접자 : 그것이 어떤 면에서 그가 그의 우상을 좀더 가깝게 느끼도록 만들었나요?

콜린 보우니스 : 좀더 친해졌어요. 그들은 서로 지구의 반대쪽에 있어요. 하지만 온라인을 통한 대화는 바로 옆방에 있는 것 같게 만들지요(웨스트포트).

테레사 잭슨 : 나는 오아시스의 CD를 갖고 있어요. CD에는 인터넷 주소가 적혀 있어 그것을 통해 나는 그들에게 이메일을 보낼 수 있죠. 정보를 물어볼 수도 있구요. 아쿠아(AQUA)와 윌 스미스(Will Smith)도 내가 가장 좋아하는 연예인이죠(웨스트포트).

미식축구 팬, 바디 보더, 음악 애호가의 이런 사례들은 앞장에서 우리가 다루었던 아동문화의 세계와 지역화된 본질을 지지한다.

컴퓨터 미디어를 통한 의사소통은 사용자가 다른 사람과 마음과 마음으로 관계를 맺게 하고 신체의 제약으로부터는 벗어날 수 있게 해준다. 신체는 나이, 매력, 성과 같은 신체적 특징에 대해 판단을 가능하게 해주기 때문에 사회적인 관계를 맺을 수 있게 해주는 수단이다. 외모에 자신이 없는 스티브 레이크(Steve Lake)는 온라인과 면대면 의사소통의 장점을 비교했다 :

스티브 레이크 : 한 소녀가 당신 주변에 왔고 당신이 못 생겼다고 생각한다면 그녀는 당신을 그냥 지나칠 거예요. 그러나 만약 당신이 인터넷에서 이야기를 나눈다고 가정하면 사람들은 당신이 어떻게 생겼는지 모르기 때문에 당신을 편안하게 생각하고 계속 말을 걸 거예요.

위에서 언급한 것처럼 ICT에 의해 가능해진 익명은 온라인 사용자들이 오프라인과 다르게 자신을 표현할 수 있도록 '대안적인' 자신을 만들 수 있게 해준다. 한번 사용되고 끝날 이런 대안적인 '자신'은 사람들이 자신을 은폐하고 변장시킬 수 있게 한다. 온라인에서 여성으로 오해받을 만하게 행동했던 중년의 남성 물리학자는 남자로서보다 여자로서 다른 사람들과 더 친숙하고 많은 대화를 나눌 수 있다는 것을 알게 되었다. 마침내 그는 장애인이면서 미혼인 줄리(Julie)라는 온라인 자아를 만들었고, '그녀는' 온라인에서 자신만의 친구들을 만들어 갔다. 자신들의 삶을 세세한 것까지 털어놓았던 '그녀의' 온라인 친구들은 줄리가 결국 건강한 남성이라는 것을 알게 되었고, 그들은 사기에 의해 기만당한 것처럼 느꼈다.

위에서 말한 줄리의 이야기가 우리에게 시사하는 바가 많음에도 불구하고 사람들은 여러 개의 자아를 만들어 연기하는 것을 재미있는 것이라고 생각한다. 많은 작가들은 '신체의 제한을 탈출하는 것으로부터 느끼는 전율'을 묘사한다. 플란트(Plant)는 사이버 공간을 "자유로운 실험공간, 경계 없는 분위기, 가능한 얼마나 멀리 갈 수 있는지에 대한 제한"이라고 말했다. 세 학교의 모든 학생들은 다른 사용자들이 자신을 더 재미있고 매력적으로 보도록 하기 위해 오프라인에서의 자신을 거짓으로 표현하는 충동적인 온라인 자아를 만들어 행동한다고 말했다. 대표적으로 나이가 많다고 이야기하거나 그들의 도시보다 더 재미있는 곳에 산다고 말한다. 제이슨 보우니스(Jason Bowness)는 자신이 다른 사람과 어떻게 다른지 묘사하고 나이가 많은 것처럼 행동한다. 폴 브레디(Paul Brady)는 지리적인 위치를 가지고 연기한다 :

제이슨 보우니스 : 음, 15-16번쯤.

면접자 : 음, 지금보다 두세 살 많은 것처럼 행동하는군요.

잭슨 보우니스 : 왜 그런지는 모르겠어요, 그런데 그렇게 행동하는 게 더 쉬워요. 어떻게 보이는지, 말은 어떤지, 실수를 저지르지는 않았는지 등에 대해 신경쓸 필요가 전혀 없어요.

면접자 : 새로운 당신을 만드는군요.

제이슨 보우니스 : 네, 그냥 다른 사람인 것처럼 행동하면 돼요. 당신 자신이 아니라 일본에서 왔다고 해도 되지요(웨스트포트).

폴 브레디 : 만약에 18살이고 색다른 곳에 살고 있다고 말하는 사람이 있다면 당신도 다른 곳에서 왔다고 말할 수 있어요. 만약에 런던에서 왔다고 한다면 이야기할 것이 더욱 많아지죠. 런던은 수도이고, 큰 상점이나 Harrods(유명한 백화점)에 대해 이야기할 수 있어요. 잘 아는 도시를 고르기만 하

면 되지요. 문제가 생길 때는요 이야기하는 상대방이 그 도시에 살고 있다고 할 때이죠[웃음](스테이션 로우드).

뚜 응웬과 알렉산더(Thu Nguyen and Alexander)는 이렇게 실제를 이탈하는 유형의 대화는 특히 젊은이들에게 인기가 있을 거라고 주장하는데, 그 이유는 성인들의 오프라인 세상이라고 할 수 있는 공간에서는 요즘 젊은이들이 성인들보다 덜 경쟁적이고, 덜 진지하고, 덜 알고 있다고 여겨지기 때문이다. 위에서 말한 도니 와이드와 스티브 레이크(Donny Wade and Steve Lake)의 예처럼 특별한 십대들은 다른 사람들이 자신에 대해 어떻게 생각하는지, 자신들의 겉모습이 어떻게 보일지에 대해 자각한다. 실제로 신체는 젊은이들의 또래집단 관계에서 공통점과 차이점을 만드는 중요한 요소가 된다. 면접에 응해준 몇몇 사람들은 ICT가 면대면 관계일 때보다 무엇을 말하고 싶은지, 스스로를 어떻게 보이고 싶어하는지에 대해 생각할 수 있는 시간을 주기 때문에 자신을 더 잘 통제할 수 있다고 말했다. 당신이 어떠한지 아무도 볼 수 없는 가상공간에서 스스로를 바보로 만들었다는 이야기는 거의 없다. 클리브 스톤(Clive Stone), 헬렌 오츠(Helen Oats), 그리고 헬렌의 동생 라첼(Rachel)은 ICT에 의해 익명이 가능해졌기 때문에 온라인에서 자신을 나타내는 것이 더 쉬워졌다는 것을 알게 되었다('아무도 실제의 네가 어떤지 모른다', '너는 실제로 그들을 보고 있지 않다', '그들은 실제로 너를 판단할 수 없다'). 또한 오프라인에서 면대면으로 발생하는 상황보다는 온라인에서 마주하게 되는 불편한 상황들과 관계를 끊는 것이 더 쉽다.

클리브 스톤 : 온라인에서는 당신을 소개할 필요가 없어요. 그리고 사람들이 당신을 볼 수 없기 때문에 부끄러워할 필요도 없지요. 당신은 익명으로 그들에게 이야기를 할 수 있어요. 그것은 정말 쉬운 방법이에요.

면접자 : 음, 당신은 같은 장벽을 접한 일도 없겠군요.

클리브 스톤 : 단지 가서 이야기를 하면 돼요. 이야기를 듣는 사람은 자신과 관련되지 않아도 반응을 보일 거예요. 왜냐하면 아무도 당신을 볼 수 없기 때문이죠. 아무리 어리석은 이야기를 해도 아무도 비웃지 않을 거예요. 이것은 정말 쉽고 우리가 당황하지 않게 해주죠(하이필즈).

헬렌 오츠 : 새로운 사람을 만날 때 긴장해서 뭐라고 이야기해야 할지 모르죠. 그러나 인터넷상에 있을 때는 말을 꼭 해야 할 필요가 없어요. 자신이 아닌 다른 사람처럼 말할 수 있고, 외향적인 사람이 될 수도 있어요. 왜냐하면 그들을 실제로 볼 수 없기 때문이죠.

라첼 오츠 : 맞아요.

헬렌 오츠 : 아무도 무슨 말을 할지 실제로는 모르죠. 그러나 만약 그것이 '누군가' 이고, '컴퓨터' 라면 진짜 대화는 이루어지지 않을 거예요.

라첼 오츠 : 그래요.

헬렌 오츠 : 그들을 만나려고 결심하지 않는 한 그들의 얼굴을 볼 수 없어요. 물론 며칠 동안 그들과 이야기했기 때문에 그들을 알고 있다고 느낄 수도 있죠.

라첼 오츠 : 맞아요. 그러나 뭐라고 말하든지 그들은 당신을 쉽게 판단할 수 없어요. 왜냐하면 그들은 당신을 진짜로 알지 못하기 때문이죠(하이필즈).

젊은 사람들의 온라인 사회는 빠르고 형식에 구애받지 않는다. 그리고 우리가 인터뷰했던 사람 중 일부는 국내적이거나 국제적인 실제의 우정을 확립하기도 했다. 몇몇은 면대면 만남에 의해서 성취되기도 했다. 이런 관계는 젊은 사람들의 사회적 네트워크(re-scaling)의 시작 가능성을 나타낸다. ICT의 옹호자는 이런 기술이 같은 관심사를 공유하는 다른 사람과 만날 수 있게 해준다고 주장한다. 그 결과 형성된 온라인 우정은 가깝기 때문에 오프라인 우정보다 잠재적으로는 더 강할 수 있다. 인터넷은 동성애자, 게이, 장애인처럼 사회·신체적으로 고립된 사람들에게 특히 유용하다. 왜냐하면 인터넷은 그들과 정체성을 공유하는 다른 사람을 찾아낼 수 있는 기회를 제공해 주기 때문이다. 터클(Turkle)은 몇몇 사람들이 정체성을 통한 일을 할 수 있기 위해 ICT 매체를 사용한다고 주장한다. 로나 타이미(Lorna Thyme)는 ICT 사용자들이 동일성을 구할 수 있다고 말한다:

로나 타이미 : 당신은 더 많은 것을 찾을 수 있고, 똑같은 것을 사람들에게 말할 수도 있어요. 당신의 친구들은 비슷한 것에 대해 이야기하지만 그들 자신만의 음악을 갖지요. 그러나 인터넷에서는 거의 똑같은 종류의 것을 좋아하는 사람들을 선택할 수 있어요. 그래서 당신이 말하는 것을 아는 사람과 이야기를 할 수 있어요.

면접자 : 그래서 그것이 좋다고 생각하나요?

로나 타이미 : 네, 저는 많은 미국 예술가들을 좋아해요. 미국에 대해, 또 그들에 대해 들어왔기 때문에 더욱 좋아하죠. 미국에 있는 친구는 모든 것을 알기 때문에 좋아요. 그 친구는 무엇이 발매 되었는지에 대해서 말해주거든

요.

면접자 : 당신의 오프라인 친구는 같은 종류의 음악을 좋아하지 않나요?

로나 타이미 : 아니오. 그들은 팝송을 좋아해요. 예를 들면 백스트리트 보이스 같은 그룹을 좋아하죠(웨스트포트).

온라인 관계는 면대면 관계의 특성들을 모두 가지고 있다. 이 관계는 만남이 빈번하고, 친하고, 자발적이고, 호혜적이고, 사회적이며 감정적인 욕구를 가지고 있다. 실제의 지리학적 장소는 면대면 우정을 파괴하거나 위협할 수 있기 때문에 온라인에 특정한 물리적 장소가 필요하지 않다는 것은 장점으로 여겨진다. 때문에 온라인 관계는 항상 유지될 수 있다. 이런 특성들은 프란체스카 레이톤(Francesca Leighton)이 온라인에 관해 언급한 부분에서 찾을 수 있다. 그녀는 그녀의 실제 우정은 성 혹은 나이의 일치, 지리의 특성보다는 관심사를 공유하는 데 기반을 두고 있다고 주장한다. 프란체스카는 온라인 관계의 특징에 대해서 지역적인 면대면 우정보다 더 특별하고 그래서 더 독자적이라고 한다. 왜냐하면 그녀가 온라인에서 공유하는 정보는 그녀의 오프라인 삶으로부터 사회적 · 공간적으로 거리가 있기 때문이다. 다시 말해서 프란체스카에게 있어 효과적인 사적 공간, 즉 온라인 세계는 그녀의 지역에 기반을 둔 일상적인 사회적 관계와는 분리된 공간이다. 그녀는 설명한다.

프란체스카 레이톤 : 사람들은 온라인에서 바로 핵심을 이야기하려고 하는 경

> 향이 있죠. 그들은 음악이나 철학이론 같은 심오한 것에 대해 이야기하고, 일상적인 잡담은 하지 않아요. 나는 많은 오프라인 친구들과 관심사가 다르기 때문에 인터넷에서 나와 같은 관심사를 가진 사람을 찾아 이야기하려고 하죠. ICT가 면대면 친구들을 대신하는 것은 아니지만 나는 그것을 좋아해요. 잘 모르겠어요. 오프라인 친구는 모두 나와 나이가 같지만, 내가 메일을 보내거나 하는 온라인 친구는 나보다 나이가 많아요. 그러나 그것은 분명히 다르죠. 온라인에서는 무엇이든 말할 수 있기 때문에 그런 친구를 갖는 것은 좋아요. 그들에게는 내가 말하는 것들이 별 의미가 없어요. 하지만 오프라인 친구들에게 내 개인적인 이야기를 한다면 그것은 소문이 될 수 있어요(하이필즈).

아동은 오프라인 공간을 사회 · 신체적인 압박으로부터 자유롭고 또 실제와는 분리된 공간으로 인식되어지는 가상공간, 즉 온라인 공간과 확실히 구분하는 경향이 있다. 하지만 젊은 사람들이 실제의 자신과는 다른 방식으로 온라인 공간에서 행동하는 대신에 그들이 만든 온라인의 대안적인 자아는 오프라인의 자아와 일상적인 또래 집단의 사회적 관계에 영향을 미친다. 그들의 행동은 실제를 반영한다. 첫째, 아동이 가고 싶어하는 사이트나 사용하고 싶어하는 닉네임은 그들의 오프라인 삶을 반영한다. 예를 들어 마이어스(Myers)는 그가 가장 좋아하는 만화책 주인공의 이름을 따서 닉네임을 프로페서(Professor)라고 지었다. 이와 마찬가지로 프란체스카 레이톤(Francesca Leighton)은 그녀의 온라인 자아가 오프라인에서의 관심사를 어떻게 반영하고 있는지에 대해 이야기했고, 폴 브레디(Paul Brady)는 그의 일상적인 오프라인 활동에 대해 이야기함으로써 어떻게 온라인 우정을 만들게 되었는지 이야기한다.

면접자 : 당신의 정체성을 만들었나요? 온라인에서는 당신을 어떻게 나타내죠?
프란체스카 레이톤 : 내가 읽었던 책의 등장인물 이름을 사용해요. 그건 정말 재미있는데, 그렇다고 해서 내 정체성을 바꾸지는 않아요. 난 단지 내가 흥미 있어 하는 것에 대해 이야기해요. 난 다른 사람들이 모델이나 다른 사람인 것처럼 행동하는 것을 알아요. 하지만 그들을 직접 만난 적은 없죠(하이필즈).

폴 브레디 : '우리는 좋은 주말을 보냈어. 난 농구를 했고 테니스 경기도 할거야. 테니스 좋아하니? 거기 날씨는 어때?' 라는 식으로 당신은 주제를 발전시킬 수 있어요.

둘째, 스티브 레이크(Steve Lake)와 도니 와이드(Donny Wade)에 따르면 온라인 자아는 양성(남/녀)이 존재하는 교실 환경에서 구성된다. 우리가 3장에서 살펴보았듯이 이성애는 이름 부르기, 가벼운 연애, 성적 괴롭힘, 동성애 혐오, 운동장에서의 대화, 낙서, 옷 규정 등의 오프라인 상호작용을 포함해서 교사-학생, 학생-학생 간의 전체 범위에서도 중요하다. 젊은 남녀에게 이런 관계는 남자답거나 혹은 여자다운 특별한 모델로 그들의 신체를 만들어야 한다는 압력을 받는다. 이러한 압력은 온라인에서 명백히 동등하다. 터클(Turkle)은 온라인에서 열 살 이상의 성별은 인터넷 사용의 중요한 부분이 된다고 말한다. 온라인 이모티콘이나 텍스트는 접촉이나 신체동작, 상대방 신체에 대한 감각을 발달시키는 데 사용된다. 이러한 방법으로 온라인 단어는 욕망이나 상처, 분노 등의 오프라인 감정을 나타낼 수 있다.

특히 성이나 나이 같은 신체적 특징은 상대방을 결정짓는 데 사용된다. 온라인 정체성은 흔히 이성이 보기에 바람직한 방식이라고 여겨지는 쪽으로 형성된다. 보통은 유명한 모델이나 스포츠 영웅에 기반을 둔 판에 박힌 자아들이다. 대부분의 아동이 이러한 방법으로 그들의 온라인 자아를 만드는데도 불구하고 우리가 인터뷰한 아동 대부분은 온라인에서 그들의 성(gender)을 바꾸지 않는다고 주장한다. 터클(Turkle)은 일정 시간 동안 여성으로 여겨지려면 어떻게 성(gender)이 말과 매너, 경험을 바꾸는지를 이해하는 것이 필요하다고 말한다. 남자인 척하려는 여자들도 같은 어려움을 갖는다. 폴 브레디(Paul Brady)는 왜 그가 온라인에서 여성인 척하지 않는지를 설명했다. 성 정체성 바꾸기에 대한 폴의 저항은 역시 그가 소녀들에 대해 생각하는 것을 반영한다. 그의 소녀들에 대한 경멸은 같은 나이의 소년들을 미숙하다고 생각하는 소녀들의 태도와 비슷하다.

면접자 : 당신의 나이와 성에 대해서 어떻게 생각하나요? 소녀로 행동하고 싶나요?

폴 : 아니오. (웃는다.) 아니예요. 난 소녀인 척하기를 원치 않아요. 왜냐하면 ….

면접자 : 유행에 대해 말해봅시다(면접자는 폴이 말한 소녀들의 유행에 대한 큰 관심에 대해 다시 언급했다.)

폴 : 뭐라고 말해야 할지 잘 모르겠어요. 왜냐하면 여자애들 반 정도가 쓸데없는 이야기를 하기 때문이에요(스테이션 로우드).

실제 세계에 대한 관점은 성이나 학급의 차이 같은 오프라인의 사회적 관계를 통해 가상세계에 반영된다. 예를 들어 폴 브레디(Paul Brady)는 상대방이 남자인지 여자인지에 따라 온라인에서의 대화 주제가 결정된다고 말한다. 결국 그들은 각기 스포츠와 유행에 대해 이야기한다. 온라인 관계의 특징과 분리된 성질은 불평등이나 힘을 제거할 수 있다. 많은 실행과 구조에서 오프라인 생활구조는 온라인 상호작용을 형성한다. 여성은 사이버 공간에 상당히 많이 관여한다. 온라인 문화에는 강한 여성주의자와 레즈비언이 있는데, 헤링(Herring)은 아직 사이버 공간은 백인 남성이 지배하고 있다고 말한다. 여성의 글은 남성보다 더 짧고 그것에 적힌 답글도 더 적다. 그들은 온라인 욕설이나 괴롭힘도 당한다. ICT에서의 성의 본성은 아동의 상호작용에서 현저하게 드러난다. 단지 소년들만이 온라인에서 자신들이 어떻게 다른 사람을 욕하거나 공격하는지에 대해 이야기한다.

마지막으로 아동의 실제세계와 가상세계는 온라인 활동시간과 특징을 결정짓는 일상생활, 경제, 그리고 기술의 실제에 의해 연결된다. 몇몇 아동은 온라인에서의 기술적 어려움에 대해 이야기했다. 다른 아동은 부모님들이 어떻게 그들의 인터넷 접근을 제약하는지 말했다. 왜냐하면 인터넷은 사용료가 비싸고(영국의 시내통화는 공짜가 아니다.), 학교나 일상적인 생활에서도 인터넷을 사용할 시간이 제한되기 때문이다. 오프라인에서의 시간 차이는 아동이 온라인에서 다른 나라에 있는 사람과 지속적으로 의사소통하는 것을 힘들게 한다. 다시 말해 우리는 인터넷을 자유와 해방의 공간이라는 이상적인 것으로 이야기할 수 있지만, 그것과 관련된 모든 제약은 우리가 속해 있는 오프라인 세계로부터 접근해야만 한다.

면접자 : 같은 사람과 정기적으로 대화를 나누나요?

알리스테어 닐 : 네, 약간요. 그런데 시간의 차이 때문에 때때로 힘들어요. 왜냐하면 내가 7시에 인터넷에 들어가면 그곳은 아침 3시예요. 그것 때문에 문제가 조금 있어요.

[편집]

알리스테어 닐 : 앞에서 말했듯이 시간대의 차이 때문에 우리가 인터넷에 접속할 때마다 문제는 발생해요. 사람들은 시간대가 무엇이냐고 말하겠지요. 그럼 나는, 그러니까, '그래요 다음에 봐요' 라고 말하겠죠. 그러면 누군가 'BST(British Summer Time : 여름철 긴 낮을 효율적으로 쓸 수 있게 하기 위해 시계를 한 시간 앞당김-역자 주)가 뭐죠?' 라고 물을 거예요. 이것은 결국 혼란스러움으로 끝나고 말죠. 그래서 사람들은 아무 때나 인터넷에 들어가요(스테이션 로우드).

콜린 보우니스 : 인터넷 사용은 상당히 통제를 받아요. 왜냐하면 1분에 1페니의 비용을 내야 하는 일요일에 인터넷을 사용하는 것은 꽤 비싸요. 나는 어떤 때 3시간 정도 인터넷을 사용하는데 더 할 때도 있어요. 그런데 당신이 2-3시간 인터넷을 사용한다면 … 인터넷 사용료를 아빠가 지불해야 하기 때문에 나는 약간의 제약을 받아요. 그래서 보통 일 주일에 4번 정도만 하

지요(웨스트포트).

ICT에 의해 제공되는 확장 가능성은 아동이 온라인 공간에서의 정체성과 사회적 관계를 바꿀 수 있게 도와준다. 특히 ICT의 특징인 가상성과 익명성에 관한 전제는 아동이 온라인 공간을 오프라인 세계와 분리된 공간으로 만드는 데 영향을 준다. 그러나 동시에 아동이 온라인 공간을 생각하는 방식에도 불구하고 실제로는 오프라인에서의 정체성과 관계들로부터 완전히 분리된 것이 아님을 보여주었다. 이런 온라인과 오프라인 세계를 보여주는 경험적인 데이터는 다른 방법으로 서로를 구성한다. 예를 들어 온라인 활동은 장 · 단거리 오프라인 관계를 유지시키고 발전시킨다. 또 온라인을 통한 정보 수집 등은 오프라인 활동으로 통합되고 그들 지역 내 동료 그룹 안에서 아동의 정체성을 강화시키는 데 사용된다. 아동의 온라인 정체성은 오프라인 정체성과 활동을 직접 나타낼 수 있다. 온라인에서 아동이 대안적 정체성을 형성할 때 오프라인에서의 정체성과 부족함을 인지하고 보완하기 위해, 혹은 그들의 오프라인 정체성을 향상시키기 위한 목적이라는 점에서 볼 때 대안적 정체성은 그들의 오프라인 정체성과 동료 그룹 문화를 기본으로 하여 만들어진다. 아동의 온라인 세계는 오프라인 교실과 성의 관계를 재구성한다. 그리고 아동이 사용하는 기술의 제약과 그들 삶의 경제적 · 일시적 실제는 그들의 온라인 활동의 본성과 범위에 영향을 준다. 우리는 다음 부분에서 이런 ICT의 사용이 어떻게 그들의 장소에 관한 이해를 도모하는지에 대해 생각해 볼 것이다.

하드 드라이브만큼 작은 세계? : 디지털 세대 아동의 공간감각

사회·공간적 의사소통 기술의 결과에 대해 쓴 맥루한(McLuhan)은 지금 세상은 마을에 불과하다고 할 정도로 상당히 가깝다고 말한다. 그의 이론은 구술을 통한 의사소통은 문자를 대체하고, 전기적인 미디어는 먼 사회적 상호작용을 활성화시키는 외딴 곳이나 자기 제한적인 공간을 전 세계 시스템으로 들어오게 한다는 것을 전제로 한다. 이러한 ICT는 사회적 상호작용의 유형변화와 정보획득의 범위를 증가시킬 뿐만 아니라, 세계 시민으로서의 정체성이나 책임을 변화시킨다. 아동들은 인터넷이 어떻게 자신의 공간에 대한 감각을 바꾸는지 묘사한다. 그들은 ICT가 세계를 점점 더 작게 느끼게 해준다는 데에 동의한다. 세바스찬 바커(Sebastian Baker)는 인터넷이 먼 거리에 있는 사람들과 연결될 수 있는 기회를 주는 동시에 웨스트포트라는 작은 시골지역을 더 큰 지역으로 느끼도록 만든다고 이야기한다.

애니 라이트 : 인터넷을 통해 좀더 가깝게 느껴지는 것은….
그레고르 오터번 : 그래요. 당신은 호주의 웹페이지에 있는 학교에 갈 수 있어요. 그리고 그 학교를 일부분이라도 실제처럼 느끼게 되지요.
면접자 : 그래서 내 말은….

사라 고다드 : 인터넷은 세상을 더 작게 만들어요.
그레고르 오터번 : 하드 드라이브만큼 작아요(웨스트포트).

세바스찬 바커 : 이메일과 채팅의 사용은 세계가 작은 공간인 것처럼 느끼게 해줘요. 왜냐하면 미국이나 아니면 더 멀리 떨어져 있는 사람과 이야기할 수 있기 때문이죠. 그들은 마치 자신들이 같은 공간에 있는 것처럼 느낄 수 있어요.
면접자 : 멀리 떨어져 있는 사람과 이야기할 때 너가 직접 그런 걸 느껴본 적 있나요?
세바스찬 바커 : 미국에는 우리와 이메일로 연락하는 어머니의 친구가 있어요. 마치 미국 웹사이트를 방문한 것과 같아요. 그리고 당신은 주소를 얻을 수도 있어요.
면접자 : 물론이지.
세바스찬 바커 : 그들 대부분은 미국인이에요. 그렇게 느낀다면 미국은 우리에게 한층 더 가까워진거죠.
면접자 : 역이나 공항, 혹은 큰 도시로부터 멀리 떨어진 곳에 사는 것처럼 느끼나요?
세바스찬 바커 : 그래요. 제 생각에 인터넷에서 회자되는 주자의 대부분은 미국에 관한 것 같아요. 실제로 가장 가까운 도시나 다른 것들과 연결이 되어 있는 것은 아니지만, 인터넷을 통해 당신은 좀더 큰 장소에 살고 있다고 느낄 수 있어요(웨스트포트).

세 학교의 교장들과 ICT 교사들은 모두 세계를 더 가깝게 해줄 기술의 사용을 받아들이고 있다. 단순히 넓은 세계를 볼 기회만 제공하는 방송과 달리 ICT는 아동이 웹페이지나 이메일, 채팅 등을 통해 스스로를 드러내고 참여할 수 있게 해준다. 이러한 온라인 교환은 예를 들면 미국과 영국 아동이 서로의 학교를 잠깐 방문하고 서로의 가정에 살면서 시간을 함께 보내게 하는 전통적인 오프라인 상호작용보다 더 싸고 안전하다는 이점을 가지고 있다.

빌 존스 : 우리는 세상이 얼마나 빠르고 신속하게 변하는지 잘 인식하지 못하죠. 우리는 세계를 지구촌이라고 말하는데, 그것은 사실이에요 … 인터넷은 모든 것을 증가시키죠. 그것은 이해를 넓혀주고, 국가 사이의 경계를 무너뜨려요. 우리는 인종차별 같은 결점을 가지고 있어요. 그것에 대해서 솔직해져야 해요. 그러나 아동이 다른 나라 사람과 의사소통하는 것을 보면 보통의 독일 아동이 보통의 미국 아동과 같은지 알 수 있나요? 가보기만 하는 것으로 항상 다 알 수는 없죠. 시각적이고 쓰는 것을 통해 의사소통을 하는 것에 대한 접근은 위에서 말한 인터넷의 장점들을 향상시키고, 또 다른 나라의 문화를 이해할 수 있게 해주기 때문에 좋아요(하이필즈).

피터 토마스 : 우리가 원하는 것은 학생과 젊은 사람들이 세계를 보는 방법을 바꾸고, 다른 나라 사람들을 보고 미래가 어떨지도 생각해 봄으로써 세계적 연결을 증진시키는 것이죠 … 그것은 사회적인 세계화에 의해서 살찌워지는 세계화예요. 그것은 인터넷에 의해서 살찌워지는 거예요 … 그리고 내가 생각하기에 인터넷은 사회적인 세계화의 용어에 있어서 주요한 발전을 이룰 거예요. 학생들은 어떻게 가까운 미래에 발전할까요. 내가 생각하기에 그것은 사회로 확장될 수 있어요. 왜냐하면 학교가 사회의 부분을 통합시키는 곳이라는 것을 우리가 잊었다고 생각하지 않기 때문이죠.

제임스 푼트 : 만약 학교에서 미래의 시민 생성 개념을 진지하게 받아들인다면 우리는 ICT를 사용해야만 해요. 우리는 다른 문화 사이의 장벽을 부셔야 해요. 그들이 비위협적인 방법으로 다른 문화를 더 이해할 수 있었다면, 다시 말해 그들은 그곳에 직접 가야 할 필요도 없어요. 그러나 그들은 나이가 비슷한 사람을 찾을 수 있고, 특별한 장소에서 무엇이 어떻게 발생한 것인가를 이야기할 수 있죠(웨스트포트).

웨스트포트 학교는 이것을 위해서 인터링크(Interlink) 프로젝트에 적극적으로 참여한다. 이 프로젝트는 영국 의회에 의해 규정되었지만, 뉴질랜드의 교육 학습자료의 전문적 생산자인 코프랜드 윌슨사(Copeland Wilson)와 협력에 의해 목적을 달성할 수 있었다. 그들은 영국과 뉴질랜드 학교의 아동을 데려오기 위해서 ICT 를 사용한다. 웨스트포트는 뉴질랜드 학교와 제휴한 영국의 12개 학교 중에 하나다. 아동은 이메일과 웹페이지를 사용해 협력 교육기관들과 결과를 공유하고 교육적 활동범위를 넓힐 수 있다. 아동은 상대편의 사람과 나라, 그들의 일반적인 주/주말에 대한 첫인상을 이메일로 교환하기도 한다. 또한 아동은 특정하게 나타나는 상대방의 국민성에 동조하거나 안 좋은 평가나 추측 등으로 상대방의 첫인상에 반응한다. 특히 뉴질랜드와 영국 두 나라를 연결하는 이 프로젝트는 그들의 역사와 현재의 관계 변화 때문에 흥미롭다. 뉴질랜드는 이전에 영국의 식민지였다. 하지만 두 나라는 그 이후 그들의 관계를 활동적으로 재형성했다.

이런 가상공간은 영국과 뉴질랜드의 아동이 서로에 대해 고정관념과 차이에 대한 인식을 동시에 하고 있음을 나타낸다. 뿐만 아니라 경계를 넘어 공통점도 가지고 있음을 말해준다. 아래의 이메일 교환 예를 통해 웨스트포트 아동은 뉴질랜드가 남쪽에 있기 때문에 덥다고 생각하는 것을 알 수 있다. 반면 뉴질랜드 아동은 영국의 산업적 성격을 나타내기 위해 맨체스터라는 도시를 배경으로 한 드라마(Coronatuon street)를 언급한다. 사이드(Said)는 다른 나라와의 차이점 같은 것은 가상공간 구조의 일부분이라고 말했다.

뉴질랜드에 대한 영국 아동의 인식

뉴질랜드는 남쪽에 있고 적도에 가깝기 때문에 덥다. 또한 호주 근처에 있다.

뉴질랜드는 남반구에 있기 때문에 우리나라보다 덥고 건조할 것이다.

영국에 대한 뉴질랜드 아동의 인식

도시의 거리에는 우스꽝스러운 오래된 건물과 자갈이 많다. 어두운 옷을 입은 사람들은 어제 있었던 축구경기와 드라마 *Cornonation Street*에 우스운 억양으로 이야기하며 돌아다닐 것이다.

집은 뉴질랜드보다 더 전형적이고 오래되었다. 집은 대부분 2층이고 *Cornonation Street*에서처럼 집의 앞뒤에는 정원이 없다.

아동은 이메일을 통해 서로의 가상공간에 대해 알아볼 수 있는데, 이것은 동시에 고정관념의 차이를 알 수 있는 방법이기도 하다. 예를 들어 로나 타이미(Lorna Thyme)와 매튜 파크(Matthew Park)는 뉴질랜드 아동이 호주와 그들의 친한 이웃, 뉴질랜드 웨스트포트 아동의 융합에 대해 강하게 이야기한다고 설명했다. 하지만 온라인 활동은 로나 타이미(Lorna Thyme)와 매튜 파크(Matthew Park)가 뉴질랜드를 보는 방식에 반대한다. 그들의 첫인상은 스포츠와 TV드라마에 의해 형성된 고정관념이다.

로나 타이미 : 그들은 우리가 그들을 호주인이라고 말하는 것을 좋아하지 않아요 그렇지 않나요? 그들은 자신들이 호주인이 아니라 뉴질랜드인이라고 말해요. 난 이제까지 뉴질랜드와 호주 모두를 호주라고 생각했어요. 그래서 그들은 우리가 그들을 호주인이라고 부르는 것을 좋아하지 않지요.

면접자 : 처음에는 그렇게 생각했군요. 그럼 지금은 생각이 많이 바뀌었을 텐데, 그곳의 아동은 어떤가요? 또 그들이 어떤 모습일 거라고 생각하나요?

로나 타이미 : 우리는 사진을 보았어요.

매튜 파크 : 맞아요, 웹페이지에 사진이 많아요. 우리는 럭비 게임을 봤기 때문에 그들이 굉장히 호전적이라고 생각했었어요. 그들은 그들이 우리와 전적으로 다르다고 생각하지만 실제로는 많이 비슷해요.

로나 타이미 : 그들은 정말 우리와 비슷해요. 당신은 사진을 보면서 그들을 상상할 수 있어요. 만약 당신이 그들의 사진을 본다면 당신은 그들이 호주나 뉴질랜드로부터 왔다고 생각할 수 없어요. 사진을 보면 맨체스터 출신 같아요. 정말 똑같아요.

[편집]

로나 타이미 : 우리의 문화는 그렇게 다르지 않아요. 그들은 우리처럼 옷을 입어요. 어떤 문화에서 특별한 옷을 입는 경우가 있지만 그것은 나쁜 게 아니라 단지 다를 뿐이에요 호주의 TV 드라마인 'Neighbours'에서 보았는데 그들도 나처럼 바지나 티셔츠를 입어요. 그들은 'Neighbours'에서 본 것과 같은 모습이에요(웨스트포트).

로나(Lorna)가 언급한 마지막 말에서처럼 아동은 단지 다르다는 이유만으로 그들의 국제적인 관심사를 대하지 않는다. 동일함에 대한 이해는 특히 아동이 서로의 일상적인 삶에 대해 생각했던 방식과 관련하여 가상적 지리학의 증거가 된다. 문화적 맥락에서 보았을 때 약간은 다른 점이 있지만, 영국과 뉴질랜드의 아동은 다른 나라 아동의 삶의 방식이 자신들과 유사하다고 생각한다.

뉴질랜드 아동의 일상에 대한 영국 아동의 생각

너는 아마도 토요일에 시내에 가고, 친구나 가족과 외식을 하고, 영화를 볼 것이다. 날씨가 더우니까 너는 짧은 반팔 티셔츠를 입고 반바지에 야구 모자를 쓸 것이다.

영국 아동의 일상에 대한 뉴질랜드 아동의 생각

너는 아마도 토요일에 음악을 듣고, 운동하고, 영화를 보러 가고, 쇼핑을 하고, 친구를 만날 것이다. 만약 집에 있다면 TV를 볼 것이다.

많은 아동들은 두 나라가 서로 간의 민족성이나 순수성을 공유한다고 가정한다. 때문에 헹스트(Hengst)는 높은 수준에 있는 나라의 아동은 경계를 뛰어넘은 공통점을 생각하기 때문에 차이점보다는 동일성을 강조한다. 하지만 진보된 나라의 아동이 서로를 '우리'라고 정의하면서 기술적으로 불리한 다른 사람들에 반대할 수도 있는데, 그것은 위험한 일이 된다.

TV는 세계적인 현상이라고 할 수 있다.—하루에 160개 국가의 250억 인구는 750억 TV 세트를 본다(Kellner 1990).— 하지만 2장에서는 ICT가 아직 세계적인 것이 아니라고 주장했다. 헤스(Hess)는 사이버 공간은 엘리트 공간, 특권계층을 위한 장이고, 이 사이버 공간에는 세계적인 차별이 있다고 말했다. 기술문화는 그것을 토대로 한다. 게다가 브리티시 텔레콤은 인터넷 광고에서 "지리는 역사다"라는 말을 했다. 몇몇 논평가들이 말하는 것처럼 사이버 공간이 무공간은 아니다. 오히려 온라인 공간은 그들이 부분적으로 구성한 오프라인의 사회 · 공간적인 환경을 반영한다. 예를 들어 웹페이지는 세계의 많은 여러 곳으로부터 접근은 할 수 있지만 존재하지는 않는 공간이다. 그러나 단어나 소리, 그림이 포함하는 정보는 그것을 만든 사람의 장소와 관련된 문화를 뚜렷하게 내포한다.[1] 사람들은 이메일과 채팅 환경, 또 게시판을 통해 전 세계 사람들과 의사소통을 할 수 있다. 그러나 그들의 상호작용은 웹페이지에서처럼 그들의 공간과 관련된 미나 문화, 관심을 반영한다. 인터넷을 통해 얻을 수 있는 것은 거의 서구적인 것이다. 인터넷의 기원과 발전, 또 사용은 상당 부분 미국에서 기인하며, 우선순위 언어는 영어이다. 인터넷 프로젝트가 아동들의 세계에 대한 관심을 넓혀주고 보다 넓은 곳에서의 자신들의 공간에 대해 궁금증을 갖게 해주었기 때문에 얼마나 멀리 온라인 사용이 가능한가 하는 것은 별개의 문제이다. 푼트(James Punt)는 말한다:

제임스 푼트 : 우리가 보고 있는 것들은 서구의 시각이다. 왜냐하면 서구는 높은 기술력을 가지고 있기 때문이다. 심지어 일본도 기술적으로는 서구라고 할 수 있다.

우리는 연구를 통해 아동의 온라인 경험이 늘 그런 것은 아니지만 미국화되고 있다는 것을 알게 되었다. 왜냐하면 오프라인에서의 대부분의 관심이 미국 문화에 의해서 형성된 것이기 때문이다. 영국 아동들은 오프라인에서 「스타 트렉」(*Star Trek*)이나 「프렌즈」(*Friends*) 같은 TV 프로그램, 레오나드로 디카프리오(Leonardo DiCaprio)나 백스트리트 보이즈(Back Street Boys) 같은 영화나 음악 스타, 서핑이나 농구 같은 스포츠에 관심을 둔다. 또한 그들은 앞부분에서 언급했던

---

1) 우리가 여기서 사용한 '지정된 통로' (placed-routed)라는 용어는 문화가 특정한 장소에 순수하게 뿌리 내리는 것이 아니라 그 장소와 다른 장소와의 연계를 통해 다양하고도 상이한 규모로 만들어진다는 점을 의미한다.

미국화된 문화에서 형성된 온라인 공간을 활동적으로 찾는다.

이렇게 아동이 미국화로 온라인 공간을 사용한다는 것이 단순한 선택의 문제는 아니다. 그러나 미국 인터넷 사용자의 수적인 우세 역시 중요하다. 예를 들어 알렉스 뉴턴(Alex Newton)은 채팅룸에서 주로 미국인에게 말을 건다. 이것은 고의적인 것이 아니라 온라인을 사용하는 미국인 자체의 수가 많기 때문이다.

알렉스 뉴턴 : 나는 소수의 특정한 채팅방에 들어가요. 그들은 자주 채팅방에 있는데, 왜냐하면 미국에서 지역 전화는 무료이기 때문이죠. 그래서 그들은 항상 온라인에 있는 것을 좋아해요. 그리고 나는 그들에게 말을 하지요.

미국 사용자의 언어와 관심은 그들이 창조한 사이버 공간의 형태를 바꿔놓았다. 예를 들어 패트릭 레드우드(Patrick Redwood)는 온라인에서 축구에 대해 이야기하는 것을 좋아한다. 그러나 그는 스포츠 채팅룸에 들어가는 것은 피한다. 왜냐하면 그들은 미국 스포츠에 압도적으로 초점을 맞추고 있고, 때문에 미국인들이 문화적으로 이해하기 쉽게 축구에 대해 토론해야 하는 노력이 요구되기 때문이다. 그는 이렇게 설명한다:

패트릭 레드우드 : 나는 일반적인 채팅을 해요. 또는 스포츠 룸에서 채팅을 할 수 있죠. 그러나 스포츠 룸은 모두 미국식인 경향이 있어요. 축구(football)라고 하면 미식축구를 말하는 거죠. 그래서 싸커라고 말해야 알아들어요.

요즘에 아동의 흥미와 행동, 그리고 미국인 사용자 수의 우세는 영국 아동들이 미국화된 공간으로서 온라인 공간을 사용하게 한다. 아동의 오프라인에서의 관심뿐만 아니라 온라인 공간에서 만들어진 미국 문화의 중요성은 세계의 주도권을 가진 미국의 모습을 잘 표현해준다. 비록 우리가 인터뷰한 아동들이 부분적으로 패권주의의 힘이 감소했을 때 온라인에서 미국화된 삶을 경험했지만, 그들은 아래에 인용된 것처럼 현대 미국을 문화적인 지도자로 만들고 있다.

데이브 매튜 : 그들은 이것이 미국으로부터 온 이메일이라는 것을 알게 된다면 아찔할 거예요(하이필즈).

로나 타이미 : 미국은 가장 큰 곳이에요. 왜냐하면 많은 것이 발생하고 사람들이 거의 매일 그것들에 대해 이야기하기 때문이죠(웨스트포트).

스테파니 프리스 : 그들은 무언가 독특한 것을 가지고 있다. 그들은 점점 최신이 되고 있죠(스테이션 로우드).

온라인에서의 이러한 문화 소비는 그 자체로 바람직할 뿐만 아니라 오프라인 생활에서도 사용될 수 있다. 더 나아가 이전 장에서 이야기했던 아동의 실제와 가상세계의 상호 연관성을 강조하고 있다. 토드 가렛(Todd Garrett)가 지적했듯이 온라인에서 새로운 영화나 게임은 미국이 제공하지만 그것이 영국에서는 오프라인의 사회적인 관계를 돈독히 하기 위해 사용된다. 미국을 방문하여 그곳의 아동과 면대면으로 만나게 된다면 온라인 우정은 더욱 견고해질 것이다. 라첼(Rachel)과 헬렌 오츠(Helen Oats)가 지적했듯이 그들은 영국의 버밍햄(Birmingham)보다는 미국의 캘리포니아에 살고 있는 사람과 의사소통하기를 원한다.

토드 가렛 : 당신은 인터넷을 통해 많은 것을 알 수 있어요. 인터넷 상에서 친구들에게 미국에서 무슨 일이 있었는지에 대해 묻는다면 당신은 특별한 사실이나 놀라운 것에 대해 알 수 있죠(하이필즈).

면접자 : 특별하다고 생각하는 곳이 있나요? 혹은 어떤 곳의 친구를 만나고 싶나요?
라첼 오츠 : 미국이요.
헬렌 오츠 : 맞아요, 미국이요.
면접자 : 왜 미국이라고 생각하죠?
라첼 오츠 : 우리는 그들을 만날 수 있어요.
헬렌 오츠 : 당신은 어느 날 밤 인터넷상에서 그들에게 '내가 그곳으로 가서 너를 만나도 되겠니?' 라고 말할 수 있어요.
면접자 : [웃음]
헬렌 오츠 : 어떤 장소가 정말 좋다면 … 캘리포니아 정도?
[편집]
헬렌 오츠 : 버밍햄에 사는 사람과 이야기하는 것은 별로 가치가 없는 것 같아요(하이필즈).

인터넷에서의 미국 문화에 대한 아동 반응은 디즈니랜드 테마파크 방문자에 대한 브리만(Bryman)의 연구에서 밝혀졌다. 그가 인터뷰했던 방문자 중 일부는 이런 놀이동산 사이트에 가는 것을 미국화의 한 과정으로 인식하고 있었다. 사람들은 웹사이트 방문을 디즈니랜드 방문의 일부라고 생각했다. 이 연구에서 대부분의 아동들은 많은 온라인 공간이 미국화되어 있다는 것을 분명히 알고 있었다. 그들이 적극적으로 찾고 바라는 미국화된 문화에 대한 접근은 그들의 관점에서 보았을 때 인터넷을 멋지게 만든다. 찰스 스티븐슨(Charles Stebenson)이라는 아동은 온라인에서 적극적으로 촉진된 미국화된 문화를 정말 좋아한다. 그는 온라인과 오프라인을 통해 얻은 자료를 가지고 심슨이라는 미국의 만화 캐릭터에 대한 웹페이지를 만들었다. 비록 많은 방문자들이 그 사이트를 방문하지는 않았지만, 우리는 그의 이런 시도를 통해 온라인 공간에서의 미국화에 대해 관심을 가질 수 있었다. 특히 아동은 미국화에 대해 소극적으로 휩쓸리는 것만이 아니라 그 문화의 순환에 있어 적극적으로 참여한다. 이런 식으로 미국문화를 독점하는 미국인의 정도에 대한 흥미로운 궁금증도 가질 수 있다. 영국 아동은 미국 문화를 소비하지만 그 자체보다 혼성된 미국문화로 더 많은 것을 만들어낸다.

하지만 아동이 사용하는 많은 온라인 공간이 미국화되었다고 과도하게 강조하고 싶지는 않다. 도엘(Doel)은 일반화하기 매우 쉽고 미국화의 힘을 과대평가하는 많은 영화들에 대한 토론에서 이것을 보다 분명히 했다. 그는 우리가 반대 경향뿐만 아니라 정보의 분석이나 중요한 과정의 유지를 포함한 것들에 주의를 기울일 필요가 있다고 말했다. 예를 들어 토드 가렛(Todd Garrett)는 인터넷을 통해 미국 문화에 대해 얻는 정보와 실제의 일반적인 미국 아동의 일상과는 차이가 있다는 것을 발견했다.

토드 가렛 : 당신은 일상적인 미국인의 삶에 대해 듣지 않았어요. 그들은 평균적인 일반인에 대해 어떻게 느끼고 있는지 말하지도 않았죠.
면접자 : 맞아요.
토드 가렛 : 그들은 자신들이 어떻게 살고 어떤 것을 느끼는지 당신에게 말한 적이 없어요(하이필즈).

게다가 인터뷰에 답했던 아동들은 일상적인 공간문화를 공유하는 사람들과 이야기하고 싶어하고 그들에 대한 정보를 얻고 싶어하는데, 이것은 우리가 생각하는 것과는 반대이다. 정보의 측면에서 보면 아동들은 웹에서 미국의 스포츠나 팝스타들 뿐만 아니라 지역 축구팀에 대해서도 조사한다. 또 의사소통 측면에서 보면 프란체스카 레이톤(Francesca Leighton) 같은 아동은 온라인을 통해 미국이나 다른 나라의 많은 친구들을 사귀고 있으면서도 그녀는 자신이 이야기하고 싶어하는 공간문화에 대해 이해해 줄 수 있는 지역 친구들과의 관계를 더 중시한다 :

프란체스카 레이톤 : 외국인에게는 설명할 수 없는 영국만의 것들이 있어요. 때문에 난 영국인을 더 좋아해요. 당신은 영국의 계층이나 그 밖의 여러 가지들을 다른 사람에게 설명할 수 없어요. 그래서 당신이 원하는 TV나 음

악, 잡지, 책 등에 대해 말할 수 있는 것은 좋은거죠. 외국인보다는 같은 지역에 사는 사람들에게 이런 것들을 설명해 주는 것이 더 쉬워요.

Children on the line

Emily Bocking talking to her friend Robynn Scissons, 7, in Ottawa, Canada

'We live in a world where electronic communications are a necessary part of our lives. The children of today who will succeed in the world of tomorrow are the children who are confident with and competent in using the technology.' Many Sheffield schools are already part of the communications revolution, as **David Bocking** reports

〈그림 6.1〉 인터넷은 아동들에게 더욱 넓은 세계로 통하는 창을 제공한다.
(*Sheffield Telegraph*의 허가를 통해 얻은 사진)

우리는 프란체스카를 통해 미국에 살고 있는 젊은 사람들과 그 문화적 배경을 즐기는 영국 아동의 온라인/오프라인의 경험이 같지 않다는 것을 알 수 있다. 오히려 미국 문화는 영국의 문화를 통합하여 새로운 형태로 태어난다. 영국 아동들은 그들의 문화적 배경을 완전히 이해할 수 있는 그들 지역 사람들에게 이야기하는 것을 늘 생각하고 있다. 때문에 온라인을 통해 미국이라는 것을 즐기면서도 아동은 자신에게 깊이 뿌리박힌 문화에 의해 인터넷상에 자신들만의 미국화되지 않은 공간을 만든다.

둘째로, 근거는 적지만 몇몇 아동은 덜 친근한 문화를 발견하고 미국화된 온라인 공간을 뛰어넘어 그 문화에 접근하려고 한다. 사라 굴드(Sarah Gould)는 이미 매체를 통해 알게 된 그대로의 모습이라고 하면서 미국 아동들의 매력적인 부분에 대해 친구들과 공유하지 않는다. 대신 그녀는 익숙하지 않은 다른 곳에 대해 배우기 위해 온라인 공간을 사용한다. 데이비드 펠프스(David Phelps)와 공유한 그녀의 욕구는 다른 공간을 찾기 위한 것이고, 아동 삶의 경험 확장을 평가하기 위한 것이다. 그녀의 일상적인 삶은 아래에 설명한 상호 연결 프로젝트의 목적을 반영한다:

사라 굴드 : 당신은 미국인의 삶이 어떤지에 대해 알고 있어요. 햄버거, 주머니나 핸드백에 넣은 총, 커다란 집 등등… 날씨나 삶의 방식은 다르지만 삶의 실제적인 모습은 다르지 않아요. 그들도 학교에 가고 또 집에 살지요. 그것은 다르지만 어떤 면에서는 같기도 해요. 당신은 뉴스를 통해 미국인의 삶이 어떤지에 대해 들었지만 아이슬란드에 대해 들은 적은 없죠. 그들은 미식축구나 일상적인 일들은 어떻게 할까요? 그들은 항상 미식축구나 아이스 하키, 아이스 스케이팅을 할까요(하이필즈)?

데이비드 펠프스 : 저는 같은 관심사에 대해 미국과 호주 사람과 이야기하는 것을 좋아해요.

면접자 : 왜 미국과 호주인가요?

데이비드 펠프스 : 왜냐하면 나는 미국을 가보고 싶고 호주에 흥미가 있기 때문이에요. 우리와 완전히 다르고 또 멀리 떨어진 곳에 대해 알아가는 것은 재미있어요(하이필즈).

이러한 반대 경향의 중요성을 과대평가해서는 안 된다. 사라 굴드는 온라인과 오프라인 활동을 통해 팝음악이나 미국의 TV 프로그램에 대한 지식을 확고하게 확립하는 동안에도 아이슬란드에 대해 배운다. 게다가 대부분 ICT를 사용하는 아동에 있어서 온라인에서 미국 문화를 사용해 보고 싶은 욕망은 중요한 특징이 된다. 그래서 온라인 공간은 항상은 아니어도 거의 미국 공간처럼 된다.

이 장의 결론인 아동의 온라인/오프라인 공간에 대한 지리학의 다른 측면은 앞의 두 부분과 여기에 함축되어 있다.

아동의 사이버 지리학에 대한 숙고

우리는 이 장의 처음 부분에서 젊은 사람들이 그들의 오프라인 삶의 맥락 내에서 온라인 공간을 어떻게 사용하고, 해석하며, 마주하게 되는지에 대해 알아보았다. ICT의 확장 가능성은 아동이 온라인 공간에서 자신의 정체성과 다른 사람과의 사회적 관계를 바꿀 수 있게 한다. ICT는 그들의 오프라인 세계와는 분리의 공간이라고 말하는 아동도 있지만, 그들의 가상공간에서의 활동과 오프라인의 정체성은 반대가 아니다. 오히려 우리는 아동의 오프라인 세계와 온라인 세계는 상호적으로 구성되는 여러 다른 과정을 확인했다 : 1) 온라인 활동이 장 · 단거리 오프라인 관계를 유지시키고 발전시키는 방법을 통해, 2) 온라인에서 모은 정보가 오프라인 활동으로 통합되는 방법을 통해, 3) 그들의 오프라인 정체성과 활동의 직접적인 제시를 통해, 4)

그들의 오프라인 정체성을 바탕으로 하는 대안적인 정체성의 생산을 통해, 5) 계급과 성불평등의 온라인상의 재생을 통해, 6) 매일의 구체적인 현실이 온라인 활동의 범위를 제한하는 방법을 통해. 다시 말하면 아동의 ICT사용은 그들의 일상에 깊이 관계한다. 그들의 온라인 정체성과 관계, 또 공간은 오프라인에서 만나게 되는 그들의 정체성, 관계, 공간만큼이나 실제적이다.

온라인 연결은 아동의 오프라인 지리학을 바꾼다는 의미를 함축할 수 있다. 우리는 ICT를 통해 먼 거리에 있는 다른 사람과 만날 수 있고, 세계 여러 곳의 사람으로부터 정보를 얻을 수 있다. 또한 개인의 유동성에 대한 제한과 지역의 경계를 뛰어넘어 자기 스스로를 확장시킬 수 있게 해준다. 이런 방법으로 온라인을 통해 정보와 아이디어를 얻는 것은 오프라인에서의 동료그룹 관계에 통합되어 세계화된 지역 문화 생산을 가능하게 해준다.

어른들(부모님과 교사)은 살고 있는 공간이나 아동 교육의 경계를 뛰어넘은 지식의 확대는 아동의 고용기회를 높인다고 생각한다. 더 나아가 다른 나라 사람과의 의사소통 능력의 촉진은 아동을 더 넓은 세계에 참여하도록 고무시킬 수 있다고 생각한다. 즉 아동을 세계 시민이 될 수 있게 도와준다는 말이다.

이러한 ICT에 대한 어른들의 거시적이고 미래지향적인 비전은 3장에서 입증한 바 있는데, 이와는 대조적으로 이러한 기술은 사실 실제로는 좀더 평범하게 아동에게 나타난다. 어떤 아동들은 넓은 세계를 발견하고 그것을 자기화하는 데 관심을 둔다. 그리고 온라인에서의 의사소통은 아동들이 다른 나라에 대해 가졌던 오해나 고정관념을 깰 수 있게 도와준다. 그러나 젊은 동료그룹은 더 넓은 관점보다 그들의 활동에서 더 중요한 참고사항을 제공한다. 사이버 공간은 무형의 사회적 공간이라는 것과 대조하여 아동의 온라인/오프라인 활동은 온라인 공간이 미국화된 장소라는 것을 말해준다. 그것은 그것을 생산한 오프라인 장소에 기원을 둔 문화를 통해 구성된 것이다.

ICT가 다른 시간과 공간에서 사용될 때 그것은 사적이거나 대중적인 다양한 형태를 구성한다. 이 장의 두 번째 부분에서 인용된 것처럼 온라인 활동은 사적인 공간을 구성할 수 있다. 왜냐하면 가상 공간은 분리된 것일 수 있고, 그래서 일상적인 오프라인의 사회적 관계를 탈피할 수 있기 때문이다. 상호작용의 분리에 의해 형성된 익명성은 온라인 참여자들이 자신감을 가지고 사적인 활동을 할 수 있게 해준다. 그러나 5장에서 지적했듯이 아동은 상호 연결 프로젝트로서 온라인에 자주 들어간다. 그들은 종종 채팅방과 같은 공개된 장소에서 낯선 사람들을 만난다. 이것은 ICT 사용이 반사회적 활동에 필요한 것이 아니라, 그 자체로 대중적인 공간을 만들 수 있다는 5장의 내용을 뒷받침한다.

ICT가 아동의 공간감각을 바꿀 수 있다고 주장하는 것을 지지하지는 않는다. 사람들은 아동의 지역 일상생활 안에서 ICT의 중요성이 커지고 있다고 주장한다. ICT를 사용할 수 없다면 어떨까라는 질문에 매우 싫증난 삶을 살게 될 것이다라고 대답한 소년의 답에서도 알 수 있다.

다음 장에서 우리는 ICT에 대한 두려움과 이론적 이해를 평가하기 위해 이전 장과 이번 장에서 보여준 경험적인 증거를 관련지을 것이다.

제7장

아동과 기술의 만남

이 책은 아동과 기술이 현실에서 조우하였을 때 어떠한 일이 발생하는가에 초점을 맞추고 있다. 정보화 시대에 관한 많은 대중적 및 학술적 논평들은 우리의 경제적 · 사회적 · 정치적 세계에 관한 ICT의 영향에 관하여 '거시적인' 극적인 이야기를 추정하여 제시하고 있지만, 이 책에서는 아동이 일상적으로 사용하는 과학기술에 관한 일반적인 이야기에 관하여 살펴보았다(개괄적 내용에 관해서는 1장 참조). 우리가 밝히고자 한 이야기는 과학기술에 관한 대중적 및 정책적 이해와도 조화를 이루지 못하고 과학기술의 이용에 관한 학술적 이론과도 조화를 이루지 못하기 때문에 그 양쪽 모두에 새로운 전망을 제시하게 된다. 바로 이 때문에 이 책에서 제시하고 있는 미시적 접근이 중요하게 취급되어야 할 것이다.

2장에서 살펴본 것처럼 영국 정부는 미래의 노동시장에서 매우 중요하게 취급될 것이라고 예견되는 종류의 기술적 능력을 보급하는 중요한 장소로 학교를 동원하였다(이는 미국이나 다른 나라들과는 명백한 차이를 보이는 것이다). 학교를 통하여 이러한 교육훈련을 보급하기 위한 정부 부처의 노력은 모든 사람들을 위하여 IT 접속을 제공하겠다는 야심찬 목표를 지지하는 것이다. 이것은 미래의 노동력이 지닐 기술 이해능력을 최대화함으로써 국부(國富) 생산 능력을 보호하고자 하는 필요뿐만 아니라, 현존하는 또는 새롭게 형성되고 있는 사회적 영역에서의 차별이 악화되지 않도록 하고자 하는 필요에 의해서 동기 부여된 전략적 접근이다. 비록 가정용 컴퓨터의 소유에 관한 형태가 계급, 성별, 인종 등의 전통적인 사회적 불평등의 형태를 정확하게 나타내지는 않는다 하더라도, 가정에서 우리가 수행하였던 연구를 통하여 젊은이들이 ICT 활용능력을 개발하는 기회를 형성하는 데 있어서 이러한 차별이 명백히 존재한다는 것을 볼 수 있었다. 쇼핑이나 은행 업무에서부터 투표에 이르기까지 더욱 더 많은 일상의 생활에서 기술적으로 권리를 박탈당한 사람들은 그들 자신이 '일상' 생활에서 점점 더 배제된다고 느낄 것이다.

우리는 외부적으로 선전하기 위하여 발표하는 의도 자체는 매우 고상하지만 모든 정책에 있어 정부의 IT가 실제로 잘 실행되고 있다는 증거는 찾을 수 없다는 사실을 알게 되었다. 연구를 통하여 학교들 사이에 있어서도 ICT에 관한 공급 및 준비상태가 상당히 불균형적이라는 사실 또한 알 수 있었다. 이것은 수많은 다른 요소들의 결과들인데, 특히 자원의 분배과정에 주목할 수 있다. 이것은 지역 수준에서도 발생한다. 몇몇 지역 관료들은 다른 지역의 관료들보다 ICT에 대하여 보다 더 높은 중요성을 부여한다. 이와 마찬가지로 개별 학교들 또한 직원 수나 시설물의 유지보수 및 개선 등과 같은 다른 우선순위와 비교하여 하드웨어나 소프트웨어에 투자함에 있어 그들의 예산을 고려해야만 한다. 이때 각 학교들은 다르게 반응한다. 비록 다양한 기술적 발달을 통해서 향후 상당한 양의 부가적 자원을 이용할 수 있다 하더라도 학교 당국은 다른 각각의 요소들과 관련하여 이것을 획득하여야 한다. 이것은 불가피하게 승자와 패자를 만드는 과정이다. 결국, 특정 학교의 IT 전략의 성공은 IT 전략들을 실행에 옮기는 특히 IT 교사와 같은 핵심적인 개인의 동기 부여, 기술적 능력, 그리고 헌신에 달려 있다.

그런데 교실에서 ICT의 접근은 단지 대규모의 자원할당 및 분배에 불과한 것이 아니라 그 사용 정책에 관한 것이기도 하다. 학교들마다 운영철학이 서로 다르기 때문에 학교 및 해당 지역사회의 일상에서 ICT의 역할에 관한 중앙정부의 비전과 정책에 관한 개별 학교들의 해석에 따라 서로 다른 유형의 ICT 사용을 장려하거나 좌절시킬 수 있다. 이러한 차이는 교사들의 비공식적인 관행에 의해서 형성되기도 한다.

마지막으로 학교마다 서로 다른 정책들은 실제로 아동들이 ICT를 어떻게 사용하는지에 대해 완벽하게 설명해 주지 못한다. 특히 모든 사람들을 대상으로 하겠다는 정부의 IT 정책은, 일부 아동들이 일반인들의 정보기술적 능력을 향상시키기 위하여 제공된 기회조차도 사용할 수 없다는 사실에 관해서는 고려하지 않은 것이다. 3장과 5장은 일부 아동들과 성인들에게서 나타나는 정보기술에 관한 공포에 관하여 다루었다. 다시 말해, 아동의 컴퓨터 사용 능력 향상을 위하여 컴퓨터 하드웨어와 소프트웨어의 사용이 필수적인 것이라면 그러한 기술이 사용되는 사회적 환경 역시 중요하다는 것이다. 3장에서 분명하게 제시한 것처럼 아동의 과학기술 공포증은 각각의 기계들에 대한 두려움이 아니고 오히려 교실 환경에서 그것을 사용하는 것에 대한 두려움이며, 극도로 성차별적이고 성역할 구분적인 또래 집단 문화의 맥락 속에서 과학기술이 그들의 사회적 정체성 및 사회적 관계를 어떻게 변화시킬 것인가에 관한 두려움이다. 두 군데 사례연구 학교에서 나타난 '일상생활의 공동체'는 여학생들의 컴퓨터 사용을 과소평가하였는데, 이것은 우연히도 ICT의 의사소통적 측면에 초점을 맞춘 세 번째 학교에 의해서 반박당하게 되었다. 다시 말해서 사회적 배제는 거시적 권력의 산물일 뿐만 아니라 일상생활의 관행에서 비롯되는 것이기도 하다는 것이다.

여기서 아동의 다양한 또래집단 문화에 관한 우리의 초점은 젊은이들이 ICT에 저항하도록 하는 것이 아니라, 그것을 잘 이용하도록 하기 위하여 성인들이 이러한 정보통신기술을 아동의 일상생활의 맥락과 관련지은 방법으로 장려할 필요가 있다는 것을 보여주고자 하는 것이다. 특히 성인들이 ICT의 사용에 있어서 교육 및 미래의 고용과 관련지어 강조하고 있기 때문에 과학기술은 아동의 일상적인 오프라인의 삶과 거의 관계가 없는 지루한 도구처럼 보이게 된다는 점에 주목할 필요가 있다. 그러다 보니 그것은 '과학기술에 종사하는 전문 기술자'와 '컴퓨터 광'에 한정된 분야로 나타나게 되는 것이다. 반면, 아동이 이메일이나 인터넷 온라인 활동—특히 그들의 오프라인에서의 삶이나 활동들과 관계 있다고 이해하는 것들—을 활용하도록 장려함으로써 성인들은 ICT가 아동의 눈에 '매력적인' 도구처럼 보이도록 할 수 있다. 요약하면 학교에서 아동의 ICT 사용에 관한 우리의 연구는 국가 수준의 정책 입안자들로 하여금 다음과 같은 점들을 고려하도록 제안하는 것이다 : 교육에 있어서 기술의 역할에 관한 학교들마다 서로 다른 관점들, 교실환경에서의 교사의 일상적 관행과 학생들의 문화, 더불어 ICT 활용능력의 향상이 사회적 통합을 장려하는 방안으로 매우 중요하게 작용하는 경우에는 하드웨어 및 소프트웨어의 공급까지 고려할 필요가 있다.

4장과 5장은 가정에 초점을 맞추었다. 부모나 아동은 가정용 PC를 교육적 자산으로 간주하는 동시에 많은 아동들은 컴퓨터는 레저 또는 오락 도구로서 상당히 가치 있는 것이라고 분명하게 생각하고 있다. 그러나 가정용 컴퓨터의 구매가 가족구성원들의 관계에 있어서 어떤 필연적인 영향을 끼치는 것은 아니다. 그보다 컴퓨터는 다음과 같은 사항들에 따라 서로 다른 방법으로 가정의 일부가 되었다 : 부모의 스타일, 컴퓨터의 용도에 대한 부모와 아동의 서로 다른 해석, 가정용 PC가 위치하고 사용되는 시 · 공간 등. 이처럼 가정용 PC는 가정마다 서로 다른 '일상의 공동체' 에서 각기 다른 도구로 나타난다.

흥미 있는 점은 전통적인 성인과 아동의 관계는 많은 가정에서 역전된 형태로 나타나는데, 그것은 아동이 그들의 부모보다 기술적으로 더 유능하기 때문이다. 부모를 조르거나 노동시장에서 그들의 위치를 향상시키는 기술들로 스스로를 훈련시키거나 하는 식으로 아동은 이러한 경쟁력을 다양한 형태로 활용한다. 많은 아동의 기술적 능력에도 불구하고 어떤 부모들은 그들의 아동이 정서적 수준이 그들의 기술적 수준을 따라가지 못한다고 생각하기 때문에 ICT의 사용을 통한 가상의 위험에 놓이게 될 것을 두려워한다. 이것은 스스로 자신의 삶을 영위할 수 있다고 생각하는, 그리고 종종 가족관계보다는 동료들에게 도움을 받을 수 있다고 생각하는 아동에 의해 반박되기도 한다. 그러나 다른 부모들은 컴퓨터는 아동을 집안에 머무르게 하기 때문에 외부 세계의 '위험'(아폴로적 아동)과 '갈등'(디오니소스적 아동) 양쪽 모두로부터 아동을 보호하는 도구로 볼 수 있다는 입장을 취하여 아동의 온라인 활동에 관한 도덕적 공포를 거부한다. 오직 소수의 부모들만이, 그러나 대부분의 아동들이 현실의 삶과 가상의 삶은 서로 반대되는 것이 아니라 상호작용하면서 구성된다는 것을 이해하고, 그 결과 온라인과 오프라인의 위험이 상호 반대되는 것이 아니라 상호 관련된 문제라는 점을 고려하게 된다.

마지막으로 우리의 조사는 아동의 일반적인 컴퓨터 사용, 특히 인터넷의 사용에 관하여 사람들이 두려워하는 점 또한 근거가 없다는 것을 증명하였다. 아동은 밖에서 노는 것 대신 컴퓨터 스크린 앞에서 과도하게 많은 시간을 허비하지 않으며, ICT의 사용은 아동을 사회적으로 고립시키지도 가족관계나 우정을 깨지게 하지도 않는다. 오히려 젊은이들은 그보다 더 넓은 세계로 그들의 눈을 돌리기 위해서 온라인과 오프라인의 사회적 관계를 향상시키고 발전시키기 위하여 균형잡히고 세밀한 방법으로 과학기술을 사용하는 것으로 보인다.

근거 없는 두려움들이 지금의 논쟁을 압도하지 않도록 하는 것이 중요하다. 그것은 더욱 현실적인 관심으로부터 우리의 주의를 빗나가게 하기 때문이다. 그보다 더욱 중요한 점은 우리가 앞서 살펴보았듯이 PC의 공급이나 활용에 있어서 존재하는 불평등을 통하여 현재 확립되어지고 있는 새로운 사회적 배제의 문제에 도전할 필요가 있다는 것이다.

이 모든 것이 실질적으로 의미하는 것은 무엇인가?

여기서 정리한 결과들은 정부의 대다수 정책 입안 및 결정자들로 구성된 기술결정론적 기본 토대에 명백하게 반대하는 입장을 취하는 것이다. 우리가 발견한 점은 긍정적이든 부정적이든 간에 정보통신기술은 어떤 필연적인 또는 고정된 결과물이 아니라는 것이다. 오히려 이것은 실제로는 서로 다른 '일상생활 공동체'를 위한 서로 다른 도구로 나타난다.

중독, 위험, 고립, 집안에만 머물음 등으로 나타나는 ICT의 잠재적 부정적 현상에 관한 일반적인 고찰은 주로 아동에 관하여 스스로의 삶을 영위할 수 없고, 지식이 부족하며, 능력이 없다고 간주하는 오류에 빠져 있다는 것이다. 그러나 우리가 이 책에서 보여준 것처럼 아동은 자신의 권리에 있어서는 유능한 사회적 행위자들이다. 그들은 다음과 같은 점에서는 어른들만큼 능력이 있다 : 상식적이고 균형

잡힌 방법으로 그들의 시간과 활동을 관리하는 것, 잠재적인 위험이 무엇인지 알고 그것들을 피하기 위해서 행동을 취하는 것, 그들의 오프라인에서의 사회적 정체성과 가정, 학교, 지역사회에서의 관계를 향상시키는 방법들에 그들의 기술을 사용하는 것 등이 바로 그러한 것이다. 일부 아동이 가끔 무책임하게 행동하거나, 잘못된 판단을 하거나 하지만 아동 스스로가 지적하는 것처럼 성인들 또한 똑같은 실수를 저지르기도 한다. 사실, 어떤 부모들은 인터넷이 연결된 PC의 사용에 있어서 잘못된 태도를 보이고 있는 반면, 아동은 가정과 학교에서 아동과 어른의 한계에 관해 다시금 논의하기 위하여 그들의 ICT 기술을 이용할 수 있다는 것을 스스로 보여준다.

그러나 가장 중요한 것은 교사와 부모들은 ICT에 대한 그들의 태도가 어른스럽지 못하다는 것을 깨닫지 못한다는 것이다. 성인은 아동과는 다른 시 · 공간적 범위를 가진다. 어른들에게 집안의 PC는 몰리(Morley 1992 : 214)가 백과사전과 연관지었던 '지식의 기계' 일 뿐만 아니라 미래를 상징하는 대상물이기도 하다. 성인은 아동의 잠재능력을 최대화시키기 위한 건설적이고 생산적인 방법으로 이 기술을 사용하는 것이 중요하다는 점을 아동에게 강조한다. (예를 들면, 컴퓨터 게임을 하거나 단순한 즐거움을 위해 인터넷을 검색하는 데 시간을 낭비하는 것이 아니라 교육적 소프트웨어의 사용을 강조하는 것 등이다). 이러한 견해는 아동의 또래문화에 초점을 맞춘 지역적인 것이 아니라, 아동들이 더 넓은 세계로부터 정보에 접근하게 하고 세상 속에서 자신의 위치를 이해하도록 하는 ICT의 가능성에 관하여 초점을 맞추는 세계적인 추세이다.

반면, 아동을 이해하는 지평은 미래보다는 현재에, 그리고 그들의 광범위한 권리와 책임보다는 더욱 중요한 기본 지시사항을 제공하는 WWW에서의 그들의 활동에 관한 지역적인 해석들에 집중하고 있다. 아동은 컴퓨터가 학교에서 그들의 사회적 정체성을 만들어내고 재생산하는 방법과 그들의 또래들이 이것을 이해하는 방법들을 그들의 미래 고용 전망에 관한 것보다 더욱 중요하게 생각한다. 대부분의 아동은 교육적 도구나 국가 수준에서 그들의 문화유산을 형성하는 것보다는 사회적 및 여가를 위한 도구로서 ICT를 사용하는 것을 더 좋아한다. 이러한 과정에서 그들의 온라인 및 오프라인 활동들은 서로 정보를 제공하고 구성하는 데 이용된다. 장소가 없는 사회적 공간으로서 가상공간에 대한 일반적인 묘사와는 반대로 아동의 온라인 활동과 공간은 그들이 속한 오프라인의 장소에 있는 문화를 통해 구성된다. 앞서 우리가 살펴본 것과 같이 정부, 학교, 부모들은 그들의 렌즈를 통해서 아동을 보기 때문에 성인들은 컴퓨터의 사용을 장려하기보다는 부지 중에 방해하게 된다.

이 모든 것을 종합해 볼 때 성인들은 아동의 목소리에 귀 기울일 필요가 있고, 국가적 수준으로부터 교실의 지역적 환경 수준으로까지 정책의 토대를 통합할 필요가 있다.

이것은 이론적으로 무엇을 의미하는가?

이 책은 아동에 관한 학술적인 연구의 필요성, 특히 아동의 지리적 환경에 관한 연구에 초점을 맞추었다. 그것은 아동과 성인의 관계 그리고 서로 다른 아동 개인과 그룹들 사이의 관계뿐만 아니라, 그들을 둘러싸고 있는 대상들과의 관계가 가지는 중요성까지 파악하기 위한 것이었다.

특히 여기서는 성과 젊은이들이 '아동' 혹은 '성인' 으로 정의되는 정도에 의하여 아동의 정체성이 ICT의 조직화, 구체화, 활용의 일부로서 논의되고, 받아들여지며, 생산 또는 재생산된다. 이것은 사회적 및 기술적 요소들이 동시에 모여서 복합적이고 연속적인 방법으로 존재하며, 그 각각이 다른 것들을 변형하고 그에 의해서 변형되어지는 과정이다(Ormrod 1994). 이것은 어떤 아동들을 '괴짜' 또는 '멍청이' 라고 정의하고 이에 따라 또래집단에서 사회적 배제를 당하는데 있어서 PC가 어떻게 작용하는지에 관하여 살펴보았던 3장에서 분명하게 나타났다.

동시에 인터넷이 연결된 PC가 우리가 조사한 3개 학교의 사례연구에서 다르게 나타난 점은 인간이 또한 컴퓨터의 의미나 특성들을 변화시킬 수 있는 방법을 보여주는 것이다(예를 들면, 일하는 도구에서 레저 도구로 변화시킬 수 있는 것 등). 4장에서는 우리의 경험적 자료들은 아동이 그들의 기술적 능력을 통해서 그들의 부모들이 가진 시각으로부터 그들의 '어른스러움'에 관한 이해를 이끌어내게 하는 방법들과 또한 일부 부모들의 역할을 PC가 한정할 수도 있다는 것들에 관하여 제시하였다. 그러나 다시 말하자면, PC가 이러한 서로 다른 가정공동체의 일상적 관행에 따라 다르게 나타나는 방법을 통하여 그것이 교육적인 것인지, 여가를 위한 도구인지, 다른 어떤 것인지 등에 관하여 정의할 수 있다. 5장에서 본 바와 같이 동일한 상호 구성 과정은 또한 사회적 관계 및 시 · 공간의 의미에 있어서도 명백하게 나타난다. 여기서 PC는 가족구성원들을 하나로 묶는 역할을 할 수도 있고, 그들을 가정 내에서 서로 다른 시 · 공간을 지닌 존재로 파편화시킬 수도 있다. 예를 들어, 서로 다른 가족들에 의해서 가정의 시 · 공간적 범위 내부로 PC가 받아들여지는 방법은 그것이 '사적'이고 개별화된 도구인지, '공적'이며 공유된 도구인지에 관하여 이해하는데 영향을 끼칠 수 있다. PC가 없다면 우리의 사례연구 학교와 가정 양쪽 모두에 있어서 사회적 관계와 시 · 공간은 매우 다르게 보인다. 다시 말해 그 도구와 사람들이 함께 존재하는 시 · 공간은 그 이전에 가정된 도구나 사람들의 개별적인 상황과는 분리될 수 없는 방법으로 공진화해 나간다는 것이다.

시 · 공간의 언급은 또한 아동의 ICT 사용에 있어서 명백하게 대두되는 서로 다른 공간성의 문제를 야기한다. 첫째, 이 책 전체를 통하여 우리는 아동의 정체성과 삶이 일상적인 삶의 장소를 통하여 형성되고 재형성되는 방법에 관해 존재하고 있는 관심을 바탕으로 하였다. 특히, 학교와 가정은 제한된 공간으로서가 아니라, 그 공간에서 사회·공간적 현실을 제공하는 보다 더 넓은 사회들과 연결을 통해서 만들어지는 더욱 삼투적인 공간으로 생각할 필요가 있다고 주장하였다.

둘째, 우리는 또한 아동에 관한 생각들이 특별한 공간에 관한 우리의 이해를 도울 수 있는지에 대하여 살펴보았다. 예를 들어, 아동의 위치가 집안에서는 어떠한지에 관한 생각을 보여주었고, 그들이 위험에 처해 있는지 또는 적어도 그들이 위험하다고 생각할 필요가 있는지, 아동을 '천사' 혹은 '악마'적 존재로 이해하는 관점의 차이에 따라 공적인 공간에서는 어떠한지 등에 관하여 살펴보았다. 이러한 공간과 관련된 담화는 그들의 장소에서 사회·공간적 현실을 나타내기 때문에 중요하다. 이러한 사회·공간적 현실은 아동에 대한 우리의 생각을 강화시키거나 때로는 반대하게 된다. 아동에 대한 우리의 공간화 개념과 아동을 둘러싼 사회·공간적 현실 사이의 이러한 이분법적인 관계로 인해 나타나는 물질적 및 정신적 결과들은 보다 더 학술적인 관심을 정당화하게 된다.

셋째, 6장에서 우리는 마세이(Massey 1994)가 '장소에 관한 진보적 인식'이라고 언급한 것을 차용하였는데, 그것은 어떻게 아동의 온라인 문화가 그들의 힘이 미치는 범위에서는 광범위하고 그들의 해석에 있어서는 지역적인지에 관하여 보여주기 위한 이분법적인 분류가 아니라, 세계적인 것과 지역적인 것이 상호 관계 속에서 서로 어떻게 놓여지는가에 관하여 이해하고자 한 것이다. 이러한 접근법은 이분법적인 위치의 정리를 위하여 지역적인 것에서 광범위함을 구분하는 경향이 있었던 아동에 관한 사회학적 연구의 범위에 있어서 함축적인 비평을 제공하였다(이러한 이분법적 관점에 관해서는 James *et al.* 1998 참조). 이렇게 함으로써 용어에 있어서 공간적인 것을 고려하는 것은 아동에 관한 연구가 더욱 충분히 맥락을 고려하여 만들어져야 한다는 점을 방법론적으로 제시하였다.

여기서 비록 우리가 이러한 세 가지 공간범위에 관하여 초점을 맞추었다 할지라도 우리는 오직 이것들만이 아동의 공간성에 관하여 생각되어지는 특징적이고 대안이 되는 방법들이라고 주장하려는 것은 아니다. 오히려, 우리는 공간에 관한 이러한 세 가지 모두가 상호 관계를 맺고 있는 과정임을 제시하고자 한다(Holloway and Valentine 2000b). 우리가 연구한 아동 사이에서 사용되는 ICT가 일단 광범위한 또는 협소한 관계에 의해서 형성되어지고, 특정한 장소에서 체험하게 되면 그것은 아동에 관한 우리의 이해를 형성하는 것이 된다. 마세이(Massey 1998 : 124-5)는 다음과 같이 언급했다 :

> 공간을 구성하는 사회적 상호 관계는 일시적인 고착의 결합과 같은 척도에 의해 조직화되는 것은 아니다 … 그것은 아주 좁은 지역 수준으로부터 대륙 간 수준에 이르기까지 상호관계와 연결망의 결과로 존재하는 사회적 공간 내의 조합들이다.

우리의 연구결과에 의하면 공간성을 중요하게 취급하는 아동에 관한 새로운 사회적 연구의 학제적인 접근법이 유용한 성과를 거두기 위해서는 이러한 상호연관성에 관한 탐구가 반드시 필요하다.

1장에서 기술의 이론화에 초점을 맞추고자 하다 보니 ICT가 실제로 어떻게 사용되어지는가에 관한 경험적인 이해에 손상을 입히게 되어버린 기술과 사이버 지리학의 사회학적 연구의 경향을 지적하였다. 특히 우리는 경험적 증거가 제시된 곳에서는 종종 사이버광(狂)에 관한 연구들에서 그 증거가 나왔다는 점을 관찰했는데, 그렇게 되서 기존의 연구가 극단적인 사용자와 가상적 삶에 대한 유토피아적 비전에 대하여 초점을 맞추게 된 것이다. 우리는 일상에서 아동의 ICT 사용에 관한 관심을 통하여 이러한 엇갈린 점을 살펴보고자 하였다. 일상적이고 평범하며 진부한 것에 초점을 맞추어 우리는 아동의 온라인과 오프라인의 삶을 복잡하게 상호 작용하며 구성하는 방법을 분명하게 제시하는 상세한 경험적 증거를 제시했다. 우리가 확인한 다른 '일상의 공동체', 곧 우리의 연구에서 학교, 가정, 아동을 위하여 ICT가 다양하게 등장하는 방법들은 또한 기술결정론적 비평들의 주장을 전환하도록 만든다. 그러나 이러한 주장은 정교하며 반복된 비판에도 불구하고 사회과학에서 완고하게 살아남아 있다. 이와 같은 우리의 발견은 '지지자들'과 '반대자들' 양측 모두가 지닌 핵심적 주장에 반박하는 동시에 아동의 실제생활에서의 사용에 대한 분명한 증거를 제공하면서 아동의 가상공간의 사용에 관한 일반적인 비평을 기각하였다.

마지막으로 다음과 같은 점에서 아동이 하나의 독립적 요인이라는 점을 강조하였다 : 학교, 가정, 온라인에서 어른들의 통제에 저항하는 능력, 그들 자신과 어른들의 능력에 대한 경쟁과 합의, 다른 아동에 의해서 지배되는 것을 피하기 위하여 어른들과 함께 전략적 관계를 맺는 잠재력, 기술과 가정의 시·공간의 의미를 형성하기 위한 능력 등이 그것이다. 우리는 사회적 행위자로서 아동에 관한 연구를 발전시켰다. 우리는 이미 아동에게 초점을 맞춘 하위학문의 영역(예를 들면, 아동 및 아동지리학에 관한 사회학적 연구 등)에서 이러한 접근을 강화시키고자 하는 것이 아니라 기술의 사회학 안에서, 그리고 보다 더 일반적인 사회학의 범위 안에서 이것을 향상시키기 위해서 우리는 이 접근법을 강화하고자 한 것이다.

결국 우리가 이 책 전반에 걸쳐 살펴본 것은 브루스(Bruce 1997)가 부연 설명한 것처럼 다소간 컴퓨터가 매개하기는 하지만 본래의 장소에서 이루어지는 아동의 활동에 관한 이해, 그리고 기술적 특징에 개별적으로 초점을 맞추는 것보다는 컴퓨터와 상황적 맥락에 있어서 아동의 활동에 관한 의미를 더욱 명확하게 이해하고자 한 것이다.

참고문헌

Abiodun, A. A.(1994) "21st century technologies : opportunities or threats for Africa?", *Futures*, 26, 944–63.

Acker, S.(1994) *Gendered Education*. Buckingham, Open University Press.

Ackrich, M.(1997) "The de–scription of technical objects", in W. Bijker and J. Law,(eds) *Shaping Technology/Building Society*. Cambridge, MA, MIT Press.

Adam, B.(1990) *Time and Social Theory*. Cambridge, Polity Press.

Adam, B.(1994) "Perceptions of time", *Companion Encyclopedia of Anthropology*. London, Routledge.

Adam, B.(1995) *Timewatch : The Social Analysis of Time*. Cambridge, Polity Press.

Aitken, S.(1994) *Putting Children in Their Place*. Washington DC, Association of American Geographers.

Alanen, L.(1990) "Rethinking socialisation, the family and childhood", *Sociological Studies of Child Development*, 3, 13–28.

Alderson, P.(1995) *Listening to Children : Children, Ethics and Social Research*. Ilford, Barnardos.

Ambert, A.(1986) "Sociology of sociology : the place of children in North American sociology", in P. Alder and P. Alder(eds) *Sociological Studies of Childhood Development*, vol. 1. Greenwich, CT, JAI Press.

Argyle, K. and Shields. R.(1996) "Is there a body in the net?", in R. Shields (ed.) *Cultures of Internet : Virtual Spaces, Real Histories, Living Bodies*. London, Sage.

Ariès, P.(1962) *Centuries of Childhood*. New York, Vintage Press.

Baranshamaje, E., Boostrom, E., Brajovic, V., Cader, M., Clement–Jones, R., accessed : Hawkins, R., Knight, P., Schware, R. and Sloan, H.(1995) *Increasing Internet Connectivity in Sub-Saharan Africa : Issues, Options and World Bank Group Role.* Washington, DC, World Bank. http://www.worldbank.org/html/emc/documents/africa0395.html.

Barry, B.(1998) *Social Exclusion, Social Isolation and the Distribution of Income.* Centre for Analysis and Social Exclusion discussion paper. Available at : http://www.stricerd.lse.ac.uk/case.html.

Beamish, A.(1996) *Communities On-Line : Community-Based Computer Networks.* accessed : anneb@mit.edu

Beck, U. and Beck-Gernsheim, E.(1995) *The Normal Chaos of Love.* Cambridge, Polity Press.

Beck-Gernsheim, E.(1996) "Life as a planning project", in S. Lash, B. Szerszynski and B. Wynne(eds) *Risk, Environment and Modernity : Towards a New Ecology.* London, Sage.

Benedikt, M.(1991) "Cyberspace : some proposals", in M. Benedikt(ed.) *Cyberspace : First Steps.* London, MIT Press.

Bigum, C.(1997) "Teachers and computers : in control or being controlled?" *Australian Journal of Education,* 41, 247-61.

Bingham, N.(1996) "Object-ions : from technological determinism towards geographies of relations", *Environment and Planning D : Society and Space,* 14, 635-57.

Bingham, N., Holloway, S. L. and Valentine, G.(1999) "Where do you want to go tomorrow? Connecting children and the Internet", *Environment and Planning D : Society and Space,* 17, 655-72.

Bingham, N., Holloway, S. L. and Valentine, G.(2001) "Bodies in the midst of things : relocating children's use of the Internet", in N. Watson(ed.) *Reformulating Bodies,* London, Macmillan.

Blaut, J. and Stea, D.(1971) "Studies of geographic learning", *Annals of the Association of American Geographers,* 61, 387-93.

Blaut, J. M.(1991) "Natural mapping", *Transactions of the Institute of British*

Geographers, 16, 55–74.

Brannen, J. and O'Brien, M.(1995) "Childhood and the sociological gaze : paradigms and paradoxes", *Sociology*, 29, 729–37.

Breitbart, M.(1998) "Dana's mystical tunnel : young people's designs for survival and change in the city", in T. Skelton and G. Valentine(eds) *Geographies of Youth Cultures*. London, Routledge.

Bromley, H.(1997) "The social chicken and the technological egg : education, computing and the technology/society divide", *Educational Theory*, 47, 51–65.

Brosnan M.(1998) *Technophobia : The Psychological Impact of Information Technology*. London, Routledge.

Bruce, B.(1998) "Literacy Technologies : what stance should we take?", *Journal of Literacy Research*, 29, 289–309.

Bruckman, A.(1992) "Identity workshop : emergent social and psychological phenomena in text–based virtual reality", unpublished manuscript, MITMedia Laboratory Cambridge, MA. Available at : media.mit.edu, pub/MediaMOO/Papers/identity–workshop.

Bryman, A. (1999) "Global Disney", in D. Slater and P. J. Tayler (eds) The American Century. Oxford, Blackwell.

Bryson, M. and de Castell, S. (1994) "Telling tales out of school : modernist, critical and postmodern 'true stories' about educational Computing", *Journal of Educational computing Research*, 10, 199–221.

Buckingham, D. (1998) "Children of the electronic age? : Digital media and the new generational rhetoric", *European Journal of Communication*, 13, 557–65.

Bunge, W. W. (1973) "The geography Professional Geographer", 25, 331–7.

Byrne, D. (1999) *Social Exclusion. Buckingham*, Open University Press.

Callon, M.(1987) "Society in the making : the study of technology as a tool for social analysis," in W. Bikker, P. Hughes and T. Pinch.(eds) *The Social Construction of Technological Systems*. Cambridges, MA, MIT Press.

Callon, M.(1991) "Techno–economic networks and irreversibility", in J. Law (ed.) *A Sociology of Monsters : Essays on Power, Technology and Domination,* London, Routledge.

Callon, M. and Latour, B.(1981) "Unscrewing the big leviathan", in K. Knorr-Cetina and A. Cicourel(eds) *Advances in Social Theory and Methodology : Toward an Integration of Micro and Macro Sociologies.* New York, Routledge.

Callon, M. and Law, J.(1995) "Agency and the hybrid collectif", *South Atlantic Quarterly,* 94, 481–507.

Campbell, C.(1995) "The sociology of consumption", in D. Miller(ed.) *Acknowledging Consumption.* London, Routledge.

Cate, F.(1996) "Cybersex : regulating sexually explicit expression on the Internet", *Behavioural Sciences and the Law,* 14, 145–66.

Chaiklin, S. and Lewis, M. W.(1988) "Will there be teachers in the classroom of the future? … But we don't think about that", *Teacher College Record,* 89, 431–40.

Charles, N. and Kerr, M.(1988) *Women, Food and Families.* Manchester, Manchester University Press.

Christensen, P., James, A. and Jenks, C.(2001) "Home and movement : children constructing 'family time'," in S. L. Holloway and G. Valentine(eds) *Children's Geographies : Playing, Living, Learning.* London, Routledge.

Clark, A. and Millard, E.(1998) *Gender in the Secondary Curriculum : Balancing the Books.* London, Routledge.

Cohen, A.(1967) *Folks Devils and Moral Panics.* London, Paladin.

Collis, B.(1985) "Psychological implications of sex differences in attitudes towards computers : results of a survey", *International Journal of Women's Studies,* 8, 207–13.

Comber, C., Colley, S., Hargreaves, D. J. and Dorn, L.(1997) "The effects of age, gender and computer experiences upon computer attitudes", *Educational Research,* 39, 123–33.

Connell, R. W.(1987) *Gender and Power : Society, the Person and Sexual Politics.* Cambridge, Polity Press.

Correll, S.(1995) "The ethnography of an electronic bar : The lesbian café", *Journal of Contemporary Ethnography*, 24, 270–98.

Corrigan, P.(1979) *Schooling the Smash Street Kids*. London, Macmillan.

Crang, M., Crang, P. and May, J.(eds) (1999) *Virtual Geographies : Bodies, Space and Relations*. London, Routledge.

Cresswell, T. and Hoskin, B.(1999) " 'The kind of beat which is currently popular' : American popular music in Britain", in D. Slater and P. J. Taylor(eds) *The American Century*. Oxford, Blackwell.

Curtis, P.(1992) "Mudding : social phenomena in text–based virtual realities", *Intertek*, 3, 26–34.

Dant, T.(1999) *Material Culture in the Social World*. Buckingham, Open University Press.

Davidson, G. V. and Ritchie, S. D.(1994) "Attitudes toward integrating computers into the classroom : what parents, teachers and students report", *Journal of Computing in Childhood Education*, 5, 3–27.

Department of Employment and Education(1998) *Excellence in Schools*. London, HMSO.

Dixon, C.(1997) "Pete's tool : identity and sex–play in the design and technology classroom", *Gender and Education*, 9, 89–104.

Dixon, C. and Allatt, P.(2001) "The colonisation of domestic space in transforming economies", paper available from the authors : Dept. of Landscape and Politics, University of Teeside.

Dodge, M. and Kitchin, R.(2001) *Atlas of Cyberspace*. Harlow, Addison–Wesley.

Doel, M.(1999) "Occult Hollywood : unfolding the Americanization of world cinema," in D. Slater and P. J. Taylor,(eds) *The American Century*. Oxford, Blackwell.

Doel, M. and Clarke, D.(1999) "Virtual worlds : simulation, suppletion, s(ed)uction and simulacra", in M. Crang, P. Crang and J. May(eds) *Virtual Geographies : Bodies, Space and Relations*. London : Routledge.

Doheny–Farina, S.(1996) *The Wired Neighbourhood*. New Haven, CT, Yale University Press.

Durkin, K. and Bryant, C.(1995) "Log onto sex : some notes on the carnal computer and the erotic cyberspace as an emerging research frontier", *Deviant Behaviour*, 16, 179–200.

Durndell, A. and Thomson, K.(1997) "Gender and computing : a decade of change?", *Computers in Education*, 28, 1–9.

Dyck, I.(1990) "Space, time and renegotiating motherhood : an exploration of the domestic workplace", *Environment and Planning D : Society and Space*, 8, 459–83.

Dyrkton, J.(1996) "Cool runnings : the coming of cyberreality in Jamaica", in R. Shields (ed.) *Cultures of Internet : Virtual Spaces, Real Histories and Living Bodies*. London, Sage.

Eckert, P., Goldman, S. and Wenger, E.(1996) *The School as a Community of Engaged Learners*. Institute for Research on Learning Report no. 17. 101, Menlo Park, CA.

Elmer–DeWitt, P.(1995) "Welcome to cyberspace", *Time*, 145, 4–11.

England, K.(1996) (ed.) *Who Will Mind the Baby? Geographies of Childcare and Working Mothers*. London, Routledge.

Epstein, D.(1993) "Practising heterosexuality", *Curriculum Studies*, 1, 275–86.

Epstein, D.(1997) " 'Boyz' own stories : masculinities and sexualities in schools", *Gender and Education*, 9, 105–15.

Evans, M. and Butkus, C.(1997) "Regulating the emergent : cyberporn and the traditional media", *Media International Australia*, 85, 62–9.

Failla, A. and Bagnara, S.(1992) "Information Technology, decision time", *Social Science Information*, 31, 669–81.

Fenton, N.(1998) "Media youth and technological futures", *European Journal of Communication*, 13, 566–71.

Fernback, J. and Thompson, B.(1995) "Virtual communities : abort, retry, failure?", http://www.well.com/user/hlr/texts/VCcivil.html (accessed : 28 July 1998).

Fielding, S.(2000) "Walk on the left! : Children's geographies and the primary school", in S. L. Holloway (ed.) *Children's Geographies : Playing, Living,* Learning. London, Routledge.

Fischer, C. (1994) *America Calling : A Social History of the Telephone to 1940.* Berkeley, CA, University of California Press.

Froehling, O. (1999) "Internauts and guerrilleros : the Zapatista rebellion in Chiapas, Mexico and its extension into cyberspace", in M. Crang, P. Crang and J. May (eds) *Virtual Geographies : Bodies, Space and Relations.* London : Routledge.

Giaquinta, J., Bauer, J. and Levin, J. (1993) *Beyond Technology's Promise : An Examination of Children's Educational Computing at Home.* Cambridge, Cambridge University Press.

Gillis, J. (1996) "Making time for family : the invention of family time (s) and the reinvention of family history", *Journal of Family History,* 21, 4–21.

Glucksman, M. A. (1998) "What a difference a day makes : a theoretical and historical exploration of temporality and gender", *Sociology,* 32, 239–58.

Golding, P. (1990) "Political communication and citizenship : the media and democracy in an egalitarian social order", in M. Ferguson (ed.) *Public Communication : The New Imperatives.* London, Sage.

Graham, S. and Marvin, S. (1996) *Telecommunications and the City : Electronic Spaces, Urban Places.* London, Routledge.

Green, N. (1997) "Beyond being digital : representation and virtual corporeality", in D. Holmes (ed.) *Virtual Politics : Identity and Community in Cyberspace.* London, Sage.

Gumpert, G. and Drucker, S. J. (1998) "The mediated home in the global village", *Communications Research,* 25, 422–38.

Haddon, L. (1992) "Explaining ICT consumption : the case of the home computer", in R. Silverstone and E. Hirsch (eds) *Consuming Technologies : Media and Information in Domestic Space.* London, Routledge.

Hanson, S. and Pratt, G., (1988) "Reconceptualising the links between home and work in urban geography", *Economic Geography,* 43, 299–321.

Hapnes, T.(1996) "Not in their machines : how hackers transform computers into sub-cultural artefacts", in M. Lie and K. H. Sorensen(eds) *Making Technology Our Own?*, Oslo, Scandinavian University Press.

Haraway, D.(1991) *Symians, Cyborgs and Women : The Reinvention of Nature.* London, Free Association Books.

Haraway, D.(1997) *Modest_Witness@Second_Millennium.FemaleMan©_Meets_OnceoMouse™*. London, Routledge.

Hart, R.(1979) *Children's Experience of Place.* New York, Irvington.

Haywood, T.(1998) "Global networks and the myth of equality : trickle down or trickle away", in B. Loader(ed.) *Cyberspace Divide : Equality, Agency and Policy in the Information Society*, London, Routledge.

Heim, M.(1991) "The erotic ontology of cyberspace", in M. Benedikt(ed.) *Cyberspace.* Cambridge, MA, MIT Press.

Heim, M.(1993) *The Metaphysics of Virtual Reality.* New York, Oxford University Press.

Hendrick, H.(1990) "Construction and reconstructions of British childhood : an interpretive survey, 1800 to present", in A. Prout and A. James(eds) *Constructing and Reconstructing Childhood*, Basingstoke, Falmer Press.

Hengst, H.(1997) "Negotiating 'us' and 'them' : children's constructions of collective identity", *Childhood*, 4, 43-62.

Herring, S.(1992) "Gender and democracy in computer mediated communication", *Electronic Journal of Communication*, 3, 1-17.

Hess, D. J.(1995) *Science and Technology in a Multicultural World : The Cultural Politics of Facts and Artifacts.* New York, Columbia University Press.

Hickling-Hudson, A.(1992) "Rich schools, poor schools, boys and girls : computer education in Australian secondary schools", *Journal of Education Policy*, 7, 1-21.

Holderness, M.(1993) "Greetings from the twilight zone", *Times Higher Education Supplement*, 12 February, 15.(http://www.poptel.org.uk).

Holderness, M.(1998) "Who are the world's information poor", in B. Loarder (ed.) *Cyberspace Devide : Equality, Agency and Policy in the Information Society.* London, Routledge.

Holloway, S. L.(1998) "Local childcare cultures : moral geographies of mothering and the social organisation of pre–school childcare", *Gender, Place and Culture,* 5, 29–53.

Holloway, S. L. and Valentine, G.(eds) (2000a) "Children's geographies and the new social studies of childhood", in *Children's Geographies.* London, Routledge.

Holloway, S. L. and Valentine, G.(2000b) "Spatiality and the new social studies of childhood", *Sociology,* 34, 763–83.

Holloway, S. L. and Valentine, G.(2000c) "Corked hats and *Coronation Street* : British and New Zealand children's imaginative geographies of the other", *Childhood,* 7, 335–57.

Holloway, S. L. and Valentine, G.(2001a) "It's only as stupid as you are' : children's and adults' negotiation of ICT competence at home and at school", *Social and Cultural Geography,* 2, 25–42.

Holloway, S. L. and Valentine, G.(2001b) "Placing cyberspace : processes of Americanization in British children' s use of the Internet", *Area,* 33, 153–60.

Holloway, S. L. and Valentine, G.(2001c) "Children at home in the wired world : reshaping and rethinking the home in urban geography", *Urban Geo-graphy,* 22, 562–83.

Holloway, S. L., Valentine, G. and Bingham, N.(2000) "Institutionalising technologies : masculinities, femininities and the heterosexual economy of the IT classroom", *Environment and Planning* A, 32, 617–33.

Horning, K. H. Ahrens, D. and Gerhard, A.(1999) "Do technologies have time? New practices of time and the transformation of communication technologies", *Time and Society,* 8, 293–308.

Hyams, M.(2000) " 'Pay attention in class … [and] don't get pregnant' : a discourse of academic success amongst adolescent Latinas", *Environment and Planning A* 32, 635–54.

INSINC(1997) *The Net Result : Social inclusion in an Information Society.* London, IBM UK.

IT for All, Dept of Trade and Industry, 151 Buckingham Palace Road, London SW1W 9SS, http://www.itforall.gov.uk (accessed : 18 July 1998).

Jackson, S. and Scott, S. (1999) "Risk anxiety and the social construction of childhood", in D. Lupton (ed.) *Risk and Socio–Cultural Theory : New Directions and Perspectives.* Cambridge, Cambridge University Press.

James, A. (1986) "Learning to belong : the boundaries of adolescence", in A. P. Cohen (ed.) *Symbolising Boundaries : Identity and Diversity in British Cultures,* Manchester, Manchester University Press.

James, A. (1993) *Childhood Identities.* Edinburgh, Edinburgh University Press.

James, A. and Prout, A. (1990) (eds) *Constructing and Reconstructing Childhood : Contemporary Issues in the Sociological Study of Childhood.* Basingstoke, Falmer Press.

James, A. and Prout, A. (1995) "Hierarchy, boundary and agency : toward a theoretical perspective on childhood", in A. Ambert (ed.) *Sociological Studies of Children.* Greenwitch, CT, JAI Press.

James, A., Jenks, C. and Prout, A. (1998) *Theorizing Childhood.* Cambridge, Polity Press.

James, S. (1990) "Is there a 'place' for children geography?", *Area,* 22, 278–83.

Janelle, D. G. (1969) "Spatial reorganization : a model and concept", *Annals of the Association of American Geographers* 59, 348–64.

Janelle, D. G. (1973) "Measuring human extensibility in a shrinking world", *The Journal of Geography,* 72, 8–15.

Jenks, C. (1996) *Childhood.* London, Routledge.

Johnsson–Smaragdi, U., d'Haenens, L., Krotz, F. and Hasebrink, U. (1998) "Patterns of old and new media use among young people in Flanders, Germany and Sweden", *European Journal of Communication,* 13, 479–501.

Jones, O. (1997) "Little figures, big shadows : country childhood stories", in P. Cloke, and J. Littel (eds) *Contested Countryside Cultures : Otherness, Marginalisation and Rurality.* London, Routledge.

Katz, C.(1991) "Sow what you know : the struggle for social reproduction in rural Sudan", *Annals of the Association of American Geographers*, 8, 488–514.

Katz, C.(1993) "Growing girls/closing circles : limits on the space of knowing in rural Sudan and US cities", in C. Katz and J. Monk(eds) *Full Circles : Geographies of Women over the Life Course*. London, Routledge.

Katz, J.(1998) "The rights of kids in the digital age", http://www.wired.com/wired/4.07/features/kids.html (accessed : 29 June 1999).

Katz, J. and Aspden, J.(2000) *IT and the Citizen*. National Science Board, Science and Engineering Indicators, Arlington, National Science Foundation.

Kellner, D.(1990) *Television and the Crisis of Democracy*. Boulder, CO, Westview Press.

Kenway, J.(1996) "The information superhighway and post–modernity : the social promise and the social price", *Comparative Education* 32, 217–31.

Kitchin, R.(1998a) *Cyberspace : The World in the Wires*. Chichester, John Wiley.

Kitchin, R.(1998b) "Towards geographies of cyberspace", *Progress in Human Geography*, 22, 385–406.

Knobel, M. and Lankshear, C.(1998) "Ways with Windows : what different people do with the same equipment", http://www.schools.ash.org.au/litweb/ways.html (accessed : 29 June 1999).

Kopytoff, I.(1986) "The cultural biography of things : commoditization as process", in A. Appadurai (ed.) *The Social Life of Things : Commodities in Cultural Perspective*. Cambridge, Cambridge University Press.

Kornblum, J.(1998) "Girls part of children's market, too", http://www.news.com/News/Item/0,4,11275,00.html (accessed : 29 June 1999).

Kroker, A. and Weinstein, M.(1994) *Datatrash : The Theory of Vitual Class*. New York, St. Martin's Press.

Labour Party(1995) *Communicating Britain's Future*. London, HMSO.

Lamb, M.(1998) "Cybersex : research notes on the characteristics of the visitors to online chat rooms", *Deviant Behaviour : An Interdisciplinary Journal*, 19, 121–35.

Latour, B.(1988) "Visualisation and reproduction", in G. Fyfe and J. Law(eds) *Picturing Power : Visual Depiction and Social Relations.* Oxford, Basil Blackwell.

Latour, B.(1993) *We Have Never Been Modern.* London, Harvester Wheatsheaf.

Laurel, B.(1990) "On dramatic interaction", in R. Hattinger, C. Morgan and G. Schopf(eds) *Ars Electronica 1990, volume 2, Virtuelle Welten.* Linz, Veritas-Verlag.

Laurie, N., Dwyer, C., Holloway, S. L. and Smith, F. M.(1999) *Geographies of New Femininities.* Harlow, Addison-Wesley Longman.

Law, J.(1994) *Organising Modernity.* Oxford, Blackwell.

Leccardi, C.(1996) "Rethinking social time : feminist perspectives", *Time and Society* 5, 169-86.

Lee, H. and Liebenau, J.(2000) "Time and the Internet at the turn of the millenium", *Time and Society,* 9, 43-56.

Levendosky, C.(1997) "Internet wowsers under siege", *Australia,* 1 April, 1.

Light, J.(1997) "From city space to cyberspace", in M. Crang, P. Crang and J. May(eds) *Virtual Geographies : Bodies, Space and Relations.* London, Routledge.

Little, J. and Austin, P.(1996) "Women and rural idyll", *Journal of Rural Studies* 12, 101-11.

Livingstone, S.(1998) "Mediated childhoods : a comparative approach to young people's changing media environment in Europe", *European Journal of Communication,* 13, 435-56.

Livingstone, S., Gaskell, G. Bovill, M.(1997) "Europäische Fernseh-Kinder in veränderten Medienwelten", *Television,* 10, 4-12.

Loader, B.(1998) "Cyberspace divide : equality, agency and policy in the information society", in B. Loader(ed.) *Cyberspace Divide : Equality, Agency and Policy in the Information Society.* London, Routledge.

Lumby, C.(1997) "Panic attacks : old fears in a new media era", *Media International Australia,* 85, 40-6.

Lupton, D.(1995) "the embodies computer/user", in M. Featherstone and R. Burrows(eds) *Cyberspace, Cyberbodies, Cyberpunk : Cultures of Technological*

Embodiment, London, Sage.

Lupton, D.(1998) *The Emotional Self.* London, Sage.

Mac an Ghaill, M.(1996) "Deconstructing hetersexualities within school arenas", *Curriculum studies*, 4, 191–209.

Maney, K.(1997) "New generation gap : computer chasm", http://www.usatoday.com/life/cyber/tech/ctb557.htm (accessed : 5 May 1998).

Marshall, D.(1997) "Technophobia : video games, computer hacks and cybernetics", *Media International Australia*, 85, 700–78.

Massey, D.(1994) *Space, Place and Gender.* Cambridge, Polity Press.

Massey, D.(1996) "Politicising space and place", *Scottish Geographical Magazine*, 112, 117–23.

Massey, D.(1998) "The spatial constructions of youth cultures", in T. Skelton and G. Valentine(eds) *Cool Places : Geographies Youth Cultures.* London, Routledge.

Massey, D. and Jess, P.(1995) "Places and cultures in an uneven world", in D. Massey and P. Jess(eds) *A Place in the World? Places, Cultures and Globalization.* Milton Keynes, Open University Press.

Matthew, M. H.(1987) "Gender, home range and environmental cognition", *Transactions of the Institute of British Geographers*, 12, 32–56.

May, J. and Thrift, N.(2001) (eds) *Timespace : Geographies of Temporality.* London, Routledge.

Mayall, B.(1994) (ed.) *Children's Childhoods : Observed and Experienced.* London, Falmer Press.

McCellan, J.(1994) "Netsurfers", *The Observer*, 13 February,10.

McKinsey and Company(1998) *The Future of Information Technology in UK Schools.* London, McKinsey.

McLaughlin, M., Osbourne, K. and Smith, C.(1995) "Standards of conduct on the Usenet", in S. Jones(ed.) *Cybersociety : Computer–Mediated Communication and Community.* London, Sage.

McLuhan, M.(1964) *Understanding the Media : Extensions of Man.* London, Routledge & Kegan Paul.

McMurdo, G.(1997) "Cyberporn and communication decency", *Journal of Information Science*, 23, 81–90.

Mellman, M., Lazarus, E. and Rivlin, A.(1990) "Family time, family values", in D. Blankenhorn, S. Bayme and J. Bethke Elshtain(eds) *Rebuiding the Nest : A Commitment to the American Family*. Milwaukee, Family Service America.

Mitcell, D.(1995) *City of Bits. Cambridge*, MA, MIT Press.

Moore, N.(1998) "Confucious or capitalism? Policies for an information society", in B. Loader(ed.) *Cyberspace Divide : Equality, Agency and Policy in the Information Society*. London, Routledge.

Morgan, D. H. J.(1999) "Risk and family practices : accounting for change and the fluidity in family life", in E.B. Silva and C. Smart(eds) *The New Family*. London, Sage.

Morley, D.(1992) *Television, Audiences and Cultural Studies*. London, Routledge.

Moss, P.(1997) "Negotiating spaces in home environments : older women living with arthritis", *Social Science and Medicine*, 45, 23–33.

Motorola(1998) *The British and Technology*. London, Motorola.

Murdock, G.(1989) "Critical inquiry and audience activity", in B. Deruin, L. Grossberg, B. O'Ceefe and E. Wartella(eds) *Rethinking Communication*, vol. 2. London, Sage.

Murdock, G., Hartmann, P. and Gray, P.(1992) "Contextualising home computing resources and practices", in R. Silverstone and E. Hirsch(eds) *Consuming Technologies : Media and Information in Domestic Space*. London, Routledge.

Myers, D.(1987) "Anonymity is part of the magic : individual manipulation of computer–mediated communication contexts", *Qualitative Sociology*, 10, 251–66.

Nelson, L. J. and Cooper, J.(1997) "Gender differences in children's reactions to success and failure with computers", *Computers in Human Behaviour*, 13, 247–67.

Nippert–Eng, C.(1996) *Home and Work*. Chicago, University of Chicago Press.

Nixon, H.(1998) "Fun and games are serious business", in J. Sefton-Green (ed.) *Digital Diversions : Youth Culture in the Age of Multi-Media*. London, UCL Press.

O'Connor, J. and Brie, J.(1994) "The effects of technology infusion on the mathematics and science classroom", *Journal of Computing in Teacher Education*, 10, 15-18.

Opie, C.(1998) "Whose turn next? : Gender issues in information technology" in A. Clark and E. Millard (eds) *Gender in the Secondary Curriculum : Balancing the Books*. London, Routledge.

Ormrod, S.(1994) "Let's nuke dinner", in C. Cockburn and R. Furst Dilic (eds) *Bringing Home Technology : Gender and Technology in a Changing Europe*. Milton Keynes, Open University Press.

Oswell, D.(1998) "The place of 'childhood' in Internet content regulation : a case study of policy in the UK", *International Journal of Cultural Studies*, 1, 131-51.

Paechter, C. F.(1998) *Educating the Other : Gender, Power and Schooling*. London, Falmer Press.

Papert, S.(1997) *The Connected Family : Bridging the Digital Generation Gap*. Georgia, Longstreet Press.

Parks, M. R. and Floyd. K.(1996) "Making friends in cyberspace", *Journal of Computer Mediated Communications*, 46, 5-21.

Perloff, L.(1983) "Perceptions of vulnerability to victimisation", *Journal of Social Issues* 39, 41-61.

Philo, C.(1995) "Journey to asylum-a medical-geographical idea in historical context", *Journal of Historical Geography*, 21, 148-68.

Philo, C. and Parr, H.(2000) "Institutional geographies : introductory remarks", *Geoforum*, 31, 513-21.

Plant, S.(1993) "Beyond the screens : flim, cyberpunk and cyberfeminism", *Variant*, 14, 12-17.

Plant, S.(1996) "On the matrix : cyberfeminist simulations", in R. Shields (ed.)

Cultures of Internet : Virtual Spaces, Real Histories, Living Bodies. London, Sage.

Plozajska, T.(1994) "Moral landscapes and manipulated spaces : gender, class, and space in Victorian reformatory schools", *Journal of Historical Geography,* 20, 413–29.

Pringle, R.(1989) *Secretaries Talk : Sexuality, Power and Work.* London, Verso.

Prout, A. and James, A.(1990) "A new paradigm for the sociology of childhood? Provenance, promise and problems", in A. Jemes and A. Prout(eds) *Constructing and Reconstructing Childhood : Contemporary Issues in the Sociological Study of Childhood.* Basingstoke, Falmer Press.

Qvortrup, J., Bardy, M., Sgritta, G. and Wintersberger, H.(eds) (1994) *Childhood Matters : Social Theory, Practice and Politics.* Aldershot, Avebury.

Reinen, I. J. and Plomp, T.(1997) "Information technology and gender equality : a contradiction in terminis?", *Computers in Education,* 28, 65–78.

Rheingold, H.(1993) *The Virtual Community : Finding Connection in a Computerised World.* London, Secker and Walbury.

Riccobono, J. A.(1986) *Use of Electronic Information Technologies for Non–School Learning in American Households : Report of Findings from the 1985 Home Information Technology Study(HITS).* Washington, DC, US, Department for Education Center for Statistics.

Riddell, S.(1989) "Pupils, resistance and gender codes : a study of classroom encounters", *Gender and Education,* 1, 183–97.

Robinson, P., Barth, C. and Kohut, G.(1997) "Personal computers, mass media and use of time," *Social Science Computer Review,* 15, 65–82. http://www.nsf.gov/sbe/srs/seind00/c9/c9s5.htm (accessed : 18 April 2001).

Ross, A.(1991) *Strange Weather : Culture, Science and Technology in the Age of Limits.* London, Verso.

Rubins, G.(1992) "Thinking Sex : notes for a radical theory of the politics of sexuality", in C. Vance(ed.) *Pleasure and Danger : Exploring Female Sexuality.* London, Pandora Press.

Rutherford, J.(ed.) (1990) *Identity. Community, Culture, Difference.* London. Lawrence and Wishart.

Said, E.(1978) *Orientalism : Western Conceptions of the Orient.* Harmondworth, Penguin.

Sarsar, Z.(1995) "alt.civilisations.faq : cyberspace as the darker side of the West", *Futures,* 27, 777–94.

Schofield, J. W.(1995) *Computers and Classroom Culture.* Cambridge, Cambridge University Press.

Schofield, J. W.(1997) "Computer and classroom social processes–a review of the literature", *Social Science Computer Review,* 15, 27–39.

Schor, J.(1991) *The Overworked American : The Unexpected Decline of Leisure.* New York, Basic Books.

Schuler, D.(1995) "Public space in cyberspace". *Internet World,* 6, 88–95.

Sefton–Green, J. and Buckingham, D.(1998) "Digital visions : children's creative uses of multi–media technologies", in J. Sefton–Green (ed.) *Digital Diversions : Youth Culture in the Age of Multimedia.* London, USL Press.

Shashaani, L.(1993) "Gender–based differences in attitudes towards computers", *Computers in Education,* 20, 169–81.

Shaw, J.(2001) "Winning territory : changing place to pace", in J. May and N. Thrift (2001) (eds) *Timespace : Geographies of Temporality.* London, Routledge.

Sheehy, G.(1995) *New Passages : Mapping Your Life Across Time.* New York, Random House.

Shilling, C.(1991) "Social space, gender inequalities and educational differentiation", *British Journal of Sociology of Education,* 12, 23–44.

Sibley, D.(1995) "Families and domestic routines : constructing the boundaries of childhood", in S. Pile and N. Thrift (eds) *Mapping the Subject : Geographies of Cultural Transformation.* London, Routledge.

Silverstone, R., Hirsch, E. and Morley, D.(1992) "Information and communication technologies and the moral economy of the household", in R. Silverstone and E. Hirsch (eds) *Consuming Technologies : Media and Information in Domestic Space.* London Routledge.

Skeggs, B.(1991) "Challenging masculinity and using sexuality", *British Journal of Society of Education,* 12, 127–39.

Skelton, C.(1998) "Feminism and research into masculinities and schooling", *Gender and Education,* 10, 217–27.

Smith, F. M. and Barker, J.(2000) "Out of school", in school : a social geography of out of school childcare", in S. L. Holloway and G. Valentine(eds) *Children's Geographies.* London, Routledge.

Smith, K. and Ferri, E.(1996) *Parenting in the 1990s : Family and Parenthood, Policies and Practice.* London, Family Policy Studies Unit.

Smith, M.(1992) "Voices from the WELL : the logic of virtual commons", http://www.sscnet.ucla.edu/soc/csoc(accessed : 10 January 1997).

Smithers, R.(1999) "Parents told how to police internet", *The Guardian,* 11 October,7.

Sobchack, V.(1995) "Beating the meat/surviving the text, or how to get out of this century alive", in M. Featherstone and R. Burrows(eds) *Cyberspace, Cyberbodies, Cyberpunk : Cultures of Technological Embodiment.* London, Sage.

Solberg, A.(1990) "Negotiating childhood : changing constructions of age for Norwegian children", in A. James and A. Prout(eds) *Constructing and Reconstructing Childhood : Contemporary Issues in the Sociological Study of Childhood.* Basingstoke, Falmer Press.

Spender, D.(1995) *Nattering on the Net.* London, Spinfax Press.

Spender, D.(1997) "The position of women in information technology–or who got there first and with what consequences?", *Current Sociology,* 45, 135–47.

Spiegel, L.(1992) *Make Room For TV : Television and the Family Ideal in Postwar America.* Chicago, University of Chicago Press.

Springer, C.(1991) "The pleasure of the interface", *Screen,* 32, 303–23.

Squire, S.(1996) "Re–territorialising knowledge(s) : electronic spaces and virtual geographies", *Area,* 28, 101–3.

Stacey, J.(1990) *Brave New Families : Stories of Domestic Upheaval in the Late Twentieth Century America,* New York, Basic Books.

Stainton-Rogers, R. and Stainton-Rogers, W.(1992) *Stories of Childhood : Shifting Agendas of Childhood, Hermel Hempstead,* Harvester Wheatsheaf.

Star, S.(ed.) (1995) *Cultures of Computing.* Oxford, Blackwell.

Star, S. L. and Ruhleder, K.(1996) "Step towards an ecology of infrastructure : design and access for large information spaces", *Information Systems Research,* 7, 111-34.

Steedman, C.(1990) *Childhood, Culture and Class in Britain.* London, Virago.

Steele, J.(1998) "Information and citizenship in Europe", in B. Loader(ed.) *Cyberspace Divide : Equality, Agency and Policy in the Information Society.* London, Routledge.

Steward, B.(2000) "Changing times : the meaning, measurement and use of time in teleworking", *Time and Society,* 9, 57-74.

Stone, R. A.(1992) "Will the real body please stand up? Boundary stories about virtual cultures", in M. Benedikt(ed.) *Cyberspace : First Steps.* Cambridge, MA, MIT Press.

Suss, D., Suoninen, A., Garitaonandia, C., Juaristi, P., Koikkalainen, R. and Oleaga, J. A.(2001) "Media use and the relationships of children and teenagers with their peer groups : a study of Finnish, Spanish and Swiss cases", *European Journal of Communication,* 13, 521-38.

Tang, P.(1998) "Managing the cyberspace divide : government investment in electronic information services", in B. Loader(ed.) *Cyberspace Divide : Equality, Agency and Policy in the Information Society.* London, Routledge.

Tapscott, D.(1998) *Growing Up Digital : The Rise of the Net Generation.* London, McGraw-Hill.

Taylor, P. J.(1999) "Locating the American century : a world-systems analysis", in D. Slater and P.J. Taylor(eds) *The American Century.* Oxford, Blackwell.

Thompson, J. B.(1995) *The Media and Modernity : A Social Theory of the Media.* Cambridge, Polity Press.

Thrift, N.(1996) "New urban eras and old technological fears : reconfiguring the goodwill of electronic things", *Urban Studies,* 33, 1463-93.

Thu Nguyen, D. and Alexander, J.(1996) "The coming of cyberspacetime and the end of polity", in R. Shields(ed.) *Cultures of Internet : Virtual Spaces, Real Histories, Living Bodies*. London, Sage.

Turkle, S.(1995) *Life on the Screen : Identity in the Age of the Internet*. London, Weidenfeld & Nicolson.

Turkle, S.(1997) "Constructions and reconstructions of self in virtual reality : Play-ing in the MUDS", in S. Kiesler(ed.) *The Culture of the Internet*. New Jersey, Lawrence Erlbaum Associates.

URL 1 : "IT and the citizen" (National Science Foundation), http://www.nsf.gov/sbe/srs/seind00/c9/c9s5.htm (accessed : 19 April 2001).

URL 2 : "Worldwide Internet population" (CommerceNet), http://www.commerce.net/research/stats/wwstats.htm (accessed : 19 April 2001).

URL 3 : "NetValue reveal latest European internet statistics and first ever panel results in Spain" (NetValue), http://www.netvalue.com/corp/presse/cp0016.htm (accessed : 19 April 2001).

URL 4 : IT FOR ALL, http://www.itforall.gov.uk/it/survey/3.html (accessed : 28 July 1999).

URL 5 : "Internet Access" (National Statistics) http://.statistics.gov.uk/statbase/product.asp?vlnk=5672 (accessed : 18 April 2001).

URL 6 : "Falling Through the Net : Defining the Digital Divide" (National Technologies Information Administration), http://www.ntia.doc.gov/ntiahome/digitaldivide/ (accessed : 19 April 2001).

URL 7 : http://theatlantic.com/issues/97/jul/computer.html (accessed : 29 June 1998).

URL 8 : http://www.bbc.co.uk/the_net/5/2/howells.html (accessed : 29 June 1998).

Valentine, G.(1996a) "Angels and devils : moral landscapes of childhood", *Environment and Planning D : Society and Space*, 14, 581–99.

Valentine, G.(1996b) "Children should be seen and not heard : the production and transgression of adults' public space", *Urban Geography*, 17, 205–20.

Valentine, G.(1997a) " 'My son's a bit dizzy.' 'My wife's a bit soft' : gender, children and cultures of parenting", *Gender, Place and Culture*, 4, 37–62.

Valentine, G.(1997b) " 'Oh yes I can.' 'Oh no you can't' Children and parents' understandings of kids' competence to negotiate public space safely", *Antipode*, 29, 65–89.

Valentine, G.(1997c) "A safe place to grow up? Parenting, perceptions of children's safety and the rural idyll", *Journal of Rural Studies*, 13, 137–48.

Valentine, G.(1999a) "Eating in : home, consumption and identity", *Sociological Review*, 47, 491–54.

Valentine, G.(1999b) "Being seen and heard? The ethical complexities of working with children and young people at home and at school", *Ethics, Place and Environment*, 2, 141–55.

Valentine, G.(1999c) " 'Oh please Mum. Oh please dad' : negotiating children's spatial boundaries", in L. McKie, S. Bowlby and S. Gregory(eds) *Gender, Power and the Household*. Basingstoke, Macmillan Press.

Valentine, G.(1999d) "Exploring children and young people's narratives of identity", *Geoforum*, 31, 257–67.

Valentine, G. and Holloway, S. L.(1999) " 'The vision thing' : schools and information and communication technology", *Convergence : The Journal of Research into New Media Technologies*, 5, 63–79.

Valentine, G. and Holloway, S. L.(2001a) "On–line dangers? : Geographies of parents" fears for children's safety in cyberspace", *The professional Geographer*, 53, 71–83.

Valentine, G. and Holloway, S. L.(2001b) "Technophobia : parents and children's fears about information and communication technologies and the transformation of culture", in I. Hutchby and J. Moran–Ellis(eds) Children, *Technology and Culture : The Impact of Technologies in Children's Everyday Lives*. London, Routledge.

Valentine, G. and Holloway, S. L.(2001c) "A window on the wider world : rural children's use of information and communication technologies", *Journal of*

Rural Studies, 17, 383−94.

Valentine, G. and Holloway, S. L.(2002) "Cyberkid? Exploring children's identities and social networks in on−line and off−line World", *Annal of the Association of American Geographers*, 92, 302−19.

Valentine, G. and McKendrick, J.(1997) "Children's outdoor play : exploring parental concerns about children's safety and the changing nature of childhood", *Geoforum*, 28, 219−35.

Valentine, G. and Skelton, T. L.(2001) "Finding a place in the world : the use of the Internet by vulnerable young people", paper available from the author : Dept. of Geography, University of Sheffield, Winter Street, Sheffield, S10 2TN, UK.

Valentine, G., Holloway, S. L. and Bingham, N.(2000) "Transforming cyberspace : children's intervention in the new public sphere", in S.L. Holloway and G. Valentine(eds) *Children's Geographies : Playing, Living, Learning*. Routledge, London.

Valentine, G., Holloway, S. L. and Bingham, N.(2002) "The digital generation? Children, ICT and the everyday nature of social exclusion", *Antipode*, 34, 296−315.

van der Voort, T. H. A., Beentjes, J. W. J., Bovill, M., Gaskell, G., Koolstra, C. M., Livingstone, S. and Marseille, N.,(1998) "Young people's ownership and uses of new and old forms of media in Britain and the Netherlands", *European Journal of Communication*, 13, 457−77.

Van Gelder, L.(1996) "The strange case of the electronic lover", in R. Kling(ed.) *Computerization and Controversy : Value Conflicts and Social Changes*. San Diego, Academic Press, pp. 533−46.

Wajcman, J.(1991) *Feminism Confronts Technology*. Cambridge, Polity Press.

Wakeford, N.(1999) "Gender and the landscapes of computing in an Internet café?", in M. Crang, P. Crang and J. May(eds) *Virtual Geographies : Bodies, Space and Relations*. London, Routledge.

Waksler, F. C.(ed.) (1991) *Studying the Social Worlds of Children : Sociological*

Reading. London, Falmer Press.

Walker, A. and Walker C.(eds) (1997) *Britain Divided : The Growth of Social Exclusion in the 1980s and 1990s.* London, Child Poverty Action Group.

Wark, M.(1994) *Virtual Geography : Living with Global Media Events.* Bloomington, IN, Indiana University Press.

Wellman, B. and Gulia, M.(1996) ; Net surfers don't ride alone : virtual communities as communities", http://www.acm.org/ccp/references/wellman/wellman.html (accessed : 2 March 1999)

Wenger, E.(1998) *Communities of Practice.* Cambridge, Cambridge University Press.

W. G. S. G.(1997) *Feminist Geographies.* Harlow, Longman.

Wilkinson, H.(1995) "Take care in cyberspace", *The Independent,* 1. December.

Willis, P. E.(1977) *Learning to Labour : How Working Class Kids Get Working Class Jobs.* Farnborough, Hants, Saxon House.

Willson, M.(1997) "Community in the abstract : a political and ethical dilemma?", in D. Holmes (ed.) *Virtual Politics : Identity and Community in Cyberspace.* London, Sage.

Winston, B.(1995) "Tyrrel's owl : the limits of the technological imagination in an epoch of hyberbolic discourse", in B. Adams and S. Allan (eds) *Theorising Culture.* London, University College London Press.

Wood, D. and Beck, R.(1990) "Dos and don'ts : family rules, rooms and their relationships", *Children's Environments Quarterly,* 7, 2–14.

Wynn, E. and Katz, J.(1998) "hyperbole over cyberspace : self presentation and social boundaries in Internet home pages and discourse", *The Information Society : an International Journal,* 13, 297–328, http://www.slis.lib.indiana.edu/TIS/hyperbole.html

Yates, S.(1997) "Gender, identity and ICT", *Journal of Computer Assisted Learning,* 13, 281–90.

Zeldin, T.(1994) *An Intimate History of Mankind.* New York, HarperCollins.

■ 지은이

사라 홀로웨이(Sarah L. Holloway)_ 러프버러 대학(University of Loughborough) 지리학과 강사.

질 발렌타인(Gill Valentine)_ 셰필드 대학(University of Sheffield) 지리학과 교수.

■ 옮긴이

이인재_ 교육학 박사, 서울교육대학교 윤리교육과 교수.

박균열_ 교육학 박사, 경상대학교 사범대학 윤리교육과 교수.

김은수_ 교육학 박사, 경인교육대학교 윤리교육과 강사.

사이버키즈와 정보윤리

초판1쇄 / 2008년 8월 30일

지은이 **사라 홀로웨이 · 질 발렌타인**
옮긴이 **이인재 · 박균열 · 김은수**
펴낸이 **여국동**
펴낸곳 **도서출판 인간사랑**
인 쇄 **백왕인쇄**
제 본 **은정제책사**

출판등록 1983. 1. 26. / 제일 3호

(411- 815) 경기도 고양시 일산구 백석동 1178-1
TEL (031)901-8144, 907-2003
FAX (031)905-5815
e-mail/igsr@yahoo.co.kr / igsr@naver.com

정가 17,000원

ISBN 978-89-7418-252-6 93190

※ 잘못된 책은 교환해 드립니다.